ASÍ SE HACEN LAS PELÍCULAS

SIDNEY LUMET

ASÍ SE HACEN LAS PELÍCULAS

Versión española y presentación
de José María Aresté

Décimotercera edición

EDICIONES RIALP
MADRID

Título original: *Making Movies*
Traducción publicada según acuerdo con Alfred A. Knopf, Inc., una división
de The Knopf Doubleday Group, una división de Random House Inc.

© 1995 *by* Amjen Entertainment
© 2025 de la versión española realizada por José María Aresté,
   by EDICIONES RIALP, Manuel Uribe, 13-15, Madrid
   (www.rialp.com)

Primera edición: octubre 1999
Décimotercera edición: marzo 2025

Preimpresión: MT Color & Diseño, S. L.

ISBN (edición impresa): 978-84-321-6978-6
ISBN (edición bajo demanda): 978-84-321-5686-1
Depósito legal: M-2273-2025

Impreso en España   *Printed in Spain*

Estilo Estugraf, S.L. Ciempozuelos (Madrid)

ÍNDICE

PRESENTACIÓN

Hace tres años tuve la oportunidad de embarcarme en la producción de un cortometraje. Se trataba de un proyecto pequeño, pero que para un novato como yo, se hacía grande. Después de tener un guión claramente perfilado había que buscar localizaciones, pensar en el reparto, alquilar una cámara, buscar técnicos, contactar con un laboratorio, estudiar bien la financiación... Valió la pena, pero fue agotador. Apenas dos semanas después de terminar aquel trabajo, llegó a mis manos la edición americana de *Así se hacen las películas*. Disfruté de su lectura como un enano. Pero al acabarlo, no pude por menos de decirme «ojalá este libro hubiera caído en mis manos hace unos meses».

Cuando Sidney Lumet explica cómo se hacen las películas sabe de lo que habla. No en vano tiene a sus espaldas más de cuarenta títulos. Los cuales le han proporcionado la candidatura al Oscar al mejor director en cuatro ocasiones. Que alguien de su veteranía se decida a compartir su ciencia es ya, de por sí, un regalo. Pero es que, además, Lumet escritor tiene la virtud de no aburrir. De hacer amena la explicación técnica más ardua. De ejemplificar con muchas y sabrosas anécdotas las afirmaciones más diversas. Y de haber escrito, en fin, un libro que puede disfrutar un público amplísimo: el profesional del cine se reconocerá en las alegrías y dificultades que Lumet ha experimentado a lo largo de su carrera; el estudiante aprenderá que llegar a hacer cine un día es posible, pero que hay que trabajar duro y tener algo qué decir; el crítico sabrá lo que cuesta hacer una película (y no estoy hablando sólo de dinero), y quizá gane en ponderación a la hora de juzgar el esfuerzo técnico y creativo que hay detrás; y finalmente, el lector más general sabrá cuál es el proceso completo que le permite, un fin de semana, acudir a una sala de cine.

A Lumet le encanta su trabajo y no lo disimula. Su entusiasmo es contagioso. Quizá se deba en parte a que no va de genio por la vida. Sabe que ha hecho películas muy buenas... y otras que no lo son tanto. Se agradece su modestia nada afectada. El reconocimiento de que a veces se ha equivocado al comprometerse con determinada película; o de que el éxito de alguna de sus films no lo esperaba en absoluto. Lumet, además, dice lo que piensa. No se corta Y, a la vez, evita herir directamente a alguien. Sabe desahogarse a través del humor de los muchos quebraderos de cabeza que le han tocado en «el mejor oficio del mundo» (son palabras suyas). Pero sin convertir su libro en un puñado de chismes o en un personal ajuste de cuentas. Reconoce la contribución de los distintos departamentos (escritor, técnicos de fotografía y sonido, director artístico, montador, compositor, actores...) al conjunto de la película; rechaza el concepto de «autor», pero sin subestimar el papel que corresponde al director.

Pienso que éste es uno de los libros de cine más entretenidos que he tenido ocasión de leer. Se aprende y se disfruta con su lectura.

Una advertencia tranquilizadora. Que no tema el lector español si piensa que lo que cuenta el autor no es trasladable aquí. Las peculiaridades americanas no creo que supongan más del 1 % del libro. Y es que, al fin y al cabo, estamos hablando de cómo contar una historia que valga la pena. Con un poco (mejor, un mucho) de arte. Y esto se entiende aquí y en Pekín.

JOSÉ MARÍA ARESTÉ

PREFACIO

En una ocasión le pregunté a Akira Kurosawa por qué se decidió por un determinado encuadre en un plano de *Ran*. Me respondió que si hubiera girado la cámara un poquito más a la izquierda, una fábrica de Sony habría entrado en cuadro; y si la hubiera girado otro poquitín a la derecha, nos habríamos topado con el aeropuerto; ni una ni otro se correspondían mucho con una película de época. Sólo quien hace la película sabe lo que se esconde tras las decisiones tomadas a lo largo de su realización. Pueden estar motivadas por cualquier cosa, ya sea por exigencias presupuestarias o por la inspiración divina. Este libro trata del trabajo que supone la realización de una película. Siguiendo el ejemplo de la respuesta de Kurosawa, que establecía, sencillamente, la verdad, en este libro hablaré sobre todo de las películas que he dirigido. En éstas al menos, sé con exactitud lo que motivó cada decisión creativa.

No hay una forma *correcta* y otra *equivocada* de dirigir una película. Aquí escribo sobre cómo trabajo *yo*. Atentos, estudiantes; tomad lo que queráis y desechad el resto; o bien, desechadlo todo. A unos pocos lectores, el libro quizá les sirva como compensación por las veces que han quedado atrapados en un atasco por culpa de un rodaje, o por haber aguantado una filmación nocturna en su barrio. De verdad, *sí* sabemos lo que hacemos: sólo parece que no lo sabemos. Un trabajo serio está en marcha, aunque parezca que estamos por ahí dando vueltas sin ton ni son. A los demás, intentaré explicaros lo mejor que pueda cómo se hacen las películas. Es a la vez una técnica compleja y un proceso emocional. Es arte. Es negocio. Te rompe el corazón y es divertido. Es una forma genial de ganarte la vida.

Una advertencia sobre lo que *no* encontrarás en este libro: no existen más revelaciones personales que los sentimientos que surgen del trabajo mismo; nada de chismes sobre Sean Connery o Marlon Brando. Quiero a la mayoría de la gente con la que he trabajado en lo que es, por fuerza, un proceso donde intimas. Así que respeto sus manías e idiosincrasias del mismo modo que, estoy seguro, ellos respetan las mías.

Por último, debo rogar indulgencia al lector. Cuando empecé a hacer películas, los únicos trabajos abiertos a las mujeres eran los de *script*, y en el departamento de montaje. Por ello, aún sigo pensando en los equipos de producción en términos masculinos. Y de hecho, todavía son de predominio masculino. El caso es que he desarrollado toda la vida el hábito de usar términos masculinos. Las palabras «actriz» o «autora» me han sonado siempre condescendientes. Un doctor es un doctor, ¿no? Así que siempre me he referido a «actores» y «escritores», sin consideraciones sobre su sexo. Debido a que muchas de las películas que he hecho trataban temas donde las mujeres desempeñaban papeles insignificantes, incluso los repartos de mis películas han estado dominados en su mayoría por hombres. Después de todo, mi primera película se tituló *Doce hombres sin piedad*. En aquellos tiempos, las mujeres podían ser eximidas de las tareas de jurado simplemente porque eran mujeres. La mayoría de la gente que trabaja en el cine hoy ha sido educada en un mundo mucho más equilibrado que yo. Tengo la esperanza de no tener que pedir indulgencia al lector de nuevo.

1. EL DIRECTOR
El mejor trabajo del mundo

La entrada a la Casa Nacional de Ucrania se encuentra en la Segunda Avenida, entre las Calles Octava y Novena de Nueva York. En la planta baja tiene un restaurante. El olor a pierogi, borchst [1], sopa de cebada y cebollas te sacude nada más entrar. Un olor empalagoso aunque grato, bienvenido incluso, especialmente en invierno. Los servicios, que están abajo, apestan siempre a desinfectante, orina y cerveza. He subido un tramo de escaleras para pasar a una enorme habitación, del tamaño de una pequeña cancha de baloncesto. Tiene focos de colores, las inevitables y gratas zonas de ambiente, y un bar a lo largo de una pared, tras el cual se apilan maletas con amplificadores de sonido, envases de cartón vacíos y cajas con bolsas de plástico para la basura. La sala sirve para organizar distintos eventos. Montones de sillas y mesas plegables se amontonan contra las paredes.
Se trata del salón de baile de la Casa Nacional de Ucrania,

---

[1] Platos típicos de países eslavos: el pierogi tiene una capa de pasta y en su interior un relleno, de col, patata y queso u otros ingredientes; el borscht es una sopa entre cuyos ingredientes se cuentan diversas verduras. *(N. del T.)*

13

donde los viernes y sábados por la noche se celebran ruidosas y animadas danzas, acompañadas por el acordeón. Antes de que se desintegrara la Unión Soviética, se celebraban aquí dos reuniones semanales al menos «por una Ucrania Libre». La sala se alquila siempre que se puede. Y nosotros la acabamos de alquilar por dos semanas, para los ensayos de una película. Ya he ensayado aquí ocho o nueve películas. No sé por qué, pero pienso que los lugares de ensayo deberían ser siempre un poco pintorescos.

Dos ayudantes de producción me aguardan nerviosos. Han preparado la cafetera. En una caja de plástico, entre cubos de hielo, hay botellas con zumo (recién exprimido), leche y yogur. En una bandeja, tostadas, galletas, bizcocho y rebanadas de estupendo pan de centeno del restaurante de abajo. Mantequilla (batida y en porciones) y queso cremoso (batido y en porciones) nos aguardan, con sus correspondientes cuchillos de plástico. Otra bandeja tiene sobres de azúcar, *Equal*, sacarina, miel, bolsitas de té, infusiones (de todos los tipos imaginables), limón, aspirinas (para el caso de que alguien manifieste los primeros síntomas de un resfriado). Hasta aquí, estupendo.

No podía ser de otra manera: los ayudantes de producción se han equivocado al colocar las dos mesas donde ensayaremos. Las han puesto pegadas por la parte más estrecha. De modo que, cuando dentro de media hora nos reunamos aquí una docena de personas, la perspectiva es sentarnos como en un vagón de metro. Tengo que hacer que muevan las mesas, de modo que cada uno esté tan cerca del otro como sea posible. Hay un lápiz recién afilado delante de cada silla. Y una copia nueva del guión Aunque los actores tengan el guión desde hace semanas, resulta asombrosa la frecuencia con que olvidan traerlo el primer día.

En la primera lectura del guión me gusta tener cerca a la mayor parte del equipo de producción: el director artístico, el diseñador de vestuario, el segundo ayudante de dirección, el meritorio del Sindicato de Directores de América (DGA), la script, el montador, y el director de fotografía, a no ser que esté haciendo pruebas en localizaciones. Tan pronto como las mesas están bien puestas, vienen hacia mí: todos. Unos planos se despliegan por el suelo. Fotos. Polaroids de un Thunderbird rojo del 86 y un Thunderbird negro del 86. ¿Cuál prefiero? Aún no tenemos el permiso para rodar en el bar de la esquina de la Calle Décima con la Avenida A. El dueño pide demasiado dinero. ¿Hay alguna otra localización que sirva también? No. ¿Qué debería hacer? Darle lo que pide. Truffaut tiene un momento en *La noche americana* que llega al corazón de cualquier director. Acaba de terminar un arduo día de rodaje. Está saliendo del plató. El equipo de producción le rodea, y le bombardea a preguntas sobre el trabajo del día siguiente. Se para, mira al cielo, y grita: «¡Preguntas! ¡Preguntas! ¡Hay tantas preguntas en las que no tengo tiempo de pensar!».

Lentamente, los actores empiezan a llegar. Una falsa jovialidad oculta su nerviosismo. «¿Habéis oído eso de que...», «Sidney, me alegro tanto de trabajar otra vez contigo...». Abrazos, besos. Soy un gran especialista en besos, abrazos y muestras de afecto. Pero lo más opuesto a un sobón. Llega el productor. Normalmente, él sí achucha a la gente. Su meta esta mañana es congraciarse con la gente. De modo especial con las estrellas.

De pronto, un gran alborozo llega desde abajo. Una de las estrellas acaba de aterrizar. La estrella también se está congraciando con todos, mostrando lo normal que es. Algunas veces se presenta con un séquito. Lo primero de todo, una secretaria. Desanima, porque eso significa que, cuando toque la parada de diez minutos, la secretaria traerá ocho mensajes tan urgentes que la estrella deberá ponerse al teléfono en vez de descansar o estudiar el guión. En segundo lugar, la maquilladora de la estrella. La mayor parte de las estrellas tienen derecho contractual a tener su propia persona de maquillaje. En tercer lugar, un guardaespaldas (haga falta o no). En cuarto lugar, un amigo, que le dejará enseguida. Y finalmente, está el chófer. Éste se lleva un mínimo pactado por el sindicato de 900 dólares por semana si tocan horas extras. Y hay muchas horas extras, porque casi todas las estrellas tienen la convocatoria más temprana por la mañana y son las últimas en irse por la noche. El chófer no tendrá nada que hacer desde el momento en que deja a la estrella en los ensayos hasta que la recoja por la noche para llevarla a casa. Así que lo primero que hace es dirigirse a la cafetera. Coge un pedazo de bizcocho y luego una galleta. Un vaso de naranjada para quitarse el sabor del café, y luego una tostada, untada generosamente de mantequilla, para quitarse el sabor de la galleta. Un poco de ensalada, una pieza de fruta, y finalmente, de puntillas, se va abajo otra vez para hacer lo que sea que hacen los chóferes durante todo el día.

No todas las estrellas tienen séquito. Sean Connery sube los escalones de dos en dos, da la mano rápidamente a todo el mundo, luego se deja caer junto a la mesa, abre su guión y empieza a estudiarlo. Paul Newman sube las escaleras lentamente, con todo el peso del mundo sobre sus hombros, se pone gotas en los ojos y hace un chiste malo. Luego abre su guión y empieza a estudiarlo. No sé cómo se las arregla sin una secretaria. Paul lleva una de las vidas más honradas y desinteresadas que he visto nunca. Ha creado marcas de palomitas y aderezos varios para ensaladas, entre otros productos, cuyos beneficios destina a obras de caridad, que ayudan a personas a veces ignoradas por otras instituciones benéficas. Con esto y su trabajo en el cine tiene el día ocupado. Pero llega a todo y nunca parece sometido a presión.

El publicista está también ahí. Son molestos los publicistas, pero su vida es un infierno. Los actores les odian porque siempre organizan una entrevista el día que les toca rodar su escena más difícil; el estudio siempre les hace saber que el material que han enviado a la Costa Oeste es horrible y no sirve para nada; el agente de prensa personal de la estrella, cuidando con celo su césped, quiere que todas las peticiones se canalicen a través de él; y todos sabemos que nada de lo que los publicistas hagan hoy importa, porque la película no se estrenará en al menos nueve meses; y cualquier foto que logren colocar en el *Daily News* se olvidará después, cuando, además, el título de la película habrá cambiado.

A menudo el último en llegar es el escritor. Es el último porque sabe que él, en esta fase, está en el punto de mira. En este momento, cualquier error sólo puede ser culpa suya, ya que nada más ha sucedido aún. De modo que se dirige deprisa a la mesa del café y se llena la boca de galletas; así no tendrá que responder a ninguna pregunta, mientras intenta hacerse pequeñito, para que nadie le vea.

El ayudante del director intenta disponer el último reconocimiento médico, para la compañía de seguros (los principales miembros del reparto siempre están asegurados). Y yo hago creer a todo el mundo que le escucho, con una falsa sonrisa cálida en mi rostro, a la espera sólo del momento de la verdad (la hora en punto), en que comenzaremos lo que constituye el motivo de nuestra reunión: estamos aquí para hacer una película.

Finalmente, ya no aguanto más. Quedan tres minutos, pero miro al ayudante de dirección. Nervioso, aunque con una voz llena de autoridad, dice, «Señoras y caballeros» —o «Amigos» o «¡Eh!, tíos»— «¿nos sentamos?». El tono usado por el ayudante de dirección es importante. Si suena como Santa Claus diciendo «Jo-jo-jó», los actores sabrán que les tiene miedo, y acabará teniendo problemas tarde o temprano. Si suena pomposo y mandón, querrán ponerle en su sitio en cuanto se presente una oportunidad. Los mejores ayudantes de dirección son los británicos. Después de años de buena educación inglesa, van tranquilamente de un actor a otro: «Señor Finney, le toca a usted.», «Señorita Bergman, por favor.».

Los actores se ponen alrededor de la mesa. Les doy mi primera indicación como director. Les digo dónde tienen que sentarse.

En realidad, ya llevo dirigiendo esta película algún tiempo. Dependiendo de lo complicada que sea la parte física de la película, habré estado en preproducción entre dos meses y medio y seis meses. Y dependiendo de cuánto trabajo requiera el guión, quizá habré trabajado unos meses antes de que la preproducción empezara. Las decisiones principales ya están tomadas. No existen decisiones pequeñas a la hora de realizar una película. Cada una contribuirá en buena parte al resultado, o hará que la película entera se estrelle contra mi cabeza muchos meses después.

La primera decisión, claro está, es si hacer o no la película. No sé cómo decidirán otros directores. Yo lo hago guiado por el instinto, muy a menudo tras una sola lectura del guión. Esto ha dado muy buenas películas y muy malas. Pero es mi forma de funcionar de siempre, y ya soy demasiado mayor para pensar en cambiar. Cuando leo el guión por primera vez, no lo analizo. Únicamente, dejo que me empape. Algunas veces se trata de un libro. Leí *El príncipe de la ciudad* en forma de libro, y supe que no tenía más remedio que convertirlo en película. También me aseguro de que dispongo de tiempo: me gusta leer los guiones de un tirón. Uno puede reaccionar de modo diferente ante un guión si interrumpe su lectura, aunque sólo sea por media hora. La película final será vista sin interrupciones, así que ¿por qué debería leer el guión la primera vez de otro modo?

El material puede proceder de muchas fuentes. Algunas veces el estudio te envía una oferta para que firmes, y una fecha de inicio del trabajo. Ésa, naturalmente, es la mejor de las opciones, porque el estudio está listo para financiar la película. Los guiones llegan de escritores, agentes, estrellas. Algunas veces es material que yo he desarrollado, y luego empieza el proceso agónico de sumisión a los estudios y/o las estrellas para lograr financiación lo antes posible.

Existen muchas razones para aceptar la realización de una película. No creo en la actitud de aguardar una historia «genial» que se convertirá en una «obra maestra». Lo importante es que el material que manejo me interese personalmente en algún aspecto. Y los aspectos varían. *Larga jornada hacia la noche* contiene todo lo que uno podría desear. Cuatro personajes se reúnen y no dejan aspecto alguno de la vida sin explorar. Sin embargo, una vez hice una película llamada *Una cita*. Tenía buenos diálogos, de James Salter, pero una trama horrible que le había entregado un productor italiano. Imagino que Jim necesitaba el dinero. La película debía rodarse en Roma. Hasta entonces, tenía una gran dificultad en descubrir cómo usar el color. Me había educado en las películas en blanco y negro, y casi todas las películas que había hecho hasta entonces eran en blanco y negro. Las dos películas en color que había hecho, *Stage Struck* y *El grupo*, me habían dejado insatisfecho. El color parecía falso. El color hacía que las películas parecieran más irreales aún. ¿Por qué el blanco y negro parecía real y el color falso? Obviamente, no estaba usando bien el color, o, para ser más exactos, no lo usaba en absoluto.

Había visto una película de Antonioni titulada *Desierto rojo*. La había fotografiado Carlo Di Palma. Aquí, al fin, se usaba el color con fines dramáticos, para ayudar a la historia y profundizar en los personajes. Llamé a Di Palma a Roma y estaba disponible para *Una cita*. Acepté, por suerte, dirigir la película. Sabía que Carlo me ayudaría a superar mi «bloqueo con el color». Y lo hizo. Fue un motivo muy práctico por el que hacer la película.

He hecho dos películas porque necesitaba el dinero. He hecho tres porque me gusta trabajar y no aguantaba más. Como soy un profesional, trabajé con tanta intensidad en esas películas como en cualquiera de las que he hecho. Dos de ellas resultaron ser buenas y tuvieron éxito. Porque la verdad es que nadie sabe de qué mágica combinación nacen los trabajos de primer orden. No estoy siendo modesto. Existe una razón por la cual algunos directores pueden realizar películas de primera categoría y otros no las harán nunca. Y se llama «preparar el terreno» que permite los «accidentes felices», de los que surge una película así; algo al alcance de todos. Que suceda o no, es algo que nunca se sabe. Existen muchos imponderables, que los siguientes capítulos revelarán.

Para uno que quiere dirigir, y todavía no ha hecho su primera película, que no lo dude. Cualquiera que sea la película, sus posibilidades, sus problemas, si tienes la oportunidad de dirigir, ¡aprovéchala! Punto. ¡Signo de exclamación! La *pri-*

mera película lleva consigo su propia justificación, por el hecho de ser la primera película.

He hablado de por qué decido hacer una película concreta. Ahora viene la decisión más importante a tomar: ¿de qué trata la película? No me refiero a la trama, aunque en algunos melodramas muy buenos el argumento coincide con el tema de la película. Lo que no es malo. Aunque también puede ocurrir que una historia de miedo, buena y emocionante, sea a la vez muy divertida.

Pero, ¿de qué trata en su aspecto emocional? ¿Cuál es tema de la película, su espina dorsal, su arco? ¿Qué sentido tiene la película para mí? Personalizar la película es muy importante. Me voy a dedicar de lleno a ella durante los próximos seis, nueve, doce meses. Será mejor que la película signifique algo para mí. De otra forma el esfuerzo físico (muy duro en verdad) será dos veces más agotador. La palabra «sentido» puede abarcar un espectro muy amplio. *Una cita* significó que tenía la oportunidad de trabajar con Carlo. Y lo que aprendí marcó la diferencia en todas las películas que hice después.

La pregunta «¿De qué trata la película?» será formulada a lo largo del libro una y otra vez. Por ahora conformémonos con decir que el tema (el *qué* de la película) determina el estilo (el *cómo* de la película). El tema es decisivo en los aspectos concretos de los distintos apartados que trataremos en los siguientes capítulos. Yo trabajo de dentro afuera. De qué va la película determina cómo será el reparto, el aspecto externo que ofrecerá, el modo en que será montada, acompañada por la música y mezclada, cómo se diseñarán los títulos de crédito y, con un buen estudio, el modo en que será comercializada. De qué va la película determina cómo se hace.

Como dije antes, el melodrama puede tener su propia justificación, porque la cuestión de «¿qué viene ahora?» es una de las delicias vitales con las que uno carga desde la infancia. Todos nos estremecimos la primera vez que escuchamos «Caperucita Roja», y aún nos dura la emoción del momento en que vimos *El silencio de los corderos*. Esto no significa que *El silencio de los corderos* sea sólo la historia que cuenta. Debido a la excelente escritura de Ted Tally, a la extraordinaria dirección de Jonathan Demme, y a la magnífica interpretación de Anthony Hopkins, es también una exploración de dos personajes fascinantes. Pero en primer lugar y ante todo, se trata de una historia en la que no paras de morderte las uñas, brillante, que te deja asustado e intrigado.

El melodrama es una teatralidad sobreelevada, que hace plausible lo increíble. Por atreverse a traspasar los límites, parece más real. *Asesinato en el Orient Express* es una película de suspense como la copa de un pino, que te rompe completamente el saque. Todavía me veo, la primera vez que leí el guión, aullando de alegría cuando al final se descubre que todos los personajes son culpables. ¡Trata de lo increíble! Pero después de pensarlo un poco, advertí que trata de algo más: la nostalgia. Para mí, en el mundo de Agatha Christie predomina la nostalgia. Hasta sus títulos son nostálgicos. *El asesinato de Roger Ackroyd* (¡qué nombre!), *Asesinato en el Orient Express* (¡qué tren!), *Muerte en el Nilo* (¡qué río!), todo en su trabajo evoca un tiempo y un lugar de los que nunca supe su existencia, y en verdad me pregunto si alguna vez fueron reales. En los próximos capítulos espero ilustrar cómo el concepto de nostalgia afectó a cada uno de los departamentos que trabajaron en *Orient Express*. Hasta lograr que una película de intriga, basada en una historia que Agatha Christie escribió con cuarenta años, arramblara con seis candidaturas a los Oscar.

Pero aún hay otra razón por la que me empeñé en hacer la película. Siempre he pensado que había estropeado seriamente dos películas por dirigirlas con demasiada ponderación. Son *El grupo*, con guión de Sidney Buchman a partir del libro de Mary McCarthy, y una película poco conocida titulada *Bye Bye Braverman*, con libreto de Herb Sargent, basado en la novela de Wallace Markfield. Sencillamente las hice sin la suficiente ligereza de espíritu.

Pienso que *El grupo* habría mejorado con una atmósfera de comedia ligera en sus primeros veinticinco minutos, de modo que su honda seriedad emergiera lentamente. Uno de los personajes principales del libro, Kay, sufría por tomarse todo en la vida con demasiada seriedad. El problema más nimio se convertía, a sus ojos, en crisis; el comentario más trivial podía transformar su relación con otra persona. Hacia el final de la película Kay se apoya en una ventana, con unos prismáticos en la mano, buscando aviones alemanes de la Segunda Guerra Mundial. Está convencida de que un ataque aéreo a Nueva York es inminente. Se asoma entonces demasiado, cae al vacío y muere. Ese momento precisaba de un toque de la locura cómica que se torna en tragedia, un campo en el que Robert Altman, por ejemplo, es muy bueno.

Bye Bye Braverman era un guión prácticamente perfecto. Y yo lo serví como un bizcocho en vez de como un *soufflé*. Un reparto de maravillosos actores cómicos —Jack Warden, Zohra Lampert, Joseph Wiseman, Phyllis Newman, Alan King, Sorrell Booke, Godfrey Cambridge— se quedó como pez fuera del agua por culpa de un director que se toma funerales y cementerios demasiado en serio.

Sabía que *Asesinato en el Orient Express* tenía que ser positiva y alegre de espíritu. Para algunas cosas disponemos de un talento natural; otras hay que aprenderlas. Algunas cosas, sencillamente, somos incapaces de hacerlas. En cualquier caso, yo estaba decidido a hacer una película alegre, aunque tuviera que matar, a otros o a mí mismo, para conseguirlo. Nunca has visto a nadie trabajar con tanta intensidad en algo para que sea ligero de espíritu. Y aprendí. (De nuevo, los distintos apartados se verán en capítulos posteriores.) Dudo que hubiera manejado *Network* tan bien si no hubiera sido por las lecciones que aprendí en *Orient Express*.

Podría ir recorriendo la lista de mis películas, diseccionar las razones por las que las hice. Éstas han variado desde la necesidad de dinero hasta el verme involucrado en ellas con todas las partículas de mi ser, como ocurrió con *Distrito 34, corrupción total*. El entero proceso de la realización de una película es mágico; tan mágico de hecho que a menudo sirve como justificación para que uno vaya a trabajar. Sólo hacer la película basta.

Una última palabra, antes de seguir, sobre por qué digo «sí» a una película A y «no» a una película B. Durante años, los críticos y muchas otras personas han subrayado lo interesado que estoy en el sistema judicial. Por supuesto que lo estoy. Algunos han dicho que mis raíces teatrales son manifiestas por las numerosas obras escénicas que he convertido en película. Por supuesto que lo son. He hecho un puñado de películas sobre relaciones entre padres e hijos. He hecho comedias, algunas malas, otras mejores, así como melodramas y un musical. He sido acusado de abarcar todo tipo de cuestiones, de carecer de un tema dominante que quepa aplicar a toda mi obra. Ignoro si es cierto o no. La razón de mi ignorancia es que, cuando abro la primera página de un guión, mi voluntad queda cautiva. Carezco de nociones preconcebidas sobre lo que quiero que sea la idea central del cuerpo de mi trabajo. Ningún guión debe encajar en un tema global de mi vida. No tengo uno. Algunas veces vuelvo la vista atrás, a mi trabajo de una época concreta, y me digo a mí mismo, «Oh, así que entonces me interesaba esto.»

Quienquiera que sea yo, cualquiera que sea el significado de mi trabajo, debe salir de mi subconsciente. No puedo abordarlo de modo cerebral. Obviamente, esto es bueno y adecuado para mí. Cada persona debe enfrentarse a los problemas del modo que mejor pueda.

No sé cómo escoger películas que iluminen los temas centrales de mi vida. No sé de qué trata mi vida ni quiero saberlo. Mi vida se define a sí misma cuando la vivo. Las películas se definirán a sí mismas cuando las haga. Que el tema sea algo que me interesa en ese momento, me basta para empezar a trabajar. Quizá el trabajo mismo sea el tema central de mi vida.

Una vez tomada la decisión, por la razón que sea, de hacer una película, vuelvo a la cuestión crítica, que arrastra a todas las demás: ¿De qué trata la película? El trabajo no puede empezar hasta que se definen sus límites, y éste es el primer peldaño del proceso. Se convierte en el lecho del río por el que se canalizan todas las decisiones subsiguientes.

El prestamista: Cómo y por qué nos creamos nuestras propias prisiones.

Tarde de perros: Los tipos raros no son los tipos raros que nosotros pensamos que son. Tenemos muchos más puntos en común con los comportamientos marginales de lo que pensamos o admitimos.

El príncipe de la ciudad: Cuando intentamos controlar las cosas, las cosas terminan por controlarnos. Nada es lo que parece.

Daniel: ¿Quién paga las pasiones y compromisos de los padres? Ellos, pero también los hijos, que nunca escogen esas pasiones y compromisos.

Piel de serpiente La lucha por preservar lo que es delicado y vulnerable, en nosotros mismos y en el mundo.

Supergolpe en Manhattan: Las máquinas nos están ganando.

Punto límite: Las máquinas nos están ganando.

Doce hombres sin piedad: Escucha.

Network, un mundo implacable: Las máquinas nos están ganando. O, tomado prestado de la NRA: la televisión no corrompe a la gente; la gente corrompe a la gente.

Serpico: Retrato de un auténtico rebelde con causa.

El mago: Tu casa, en el sentido de conocimiento propio, está dentro de ti. (Esto es cierto en la brillante película de Garland y en el libro de L. Frank Baum.)

Un lugar en ninguna parte: ¿Quién paga las pasiones y compromisos de los padres?

La gaviota: ¿Por qué todo el mundo se enamora de la persona equivocada? (No es casual que, en la última escena, los personajes principales jueguen a las cartas alrededor de una mesa, como si cada uno tuviera un mal acuerdo, y necesitara ahora un poquito de suerte.)

Larga jornada hacia la noche: Debo detenerme aquí. No sé de qué trata, a no ser la idea inherente al título. Algunas veces un trabajo sigue su camino y, como en este caso, se expresa en una escritura tan maravillosa, es tan enorme, abarca tantas cosas, que un tema único no puede definirlo. Es tratar de confinar, dentro de unos límites, algo que no debiera tenerlos. He sido muy afortunado de contar con un texto de esa magnitud en mi carrera. Descubrí que la mejor forma de abordarlo era preguntar, investigar, dejar que la obra me hablara.

Algo de esto ocurre en cada pasaje bueno de un trabajo, claro está. Con *El príncipe de la ciudad*, no tenía ni idea de lo que pensaba acerca del personaje principal, Danny Ciello, hasta que vi la película completa. Con *Serpico*, me sentía ambivalente con el protagonista todo el rato. A veces era como un grano en el culo. Siempre incordiando. Al Pacino logró que le amara a *él*, no al personaje que figuraba en el guión. *La gaviota* es totalmente ambigua acerca de cómo debe uno comportarse. Todo el mundo se enamora de la persona equivocada. El profesor Medvedenko ama a Masha, Masha ama a Konstantin, Konstantin ama a Nina, Nina ama a Trigorin, y Trigorin pertenece a Arkadina, la cual ama en realidad al Dr. Don, quien a su vez es amado por Paulina. Pero nada de esto les impide conservar su propia dignidad y *pathos*, a pesar de su aparente estupidez. La ambigüedad es una fuente que permite explorar a los personajes con mayor profundidad. Son como cualquiera de nosotros.

Pero en *Larga jornada hacia la noche*, nadie es como cualquiera de nosotros. Los personajes se deslizan hacia abajo por una espiral de épicas y trágicas proporciones. Para mí, *Larga jornada hacia la noche* desafía a las definiciones. Una de las mejores cosas que me han ocurrido en la vida sucedió en esa película: en el último plano. En el último plano de la película tenemos a Katherine Hepburn, Ralph Richardson, Jason Robards y Dean Stockwell sentados alrededor de una mesa. Cada uno se encuentra perdido en su personal fantasía adictiva, los hombres en la bebida, Mary Tyrone en la morfina. La luz de una casa lejana barre con su haz la habitación cada cuarenta y cinco segundos. La cámara se desplaza hacia atrás lentamente, y los muros de la habitación, gradualmente, desaparecen. Enseguida los personajes se encuentran sentados en un limbo negro, haciéndose cada vez más diminutos mientras el haz de luz sigue barriéndoles. Fundido a negro. Después de ver la película Jason me dijo que había leído una carta de Eugene O'Neill en la que describe su imagen de la familia «sentada en la oscuridad, alrededor de la mesa que corona el mundo». No había leído esa carta. Mi corazón saltó de gozo. Son las cosas que ocurren cuando dejas contar su historia al material que manejas. Aunque en tal caso más vale que el material que tengas sea bueno de verdad.

Tú y yo podemos discrepar en el significado de un pasaje particular. No importa. Quienquiera que haga una película tiene derecho a su propia interpretación. He amado y admirado un montón de películas que sentía que trataban de algo distinto a lo que yo estaba viendo. En *Un lugar en el sol*, George Stevens ofrece una maravillosa y romántica historia de amor. Pero la resonancia del libro de Dreyer en que se basa se convierte para mí en el corazón de la película, aunque entonces ni siquiera lo hubiera leído. Era realmente *Una tragedia americana*[2]: el terrible precio que un hombre paga por creer en el mito de América. Lo importante es que la interpretación del director sea lo bastante comprometida, de modo que su intención, su punto de vista, quede claro. Luego, cada persona es libre de coincidir, discrepar o empezar a formarse su propia idea de la obra. No la sacamos a la luz para obtener consenso. Lo hacemos para comunicar algo. Y algunas veces incluso logramos consenso. Lo que resulta emocionante.

Con acierto o equivocadamente, hemos escogido un tema para una película. ¿Cómo escojo a la gente que me ayuda a trasladarlo a la pantalla? Entraremos en los detalles después, cuando analicemos cada aspecto de la realización. Pero existe también una aproximación general. Por ejemplo, a finales de los cincuenta, paseando por los Campos Elíseos, vi un anuncio de neón en un cine: *Douze Hommes en Colère —un Film de Sidney Lumet*. *Doce hombres sin piedad* estaba ya en su

---

[2] Referencia al título de la obra de Dreyer en que se basa *Un lugar en el sol* (*N. del T.*)

26

segundo año. Por suerte para mi salud mental y mi carrera, nunca creí que fuera *un Film de Sidney Lumet*. No quiero ser malinterpretado. No se trata de falsa modestia. Yo soy el tipo que dice «Ésta vale», lo cual determina lo que se verá en la pantalla. Para los que nunca han estado en un plató: una vez que la escena se ha ensayado en el plató, comenzamos a rodar. Cada vez que se rueda, se habla de una «toma». Se pueden rodar una o treinta de la misma cosa. Cuando una toma parece satisfactoria, totalmente o en parte, gritamos «Ésta vale». Eso significa que la toma irá al laboratorio para ser revelada y positivada, de modo que podamos verla al día siguiente. La película final se forma con las tomas positivadas.

Pero, ¿hasta qué punto me ocupo yo de la película? ¿Es *un Film de Sidney Lumet*? Dependo del tiempo, del presupuesto, de lo que la actriz principal tenga de desayuno, de quién ande enamorado el actor principal. Dependo de talentos e idiosincrasias, estados de ánimos y egos, políticos y personalidades, de más de un centenar de tipos distintos. Y eso sólo al hacer la película. En este momento no mencionaré siquiera el estudio, la financiación, la distribución, el marketing...

¿Cuánta independencia tengo? Como cualquier jefe —y en el plató, yo soy el jefe—, lo soy sólo hasta cierto punto. Y eso es para mí lo emocionante. Estoy al frente de una comunidad a la que necesito desesperadamente, y ellos a mí lo mismo. Ahí está la gozada: en la experiencia compartida. Cualquiera de esa comunidad puede ayudarme o causar un perjuicio. Por esa razón, es vital disponer del mejor personal creativo en cada departamento. Gente que pueda desafiarte a dar lo mejor de ti, no de un modo hostil sino en una búsqueda constructiva de la verdad. Naturalmente, puedo mover el banquillo si una discrepancia se torna irresoluble, pero sólo como último recurso. Es también un gran alivio. Pero la gozada está en dar y recibir. La gozada es hablar con Tony Walton, el director artístico de *El príncipe de la ciudad*, sobre el tema de la película, y ver cómo él presenta luego su expresión de ese tema. Contratar aduladores y esclavos es venderme a mí mismo y a la película por muy poco. Sí, Al Pacino te desafía. Pero sólo para hacerte más honesto, para que ahondes. Eres mejor director por haber trabajado con él. Henry Fonda era incapaz de fingir, de modo que se convertía en un barómetro de la verdad, con el que te medías a ti mismo y a los otros. Boris Kaufman, un maravilloso director de fotografía en blanco y negro, con quien hice ocho películas, se retorcía de dolor y discutía si pensaba que un movimiento de la cámara era arbitrario e inmotivado.

Dios me libre de estar a favor de un equipo conflictivo. Hay directores que piensan que deben provocar a la gente para conseguir lo mejor de ellos. Me parece una majadería. La tensión nunca ayuda. Cualquier atleta te dirá que la tensión es una forma segura de perjudicarte. Pienso lo mismo de las emociones. Procuro crear un equipo muy relajado, donde conviven las bromas y la concentración. Suena sorprendente, pero las dos cosas encajan a la perfección. Es obvio que los buenos talentos tienen voluntad propia, que debe ser respetada y alentada. Parte de mi trabajo consiste en lograr que todo el mundo rinda lo mejor posible. Y si he contratado a los mejores, piensa cuánto más deben rendir con respecto a los que no son los mejores.

El corazón de *mi* trabajo —*el* momento decisivo— llega cuando digo «Ésta vale», pues entonces es cuando aquello en lo que hemos estado trabajando queda registrado para siempre. ¿Cómo sé cuándo decirlo? No estoy realmente seguro. Algunas veces tendré dudas acerca de una toma, pero la mandaré a positivar de todas formas. No tengo por qué usarla. Otras veces me siento tan seguro de una toma que mandaré a positivar sólo esa y pasaré al siguiente plano. (Esto supone prepararse para la siguiente toma. Pasar al siguiente plano es una tremenda responsabilidad. Hay que mover todas las cosas del último plano, cuya disposición ha podido llevar horas de trabajo, quizá un día o incluso varios. Si se trata del último plano de una localización particular, la decisión es todavía más dramática, ya que estaremos a punto de trasladarnos y puede que ya no se nos permita volver.). Así que decir «Ésta vale» es mi mayor responsabilidad.

Ha habido veces en que he mandado a positivar la primera toma y nos hemos ido. Es peligroso, porque los accidentes ocurren. El laboratorio puede arruinar la película. En una ocasión hubo huelga en un laboratorio de Nueva York. Los muy bastardos dejaron la película en el tanque de revelado. El trabajo de todo un día, no sólo de mi película, sino de todas las películas rodadas en Nueva York aquel día, quedó arruinado. Otra vez, la película tenía que entregarse al laboratorio en un vagón de tren en una estación, que tuvo un accidente. Latas con negativo expuesto rodaron por la calle, y de algunas se desprendió la cinta adhesiva, de modo que aquellas tomas se arruinaron. En el rodaje de *Supergolpe en Manhattan*, habíamos dispuesto lo que con toda claridad era un funeral por un gángster, en el exterior de la auténtica Catedral de St. Patrick en Little Italy, entre las calles Mulberry y Houston. Podía sentir la tensión creciente. Cierto número de viandantes se había vuelto sensible, de repente, al modo en que sus paisanos eran presentados. (No necesito decirte que aquello fue una especie de terremoto.) Alan King encarnaba a un gángster en la película, y se vio atrapado en medio de un grupo de seis tipos particularmente fornidos. Sus voces crecieron de tono. Escuché a uno de ellos decir: «¿Por qué siempre tenemos que ser una panda de golfos? ¡También tenemos artistas!»

Alan: «¿Por ejemplo?»

Tipo: «¡Michelangelo!»

Alan: «¡De ése ya hicimos una película!»

Tipo: «¿Sí? ¿Con quién?»

Alan: «Chuckles Heston. Le tocó a él.»

Pero la situación fue grave. El ayudante de dirección vino a decirme que había oído cuchichear a uno de los señoritos locales sobre «hacerse con el puto negativo». Nuestros gángsters son muy sofisticados en Nueva York. Así que después de cada plano cortábamos el negativo y se lo dábamos a un aterrorizado ayudante de producción que desaparecía sigilosamente para llevar el negativo en metro a los laboratorios de Technicolor.

Pero lo que me lleva a decir «Ésta vale» es muy instintivo. Algunas veces lo digo porque siento dentro de mí que fue una toma perfecta, que nunca podremos mejorar. Otras, porque cada nueva toma sale peor. Otras, no hay elección. Te has quedado sin luz, o debes rodar en París mañana. Mala suerte. Mándala a positivar y confía en que nadie note el compromiso.

La mayor presión al hacer películas ocurre cuando sabes que sólo dispones de una toma para lograr el plano. Esto me sucedió en *Asesinato en el Orient Express*. Imagina lo siguiente. Estamos en una enorme nave de las cocheras del ferrocarril, a las afueras de París. Dentro de la nave hay un tren de seis vagones que resopla y jadea. ¡Un tren entero! ¡Todo mío! ¡No un tren de juguete! ¡Un tren de verdad! Lo hemos traído desde Bruselas, donde la Wagon-Lits Company guarda sus vagones viejos, y desde Pontarlier, en los Alpes franceses, donde los Ferrocarriles Nacionales Franceses tienen sus viejas máquinas. Hemos construido un escenario de la estación de tren de Estambul en Londres, lo hemos transportado a París, y lo hemos levantado en la nave, de modo que aquello se ha convertido en la terminal Estambul del Orient Express. Trescientos extras están desperdigados en el «andén del tren» y la «sala de espera». El plano es como sigue. La cámara está sobre la Nike, una dolly que se mueve a motor, de unos cinco metros. Está en su posición baja. Cuando el tren empieza a moverse hacia nosotros, la dolly se mueve hacia delante hasta encuadrarlo, al mismo tiempo que se eleva a la mitad de la altura del tren, casi dos metros. El tren empieza a coger velocidad mientras se dirige a nosotros, y nosotros también cogemos velocidad mientras nos dirigimos al tren. En el momento en que la mitad del cuarto vagón nos ha alcanzado, obtenemos un primer plano del símbolo de Wagon-Lit. Es muy hermoso, dorado sobre fondo azul. Llena la pantalla. Cuando nos sobrepasa, giramos la cámara ciento ochenta grados para seguirlo, de modo que al final estamos mirando en la dirección opuesta. En ese momento nos hemos elevado a la altura máxima que permite la grúa, cinco metros, y estamos filmando el tren alejándose de nosotros, cada vez más pequeño a nuestros ojos. Al final sólo vemos las dos luces rojas del último vagón, hasta que el tren desaparece en la oscuridad de la noche.

Geoffrey Unsworth, el brillante director de fotografía británico, tardó seis horas en iluminar la enorme área. Cuatro de nuestras estrellas —Ingrid Bergman, Vanessa Redgrave, Albert Finney y John Gielgud— estaban trabajando en el teatro en Londres. Acabaron sus actuaciones el sábado por la noche, volaron a París el domingo por la mañana, y debían estar de vuelta en Londres para las funciones del lunes. El rodaje tenía que ser de noche, ya que no hay mucho misterio, y más bien poco *glamour*, en un tren que deja la estación a la luz del día. Además, los Ferrocarriles Nacionales Franceses nos pedían que desalojáramos la nave a las 8:00 a.m. El lunes. No podíamos ensayar el plano ni siquiera una vez, porque Geoff necesitaba el tren quieto en su sitio del andén para iluminar toda la escena. El extremo de la nave por donde el tren saldría estaría abierto al exterior, a los terrenos del ferrocarril, con todo el París de hoy en día al fondo, lo que era un motivo adicional por el que no podíamos rodar de día.

Peter McDonald es el mejor operador de cámara con el que he trabajado en mi vida. El operador de cámara es la persona que, de hecho, gira los engranajes que hacen que la cámara apunte en una determinada dirección. Hay también un foquista; su trabajo, obviamente, es mantener el foco. Lo que no es tan fácil cuando la cámara se mueve en una dirección, el tren en otra, y tú vas a girar la cámara sobre las letras («Wagon Lit»), en las que se ve con toda claridad si el enfoque es perfecto o no. Va a trabajar con un diafragma de 2.8, lo que dificulta aún más el enfoque. Por si fuera poco, está el hombre que dirige la dolly hacia un objeto (el tren) con una velocidad nunca vista, y un auxiliar de cámara en el otro extremo (en el contrapeso del brazo de la jirafa, sobre el cual el operador de cámara, Geoff Unsworth y yo nos sentamos, al lado de la cámara. El contrapeso permite a la cámara subir o bajar. La coordinación de estos cuatro hombres ha de ser perfecta. Peter ensaya con ellos una y otra vez, pero sólo a ojo, porque el tren no puede moverse mientras Geoff lo ilumina. Finalmente, a las 4:00 a.m., me pongo nervioso. Geoff está a punto de terminar, los eléctricos están corriendo, todos trabajando a tope. A las 4:30, Geoff está listo. Mi corazón pega un brinco. Ahora sé que tendremos una sola toma, pues el cielo comenzará a iluminarse a las 5:10. No hay forma humana, en tan sólo cuarenta minutos, de volver a meter el tren en la nave, pararlo en su marca, y disponernos a intentarlo una segunda vez. Además, el tráfico regular de trenes habrá empezado, de modo que el necesario cambio de raíles no será posible. No hay nada que hacer sino intentarlo. Los extras se colocan en su sitio, la máquina comienza a resoplar, cada corazón se encoge en un puño, ponemos la cámara a rodar. Grito: «Que el tren ande.». El ayudante francés bilingüe da la entrada al maquinista. El tren se pone en marcha hacia nosotros. Nosotros nos ponemos en marcha hacia el tren. El contrapeso se mueve y eleva la cámara hacia arriba. El foquista empieza ya a desplazar el foco hacia el veloz logo de Wagon-Lit del cuarto vagón. Lo tenemos ante nosotros en tan poco tiempo que es difícil seguirlo a simple vista, mucho más con la cámara. Peter vuelve la cámara tan rápido que me alegro de su insistencia en que me pusiera el cinturón de seguridad. El tren termina de salir de la nave y desaparece en la noche. Peter me mira, sonríe, levanta hacia arriba el pulgar. Geoff sonríe, me mira. Miro abajo a la script y digo con mucha tranquilidad: «Ésta vale.»

Otro elemento del que soy responsable es el presupuesto. Yo no soy uno de esos directores que dice, «Voy a jugársela a la compañía; gastaré lo que sea». Le estoy muy agradecido a quienquiera que me dé millones sin cuento para hacer una película. Nunca podría reunir ese dinero con mi solo esfuerzo. Estudio el presupuesto con el director de producción y en el rodaje con el ayudante de dirección. Luego hago todo lo humanamente posible para mantenerme dentro de los límites fijados.

Esto es particularmente importante en las películas que no

financia un gran estudio. Algunas de las películas que he dirigido combinaban financiación privada con la venta previa de «ventanas de explotación». La cosa funciona así: supongamos que la película tiene un presupuesto de diez millones de dólares. De estos diez millones, tres son costes «por encima de la línea»: propiedad, director, productor, guionista, actores. Los otros siete son costes «por debajo de la línea», esto es, todos los demás: escenarios, localizaciones, camiones, alquiler de estudios, equipo humano en localización y estudio, *catering*, sueldos legales (que son enormes), música, edición, mezcla, alquiler de equipo, gastos de alojamiento, material de escenografía (muebles, cortinas, plantas, etc.). Los costes «por debajo de la línea», en otras palabras, constituyen el coste de la producción física de la película. Si no tienes el respaldo de un gran estudio, el productor debe ir a uno o varios de los mercados anuales que se celebran en Milán, Cannes, o Los Ángeles, e intentar vender los derechos de distribución de la película a distintos distribuidores en Francia, Italia, Brasil, Japón, todos los países del mundo. Si retiene los derechos de televisión, puede venderlos luego país por país. Derechos de vídeo. Derechos de la televisión por cable. De este modo, lentamente, suma los diez millones de dólares que necesita para hacer la película: dos millones de Japón, uno de Francia, setenta y cinco mil de Brasil, quince mil de Israel. Ninguna suma es despreciable.

Dos cosas se necesitan, en cualquier caso, para este trabajo. Primero, el productor debe tener un acuerdo de distribución americana, una garantía de que la película se estrenará en Estados Unidos. La segunda necesidad es un compromiso de finalización de la película, que es exactamente lo que su nombre indica. Avalado por una compañía de amplios recursos financieros, el compromiso de finalización garantiza que la película se concluirá. Si el actor principal muere, si un huracán destroza el escenario, si un incendio asola el estudio, ellos, la compañía que avala el compromiso de finalización, sacarán el dinero que puedan a la aseguradora y financiarán la terminación de la película. Pero parte de su contrato —y esto es estándar— dice que si la producción se retrasa en su calendario y/o sobrepasa el presupuesto *durante el rodaje*, ¡la empresa avalista puede asumir el control de la película! Entonces tienen derecho a recortar gastos del modo que ellos prefieran. Si la escena original transcurría en la ópera con seiscientos extras, ellos pueden exigir que la ruedes en el aseo de caballeros de la ópera. Si rehusas, te pueden despedir. Si ibas a mezclar la banda de sonido en estéreo *surround*, pueden obligarte a una mezcla mono, porque cuesta muchísimo menos. Son dueños de la película hasta ese punto. A propósito: sus honorarios oscilan entre el tres y el cinco por ciento del presupuesto de la película.

Me pregunto de nuevo, ¿qué grado de libertad tengo? Por raro que parezca, no me importan las limitaciones. Algunas veces incluso te estimulan a un trabajo mejor, más imaginativo. Quizá surja un espíritu común en el equipo y los actores que se añade a la pasión de la película, y que puede tener su reflejo en la pantalla. En algunas películas he trabajado por el sueldo mínimo permitido por el sindicato, y lo mismo han hecho los actores. *Larga jornada hacia la noche* la hicimos así. Porque nos gustaba la historia y queríamos ver la película terminada a cualquier precio. Formamos una cooperativa, Hepburn, Richardson, Robards, Stockwell y yo, y trabajamos cada uno por el mismo salario mínimo. Dividimos los beneficios (de hecho, hubo beneficios) a partes iguales. Coste total de la película: 490.000 dólares. *El prestamista* se hizo así. Coste total: 930.000 dólares. *Daniel, Distrito 34 corrupción total, La ofensa*, todas se hicieron así. Son algunas de las películas más satisfactorias que he hecho desde el punto de vista artístico. Otras veces, porque intuía que la película tenía poco potencial comercial y estaba agradecido al estudio por poner el dinero, he hecho lo impensable. He cobrado menos del «precio pactado», como hice con *Un lugar en ninguna parte*. Nunca lo he lamentado.

Me he topado también con actores dispuestos a aceptar este tipo de arreglos si la historia les gustaba, veían que era arriesgada, y les constaba que todos afrontaban la película desde esa premisa. Además del caso citado de *Larga jornada hacia la noche*, Sean Connery aceptó embarcarse en este tipo de aventura por el sueldo mínimo. También Nick Nolte, Timothy Hutton, Ed Asner, el brillante director artístico Tony Walton y el soberbio director de fotografía Andrzej Bartkowiak. Algunas veces se lo he pedido a distintos miembros del equipo: algunos aceptaron, otros no. Pero adivina quiénes no ceden jamás. Los chóferes de las estrellas.

Muchos de los trucos que he aprendido para ahorrar dinero en películas de bajo presupuesto, podrían y deberían usarse normalmente en las películas de presupuesto normal. Puede ahorrarse mucho sin sacrificar la calidad. Pongamos, por ejemplo, que ruedo una escena, en estudio o en localización, enfrentándome a las distintas paredes. Imagina lo siguiente: una habitación tiene cuatro paredes —llamémoslas A, B, C y D. Empezamos con el plano más general frente a la pared A, y luego ruedo todos los planos que tienen como fondo la pared A. No me muevo hasta que he rodado el último primer plano frente a la pared A. Luego me muevo a la pared B y sigo el mismo proceso. Luego a la C, luego a la D. La razón de esto es que si la cámara desplaza su ángulo más de quince grados, es necesario volver a iluminar. La iluminación es la fase de la realización que más tiempo consume (y por tanto la más cara). Volver a iluminar lleva un mínimo de dos horas. ¡Iluminar cuatro veces consume un día completo! Sólo trasladarse para rodar frente a la pared A, y luego girarse ciento ochenta grados para rodar frente a la pared C, es un trabajo de cuatro horas, ¡la mitad de una jornada!

Naturalmente, los actores no han rodado sus planos en el orden lógico. Pero ésa es una de las ventajas de ensayar. Ensayo un mínimo de dos semanas, algunas veces tres, dependiendo de la complejidad de los personajes. No teníamos dinero para hacer *Doce hombres sin piedad*. El presupuesto era de 350.000 dólares. No me he equivocado: 350.000 dólares. Una vez que tenía iluminada una silla, se rodaba todo lo que ocurría en esa silla. Bueno, no exactamente. Dimos la vuelta a la sala tres veces: una, con luz normal, la segunda, con nubes de tormenta en el exterior, que alteraban el tipo de luz, y la tercera, con las luces de la habitación encendidas. Cuando Lee Cobb discutía con Henry Fonda teníamos, como es obvio, planos de Fonda (con el fondo de la pared C) y planos de Cobb (con la pared A). Se les rodó en siete u ocho días a cada uno, por separado. Esto significa, por supuesto, que yo debía tener un recuerdo emocional perfecto de la intensidad alcanzada por Lee Cobb siete días antes. Pero es justo ahí donde el valor de los ensayos resulta incalculable. Después de dos semanas de ensayos, tenía en mi cabeza un croquis perfecto de las cotas emocionales de la película. Acabamos en diecinueve días (un día antes de lo previsto) y por mil dólares menos de lo presupuestado.

Ya lo dijo Tom Landry: la clave está en la preparación. Odio a los Dallas Cowboys, y no me vuelve precisamente loco ese tipo y su sombrero de ala estrecha. Pero dio en el clavo. La clave está en la preparación. ¿No matarán la espontaneidad montañas de preparativos? Rotundamente: no. He descubierto que es justo al revés. Cuando sabes lo que tienes entre manos, te sientes mucho más libre para improvisar.

En mi segunda película, *Stage Struck*, había una escena entre Henry Fonda y Christopher Plummer en Central Park. A la hora de comer había rodado casi toda la escena. Paramos una hora, sabiendo que sólo nos quedaban unos pocos planos para después de comer, que completarían la escena. Durante el almuerzo, empezó a nevar. Cuando volvimos, el parque estaba ya completamente blanco. La nieve era tan bella que quise rehacer la escena entera. Franz Planner, el director de fotografía, dijo que era imposible porque nos quedaríamos sin luz a las cuatro. Rápidamente reestructuré la escena y di una nueva entrada a Plummer para que pudiera verse el parque cubierto de nieve; luego coloqué a los actores en un banco, y rodé un plano general y dos primeros planos. Tuvimos que abrir el diafragma a tope para la última toma, pero lo conseguimos. Como los actores estaban preparados y el equipo sabía lo que tenía entre manos, pudimos jugar con el clima y conseguir una escena mejor. La preparación posibilita el «accidente feliz» que siempre aguardamos que suceda. Ha sucedido muchas veces desde entonces: en una escena entre Sean Connery y Vanessa Redgrave, en el auténtico Estambul de *Asesinato en el Orient Express*; en una escena entre Paul Newman y Charlotte Rampling de *Veredicto final*; y en muchas escenas con Al Pacino y varios empleados de banco en *Tarde de perros*. Debido a que cada uno, él o ella, sabía lo que tenía entre manos, casi toda improvisación terminaba incluida en la película final.

Así que, yendo a los capítulos concretos. ¿Hablamos de los escritores?

2. EL GUIÓN
¿Hacen falta escritores?

He detallado las razones por las que digo sí o no a un guión. Eso significa, obviamente, que existe un guión.

Todo el mundo en el cine tiene lo que en nuestra jerga se conoce como un periodo *caliente*. Ocurre cuando todo el mundo te solicita porque tu última película fue un éxito. Si has tenido dos éxitos seguidos, estás *ardiendo*. Tres éxitos y la cosa es «¿Qué quieres, chico? Sólo dilo.». Antes de que digas para tus adentros, «Hollywood, ¿qué podías esperar?», me parece que deberías pensar en tu propia profesión. Por lo que he observado, el mismo modelo se aplica en el mundo editorial, el teatro, la música, el derecho, la cirugía, los deportes, la televisión... en todos los oficios.

Durante mis periodos *calientes*, e incluso en otros más tranquilos, me ha llegado el guión de un estudio, acompañado con frecuencia de una carta, que casi siempre incluye la misma frase: «Sabemos de sobra que el guión necesita retoques. Si cree que el guionista actual no puede hacerlo, estamos dispuestos a conseguir el que usted quiera.» Siempre me ha asombrado eso. Y siempre es mala señal. Para mí, significa que no creen de verdad en el material que han comprado.

El desprecio que los escritores han soportado de parte de los estudios a lo largo de los años es demasiado conocido para discutirlo aquí una vez más. La mayoría de las terribles historias que circulan son ciertas, como cuando Sam Spielgel tuvo a dos escritores trabajando en la misma película en dos pisos diferentes de la Plaza Athenée de París. O cuando Herb Gardner y Paddy Chayefsky, que tenían oficinas adyacentes en el 850 de la Séptima Avenida de Nueva York, recibieron un día idénticas ofertas por reescribir el mismo guión. El productor era demasiado tonto o andaba demasiado ocupado para advertir que sendos guiones eran enviados a la misma dirección, uno al apartamento 625 y otro al 627. Los guionistas escribieron cartas idénticas rechazando la oferta.

Yo procedo del teatro. Allí, el trabajo del escritor es sagrado. Expresar la intención del escritor es el objetivo principal de toda producción. La palabra «intención» la uso en el sentido de comunicar la razón por la que el escritor compuso su obra. De hecho, tal y como se define en el contrato del Sindicato de Dramaturgos, el escritor tiene la palabra final en todo —reparto, decorados, vestuario, director—, incluido el derecho a clausurar la obra *antes de que se estrene* si no está satisfecho con lo que ve en el escenario. Sé de una vez que se ejerció este derecho. Fui educado en la idea de que quien tenía la idea inicial, quien atravesaba la agonía de plasmarla en el papel, era el único que merecía ser satisfecho.

La primera vez que veo al guionista nunca le *mando* nada, aunque piense que hay mucho por hacer. En cambio, le hago las mismas preguntas que me he hecho yo: ¿De qué trata la historia? ¿Qué viste? ¿Cuál era tu *intención*? En el caso ideal, si lo hacemos bien, ¿qué esperas que el público sienta, piense, experimente? ¿En qué estado de ánimo quieres que abandone la sala?

Somos dos personas distintas que tratan de combinar sus talentos, así que concordar en la intención del guión es un punto crítico. Bajo las circunstancias más favorables, emergerá una *tercera* intención, que ni uno ni otro preveíamos. En el peor de los casos, un proceso agónico de metas cruzadas puede tener lugar, y dará como resultado algo sin objeto, fangoso o sencillamente malo, moviéndose por la pantalla. Una vez conocí a un director que siempre presumía de tener una agenda secreta de la que, pensaba, podía «sacar a hurtadillas» toda la película. Probablemente envidiaba el talento del escritor.

Cada fragmento de la primera y, creo, única novela de Arthur Miller, *Focus*, era, en mi opinión, tan bueno como la primera obra que produjo, *All My Sons*. Una vez le pregunté por qué, si tenía el mismo talento para el teatro que para la novela, había optado por escribir obras de teatro. ¿Por qué renunciar al control total del proceso creativo, que una novela proporciona al escribir, por el control compartido, en que una obra irá primero a las manos de un director y luego pasará a las del reparto, director artístico, productor, etcétera? Su respuesta me hizo estremecer. Dijo que le gustaba ver lo que su trabajo evocaba en otros. El resultado podía contener revelaciones, sentimientos e ideas que él nunca supo que estaban allí cuando escribió la obra. Es lo que todos esperamos.

Una vez de acuerdo en la pregunta clave para todo el mundo (¿De qué trata la película?) podemos continuar con los detalles. Primero, un examen de cada escena, de modo secuencial como es lógico. ¿Contribuye esta escena al tema global? ¿Cómo? ¿Contribuye a la trama central? ¿A definir al personaje? ¿Se mueve la trama en un arco de tensión o drama siempre creciente? En el caso de una comedia, ¿es cada vez más divertida? ¿La historia avanza a través de los personajes? En un buen drama, la línea que separa a los personajes de la trama debería ser invisible. Una vez leí un guión muy bien escrito, con diálogos extraordinarios. Pero los personajes no tenían una relación especial con la trama. Esa historia concreta podría haber ocurrido a mucha gente muy diferente. En el drama, los personajes deberían determinar la historia. En el melodrama, la historia determina a los personajes. El melodrama hace de la trama su más alta prioridad, y todo sirve a la trama. Para mí, la farsa es el equivalente cómico del melodrama y la comedia es el equivalente cómico del drama.

Ahora bien, en el drama, la historia debe revelar y elucidar a los personajes. En *El príncipe de la ciudad*, Danny Ciello tenía un defecto fatal que hacía el final de la película inevitable. Como hombre, como personaje, era un manipulador. Creía que podía manejar lo que fuera en su propio beneficio. La película cuenta la historia de un hombre así, que se mete en una situación que *no puede* manejar. Nadie podría. Era demasiado grande, demasiado compleja, con demasiados elementos impredecibles, incluidas otras personas, para que alguien la controlara. De modo inevitable, termina aplastándole. Él creaba la situación, y la situación le desmoronaba hasta ponerle en su sitio. Personaje e historia marchaban al unísono.

Pienso que la palabra «inevitable» es la clave. En un drama bien construido, quiero sentir: «Claro, es hacia allí adonde se encamina todo.» Y sin embargo, lo inevitable no debe eliminar la sorpresa. No es muy interesante emplear dos horas de tu tiempo en algo que está claro a los cinco minutos. Inevitable no significa predecible. El guión debe romperte el saque, sorprenderte, entretenerte, involucrarte, y, al llevarte al desenlace, dejarte sin embargo con la sensación de que la historia no podía acabar de otra manera.

De un desglose escena por escena, pasamos a un examen frase a frase. ¿Es necesaria esa línea de diálogo? ¿Es reveladora? ¿Está diciendo lo que sea del mejor modo posible? En caso de desacuerdo, normalmente acato la decisión del escritor. Después de todo, él escribió la línea. Como director, es también importante que entienda todas y cada una de las frases. No hay nada más embarazoso que la pregunta de un actor sobre el significado de una frase, y que el director no sepa qué responderle. Me pasó una vez, en una película titulada *Buscando a Greta*. De repente me di cuenta de que no sabía responder a la duda de un actor. El escritor había regresado a California. Fruncí el ceño, me volví, y dije lo primero que se me ocurrió sobre un aspecto del personaje que el actor estaba muy interesado en resaltar. Más tarde, ojeando uno de los primeros borradores del guión, me di cuenta de que se había producido un error de tipografía entre un borrador y el siguiente. La frase significaba exactamente lo contrario de lo que le había dicho al actor. No hace falta decir que le expliqué mi metedura de pata.

En *Larga jornada hacia la noche*, usé el texto de la obra. La única adaptación hecha para la pantalla fue recortar durante los ensayos siete páginas de un texto de ciento setenta y siete. Y las quitamos porque sabía que iba a rodar esa parte con primeros planos. Usando primeros planos podía explicar esos momentos en menos tiempo.

Tarde de perros fue una experiencia muy distinta. El guión se basaba en un hecho real. El productor, Marty Bregman, Pacino y yo habíamos aceptado un guión muy bueno de Frank Pierson. Estructuralmente perfecto, tenía un diálogo estupendo y con mordiente, y era divertido, emocionante y muy, muy sobrio. El tercer día de ensayo me había puesto nervioso un asunto que nada tenía que ver con la calidad del guión o los actores. La historia, en pocas palabras, trataba de un hombre que atracaba un banco para que su novio pudiera costearse una operación de cambio de sexo. Un material bastante exótico en 1975. Ni siquiera *Los chicos de la banda* se había acercado a tocar ese aspecto de la vida *gay*.

Procedo de una familia de clase trabajadora. Me acuerdo cuando de crío iba a Loew's Pitkin, en la Avenida Pitkin de Brooklyn. No era precisamente una multitud sofisticada la que se reunía allí los sábados por la noche. Recuerdo los groseros comentarios gritados desde el gallinero a Leslie Howard en *La Pimpinela Escarlata*.

Como dije antes, *Tarde de perros* era una película sobre lo que tenemos en común con los comportamientos más extravagantes, con los «tipos raros». Era una película donde el momento más emocionante debía ocurrir cuando Pacino dicta su testamento antes de salir fuera del banco, donde con casi total seguridad será abatido a tiros. El testamento contenía una hermosa frase, muy auténtica: «Y para Ernie, a quien amo como ningún hombre ha amado a otro hombre, le dejo...». Esto lo iba a ver el mismo tipo de público que llena el Loew's Pitkin los sábados por la noche. Dios sabe los improperios que podían descender desde ese gallinero. La meta de toda la película era hacer que esa frase funcionara. Pero, ¿cómo lograrlo?

De acuerdo con Frank, el tercer día de ensayos expliqué a los actores que teníamos entre manos un material sensacional. Normalmente, no me preocupo por la reacción del público. Pero cuando hablas de sexo o muerte, dos aspectos de la vida que nos tocan en lo más hondo, no hay forma de saber lo que el público hará. Pueden reírse en los lugares equivocados, aullar, iniciar un intento de diálogo con la pantalla... cualquiera de los cien mecanismos de defensa a los que la gente recurre cuando se sienten embarazados, cuando lo que se proyecta sobre la pantalla se hace demasiado íntimo, o cuando están viendo algo a lo que no se habían enfrentado nunca antes. Les dije a los actores que la única forma que teníamos para prevenir esto era que retrataran a los personajes de un modo tan cercano a ellos mismos como les fuera posible, tomando lo mínimo de material ajeno, sin quedarse con nada propio en su interior. Nada de vestuario. Llevarían su propia ropa. «Quiero ver a Shelly, Carol, Al, John y Chris allá arriba», dije. «Acabáis de tomar prestados, de modo temporal, los nombres de la gente del guión. Nada de caracterizaciones. Sed vosotros mismos.» Uno de los actores preguntó si podían expresarse con sus propias palabras cuando quisieran. Por primera vez en mi carrera dije «sí».

Era un grupo formidable. Pacino lo lideraba con una especie de valentía loca que sólo he visto en otras dos ocasiones. Katherine Hepburn, en *Larga jornada hacia la noche*, y Sean Connery, en un film poco conocido llamado *La ofensa*, corrieron idénticos riesgos salvajes en sus interpretaciones. Y el ego de Frank Pierson era lo bastante sano como para ver lo que andábamos buscando. No estábamos abriendo la película a la anarquía. Había traído un equipo de grabación al sitio donde ensayábamos. Improvisamos. Cada noche después del ensayo, las improvisaciones se transcribían, y el diálogo se creaba eventualmente a partir de aquellas improvisaciones.

La maravillosa escena del teléfono entre Pacino y su amante masculino, al que daba vida Chris Sarandon, se improvisó en los ensayos, sentados todos alrededor de una mesa. La siguiente llamada, a su esposa, nació de las improvisaciones de Al y Susan Peretz (que encarnaba a su mujer) a partir del diálogo original del guión. Es uno de los mejores cuartos de hora de cine que he visto en mi vida. En tres ocasiones dejé las improvisaciones para el día en que íbamos a rodar: dos de las escenas entre Al y Charles Durning como el policía al mando; y la extraordinaria escena de Pacino lanzando el dinero a la multitud, sintiendo el poder por primera vez tras una vida entera llena de fracasos, y que termina con él gritando «Attica, Attica». Estimo que el 60 por ciento del guión se improvisó. Pero seguimos fielmente la construcción de Pierson escena por escena. Ganó un Oscar de la Academia por el guión. Y se lo merecía. Era generoso y se dedicó por entero al tema principal del film. Puede que los actores no dijeran exactamente lo que había escrito, pero su intención era la misma.

El auténtico atraco al banco en que se basaba la película duró nueve horas. No hace falta decir que la televisión lo cubrió en directo y de modo exhaustivo. Uno de los amigos del atracador vendió a una televisión local un vídeo doméstico sobre una parodia de boda entre John y Ernie —los auténticos personajes— en Greenwich Village. Vi el vídeo: John llevaba su uniforme del ejército, Ernie un vestido de boda. Detrás de ellos había veinte tipos travestidos. Las damas de honor. Los casó un sacerdote *gay* que había colgado los hábitos. La madre de John se sentaba en el primer banco. El anillo que John puso en el dedo de Ernie provenía de la lámpara del flash de una cámara de fotos. El guión original contenía una escena en la que el vídeo se emitía por televisión. Los rehenes del banco tenían la televisión encendida, y veían al amante de Sony por primera vez.

Dadas mis aprehensiones acerca de cómo reaccionaría la gente de Loew's Pitkin ante el film, pensé que si incluíamos el episodio del vídeo nos caeríamos con todo el equipo. No volveríamos a recuperarles. La gente del gallinero no volve-

44

ría a tomarse en serio a Pacino y la película. Se volverían locos, quizá aullarían de risa. Así que corté la escena. Ni siquiera la rodé. En vez de eso utilicé una foto fija de Ernie que se mostraba por televisión y que preservaba el contenido de la escena sin correr aquel riesgo inaceptable.

En el contrato de todos los directores existe una cláusula que dice que deberán rodar «sustancialmente» el guión aprobado. Debido a que muchos guiones experimentan cambios, el último borrador aprobado antes de que comience la filmación se convierte en el «guión de rodaje». Si el estudio tiene alguna objeción, debe decirlo antes de que comience la fotografía de la unidad principal.

Cuando llevábamos dos semanas de rodaje, el director de producción vino a decirme que uno de los altos ejecutivos del estudio de California quería hablar conmigo. Le dije que iba a rodar ya mismo, pero que le llamaría a la hora del almuerzo. Un minuto más tarde el director de producción estaba de nuevo a mi lado. «Ha dicho que pares el rodaje. Tiene que hablar contigo.» Uy, uy, uy.

Fui a la oficina de producción y descolgué el teléfono.

Yo: «¿Sí? ¿Qué es tan urgente?»

Alto ejecutivo del estudio: «¡Sidney, nos has *engatusado*!»

Nunca había oído la palabra «*engatusado*» antes. Me imaginé que quería decir que les había hecho «una faena».

Yo: «¿A qué te refieres con *engatusado*?»

Alto ejecutivo del estudio: «Has cortado una de las mejores escenas de la película.»

Me di cuenta de que habían confiado en esa escena para llamar la atención sobre la película, precisamente la que yo había cortado. Le señalé que ellos habían tenido el borrador final durante dos semanas y que no me había llegado ni una sola indicación. No había forma de volverse atrás para recrear la boda en vídeo, porque ya habíamos rodado la escena en que debería haberse visto el vídeo. Me colgó el teléfono.

Cuando la gente del estudio vio el montaje provisional, todos cayeron en un éxtasis de felicidad. El alto ejecutivo del estudio estaba ahora muy agradecido, diciendo que por fin entendía el porqué de cortar la escena.

Excepto en dos ocasiones, todos los escritores con los que he trabajado han querido repetir conmigo. Pienso que una de las razones es lo mucho que me gusta el diálogo. No es verdad que el diálogo sea poco cinemático. Muchas de las películas de los 30 y de los 40 que adoro son un chorro constante de diálogo. Está claro que todos recordamos a James Cagney escupiendo una pepita de uva a la cara de Mae Clarke. ¿Pero nos evoca eso recuerdos más emotivos que ese «Aquí está mirándote, chico»? Bien sabe Dios que Chaplin esforzándose por comer maíz en un alimentador mecánico en *Tiempos modernos* es un maravilloso *gag* visual. Pero no creo que me haya reído más fuerte que cuando, al final de *Con faldas y a lo loco*, Joe E. Brown dice a Jack Lemmon, «Bueno, nadie es perfecto».

El asunto es que lo visual y lo sonoro no están reñidos. ¿Por qué no lo mejor de ambos? Iré más allá. Me gustan los parlamentos largos. Una de las razones por las que el estudio se resistía a hacer *Network* era que Paddy Chayefsky había escrito al menos cuatro monólogos, de entre cuatro y seis páginas cada uno, para Howard Beale, al que daba vida Peter Finch. Y para terminar de arreglarlo, había dado un discurso muy largo a Ned Beatty como presidente de la empresa más importante del mundo, intentando que Howard Beale se pusiera de su lado. Pero las escenas eran visualmente cautivadoras y estaban interpretadas con brillantez. Otro ejemplo es el discurso de tres páginas de Nick Nolte en *Distrito 34 corrupción total*, el cual ayuda a situar a su personaje como el tema principal de la película. Usar *Larga jornada hacia la noche* o *Enrique V* como ejemplos puede ser algo imperfecto, pero una vez más, los discursos eran manejados de un modo tan visual que el resultado de la película era completamente satisfactorio. ¿Hay algo más emocionante que el último discurso de Henry Fonda en *Las uvas de la ira*? Y si se trata de una belleza lírica más áspera, ¿qué hay del discurso de Marlon Brando en *Piel de serpiente*? ¿Y de la resolución del caso por Albert Finney en *Asesinato en el Orient Express*, que duraba dos rollos (casi diecisiete minutos)?

En los primeros días de la televisión, cuando la escuela de realismo «fregadero de cocina» mantenía su influencia, siempre llegábamos a un punto en que «explicábamos» el personaje. Pasados dos tercios de metraje, alguien expresaba la verdad psicológica que hacía al personaje ser como era. Chayefsky y yo solíamos denominar a esto la escuela dramática del «patito de goma»: «En una ocasión alguien le quitó su patito de goma, y por esa razón se convirtió en un asesino perturbado». Era la moda entonces, y todavía lo es hoy entre muchos estudios y productores.

Yo siempre procuro eliminar las explicaciones «patito de goma». Un personaje debe clarificarse por sus acciones actuales. Y su comportamiento, a medida que la película avance, hará que se revelen las motivaciones psicológicas. Si el guionista tiene que exponer esas razones, significa que hay algún error en la forma en que escribió el personaje. El diálogo es como los otros elementos de la película. Puede usarse como simple muleta o, si está bien usado, puede ayudar a realzar, profundizar y revelar.

¿Qué le debo al escritor por su guión? Una investigación exhaustiva y, luego, una ejecución comprometida de sus intenciones. ¿Qué me debe el escritor a mí? La generosidad que Frank Pierson me demostró en *Tarde de perros* o la de Naomi Foner en *Un lugar en ninguna parte*.

Naomi es una magnífica escritora, original y con talento. Por lo que fuera se enamoró de una escena que, a mi entender, era su única idea mala en el conjunto de la película. El chico, interpretado por River Phoenix, se mete en una casa desconocida, se sienta al piano, y comienza a tocar una sonata de Beethoven. De pronto advierte que está siendo observado por una joven de su edad. En el guión, cambiaba de música y se ponía a tocar *boogie-woogie*.

Le expliqué a Naomi por qué pensaba que era una mala idea. Tenía la sensación de que era una concesión al público: «mirad, en realidad no es un empollón, también le gusta el

47

jazz, como a ti y a mí». Había visto la misma escena tiempo atrás, con José Iturbi que juguetea con las teclas del piano en una vieja película de Gloria Jean, o con Jeanette MacDonald cantando *swing* en *San Francisco*. Naomi defendió la escena, así que decidí dejarla para ver cómo funcionaba en los ensayos. Cuando empecé a preparar la escena, River me preguntó si podía eliminar esa parte. Se sentía falso interpretándola. Vi cómo Naomi palidecía. Comenzamos a hablar de ello. River le dijo a Naomi con una sencillez y seriedad fenomenales cómo afectaba a su personaje. (Era emocionante ver a ese chico de diecisiete años discutir con una seria guionista que le doblaba en edad.) Finalmente, sugerí que lo intentáramos unos pocos días más, para ver si la escena *tenía* algún valor. Al acabar el ensayo, Naomi vino a mí. Dijo que no le importaba si *yo* tenía que dar más de mí para hacer que la escena encajara, pero que no podía soportar la visión de River revolviéndose en su interior para hacer que funcionara. Le gustaba la escena pero, dijo, «quitémosla».

En alguna ocasión la relación entre actores y escritores puede volverse muy fastidiosa. Como director, debo andarme con ojo. Necesito a ambas partes. La mayoría de los escritores odia a los actores. Y sin embargo, las estrellas son claves para conseguir que un estudio dé luz verde a una película. Algunos directores tienen un enorme poder, pero ninguno tiene el poder de una de las estrellas de primera fila. Si la estrella lo exige, el estudio despedirá al escritor en menos de treinta segundos; y al director también, por el mismo motivo. Casi siempre, llevo el trabajo lo suficientemente adelantado para que ese tipo de crisis no se presente nunca. Llego a un acuerdo con el escritor antes de que un actor se le acerque, y la mayoría de las veces he tenido una conversación a fondo con la estrella acerca del guión antes de que decidamos ir adelante. Estas experiencias varían. La mayoría de los actores, a pesar de la opinión de Hitchcock, son muy brillantes. Algunos son increíbles en la comprensión del guión. Sean Connery, Dustin Hoffman, Jane Fonda, Paul Newman, son de grandísima ayuda. Uno puede salir ganando un montón escuchándoles. Pacino no es la «bomba» explicándose, pero tiene un sexto sentido para distinguir lo auténtico. Si una escena o una frase no le convence, presto atención. Probablemente tendrá razón.

Pero las estrellas pueden también destrozar un guión. David Mamet hizo la primera adaptación de *Veredicto final*. Una estrella «de las gordas» mostró interés en hacer la película, pero pensaba que su personaje requería ser explicado mejor. Esto, algunas veces, significa decir lo que debería quedar sin decir, una versión de la escuela del «patito de goma». Mamet siempre deja un montón de cosas sin decir. Su idea es que debe ser el actor, con su interpretación, el que dé la información. Así que rehusó alterar el guión. Vino otra escritora. Era muy brillante. Rellenó simplemente lo que estaba sin decir en el guión de Mamet y se llevó un sueldo nada despreciable.

El guión entró en ebullición. La estrella preguntó entonces si podía trabajar con un tercer escritor. Se hicieron cinco reescrituras adicionales. En ese momento la partida del presupuesto correspondiente al guión sumaba un millón de dólares. Los guiones fueron empeorando. La estrella fue desplazando lentamente el énfasis sobre su personaje. Mamet había concebido un borracho que trampea toda su vida pasando de un caso sórdido a otro hasta que un día atisba una tabla de salvación y, lleno de temor, se aferra a ella.

La estrella se empeñó en eliminar el lado desagradable del personaje, tratando de hacerlo más amable, de modo que el público pudiera «identificarse» con él. Ése es otro cliché desenfocado sobre la escritura en cine. Chayefsky solía decir, «Hay dos tipos de escenas: la escena "acaricia al perro" y la escena "da un puntapié al perro". El estudio siempre quiere una escena "acaricia al perro", de modo que todo el mundo pueda reconocer al héroe.» Bette Davis hizo una carrera estupenda «dando puntapiés al perro», como Bogart y Cagney (¿Qué pasa con *Al rojo vivo*? ¿Es o no una interpretación genial?). Estoy seguro de que el público, en *El silencio de los corderos*, se identificó igual con Anthony Hopkins que con Jodie Foster. De no ser así, no se habría producido el estallido de risa que recibió a la maravillosa frase: «He quedado con un viejo amigo para cenar.»

Después de recibir otra versión más de *Veredicto final*, releí la versión de Mamet de unos meses antes. Dije que haría la película si volvíamos a ese guión. Lo hicimos. Bastó que lo leyera Paul Newman y ya estábamos en marcha, a toda máquina.

Algunas veces es el escritor quien resulta ser una verdadera puta. Una vez estaba haciendo una película que necesitaba una redacción articulada, fresca y cerebral, para lograr que el diálogo del personaje principal funcionara. Otra estrella *muy* grande había recibido el guión y quería hacerlo. Le dije al guionista que, aunque el actor era espléndido, no estaba seguro de que pudiera pronunciar ese tipo de diálogo. El escritor palideció cuando le dije que iba a pedir al actor que me lo leyera (lo que se conoce como una audición). Llamé al actor y le dije que por nuestro mutuo interés pensaba que sería bueno que leyera el guión en voz alta. Fijamos una fecha.

Cuando colgué, el escritor —que también era productor de la película— se me acercó con una mezcla de temor y amenaza. La amenaza se impuso. Con una voz que habría hecho que a su lado un capo de la mafia pareciera un ángel, el escritor-productor dijo, «Sabes, si le rechazas, ¡el estudio puede que también se deshaga de *ti*!» El escritor-productor (lo uniremos con guión) iba a lograr que la película se hiciera, aun a costa de arruinar lo que él mismo había escrito.

El actor leyó en voz alta, estuvo de acuerdo en que el papel no era adecuado para él, y se fue sin ningún resentimiento. De hecho hicimos juntos otra película algunos años después. Pero nunca volví a trabajar con ese escritor.

Cuando hicimos *Network*, Paddy Chayefsky sabía lo que quería. Después de todas las dificultades que atravesó para conseguir el visto bueno a la película, sabía que no estaba de humor para someterse a posibles reescrituras exigidas por las estrellas. Había oído, también, que Faye Dunaway podía dar problemas. (Esto resultó ser completamente falso. Era una actriz maravillosa, generosa y entregada.) Como siempre, si existe algún problema potencial, me gusta destaparlo antes de empezar. Así que concerté una cita para verla. Estaba cruzando su apartamento, y antes de llegar hasta ella, le dije, «Sé lo primero que vas a preguntarme: ¿Cuál es su punto débil? No me lo preguntes. No tiene ninguno.». Faye parecía asombrada. «Y aún te diré más, si intentas colarme uno a hurtadillas, lo cortaré en la sala de montaje. Así que ahórrate el esfuerzo.» Ella se quedó quieta un segundo, y luego rompió a reír. Diez minutos más tarde yo le estaba implorando que aceptara el papel. Dijo que sí. En ningún momento intentó inyectar sentimentalismo a su personaje, y acabó llevándose a casa un Premio de la Academia. Opino que es muy importante discutir este tipo de cosas con antelación. Si luego surge algún punto de discrepancia, puedes sacar a colación la verdad más obvia: «Éste es un guión que los dos aceptamos. Así que adelante.»

Como te habrás dado cuenta, me gusta que el escritor asista a los ensayos. Las palabras son críticas. Y la mayoría de los actores no son escritores; tampoco los directores. Las improvisaciones de *Tarde de perros* funcionaron porque quería que los actores recurrieran a su propia personalidad, sin interpretaciones. Normalmente uso la improvisación como una *técnica* interpretativa, no como fuente de diálogo. Si el actor tiene problemas para encontrar la verdad emocional de una escena, una improvisación puede ser muy valiosa. Pero es el caso extremo.

La mayoría de los escritores están tan acostumbrados a recibir bofetadas que se quedan asombrados de que les llame a los ensayos. Sólo en dos ocasiones me ha salido el tiro por la culata. Una vez, el escritor se enamoró de la actriz principal. Y le demostraba su amor intentando que se sintiera lo más insegura posible. Esperaba que le pidiera ayuda con su papel por la noche. Ella se quejó a mí, y tuve que pedirle que se fuera. El segundo caso era de un guionista dispuesto a transigir en cualquier cosa que hubiera escrito para que la estrella supiera que podía contratarle la próxima vez que necesitara una reescritura. Si la estrella le planteaba una simple cuestión del tipo «No estoy segura de que quede claro el momento del día en que transcurre la acción», el escritor se iba, escuchábamos cómo abría su portátil, y regresaba al cabo de un rato con la escena reescrita para que transcurriera en una fábrica de relojes. Era embarazoso. Los actores empezaron a llamarle «lo que usted diga». Al cabo de una semana le dije que el guión no necesitaría ya ninguna modificación y que podía irse a casa.

Muchas de mis relaciones con los escritores han sido todo lo contrario. Mi respeto crecía tanto mientras trabajábamos juntos, que quería que participaran en todos los aspectos de la producción. Chayefsky, que también era productor de *Network*, tenía un talento formidable. Debajo de su comicidad exterior yacía un tipo realmente divertido. Su cinismo era en parte pose, pero su carácter gozaba también de una saludable dosis de paranoia. Me dijo que *Network* se hizo sólo porque era parte del acuerdo de un juicio en que había estado involucrado. No sé si era verdad, pero le gustaba litigar. Su respuesta a los conflictos era muy a menudo, «¿Le puedo demandar?».

Era un hombre preocupado con pasión por su trabajo y por Israel. Cuando estábamos decidiendo el reparto, sugerí a Vanessa Redgrave. Dijo que no la quería. Repliqué, «Es la mejor actriz angloparlante del mundo». Insistió, «Apoya a la OLP[1]». Dije, «¡Paddy, eso es hacer una lista negra!». A lo que repuso, «No cuando un judío se lo hace a un gentil».

Sabía muchísimo más de comedia que yo. En una escena en que Howard Beale llegaba dando tumbos al trabajo como un lunático, farfullando con el pijama mojado e impermeable, el guarda tenía una frase mientras abría la puerta: «¿Sí, Señor Beale?». A mi manera más bien torpe le dije al guarda que se quedara mirando el aspecto desaliñado de Peter Finch, y luego, divertido, le siguiera la corriente mientras decía su frase. En un segundo Paddy estaba diciéndome algo al oído. «Esto es TV», susurró. «No debería ni inmutarse.» Por supuesto, tenía razón.

---

[1] Organización para la Liberación de Palestina. *(N. del T.)*

La frase nos privaba de la merecida carcajada. No habría tenido gracia si lo hubiéramos hecho a mi manera.

En cambio, en la escena, muy bien escrita e interpretada, en que William Holden le dice a Beatrice Straight que está enamorado de otra, Paddy empezó a hacer un comentario. Levanté la mano y dije, «Paddy, por favor, sé más de divorcios que tú».

Tuvimos un estupendo toma y daca en el ensayo y el rodaje. No hubo ningún problema entre la primera lectura del guión y el estreno de la película. Paddy venía a las proyecciones (cuando veíamos el trabajo del día anterior), y le invité a la sala de montaje. Estaba muy contento entonces de cómo iba la cosa, y declinó la oferta. Después de acabar el primer montaje provisional de la película, nos sentamos juntos con el guión. Cortamos unos diez minutos de diálogo, y eso fue todo.

Cuando miro a mi alrededor y veo algunas de las cosas absurdas de la vida, de los tiempos grotescos en que vivimos, no puedo evitar preguntarme qué habría hecho Paddy con ellas. Habría tenido demasiado material sobre el que escribir. Le echo de menos a diario.

Otra experiencia espléndida fue trabajar con Edgar Doctorow en *Daniel*. Hace unos años me invitaron a una retrospectiva de mis películas en la Cinémathèque de París. En la cena que siguió a una proyección, muchos directores franceses se quejaban de la falta de escritores. Señalé del modo más amable que pude que quizá la culpa fuera de ellos. Por culpa de la estupidez del «auteur», que convierte al director en todopoderoso, la mayoría de los escritores que practican el autorrespeto evitan involucrarse en una película. Dije que no sólo teníamos guionistas estupendos en América, sino que algunos de nuestros mejores novelistas se han interesado en escribir para la pantalla. Doctorow, Bill Styron, Don DeLillo, Norman Mailer, James Salter y John Irving han escrito guiones, adaptaciones de sus propias novelas u originales. Edgar era un ejemplo. Había escrito un guión basado en su novela *El libro de Daniel* al menos siete años antes de que consiguiéramos el dinero para hacer la película. Lo había leído entonces y pensaba que era uno de los mejores guiones que había visto en mi vida. Durante años, cada vez que era contratado para hacer una película de estudio, presentaba *Daniel* como una segunda posibilidad. Finalmente, apareció un tipo estupendo llamado John Heyman. Es uno de esos hombres poderosos que se ocupan de las finanzas de los estudios. Sabe cómo lograr financiación a través de un banco británico registrado en Las Bahamas, y enviar el dinero a Paramount en un barco bajo pabellón panameño, de modo que así alguien en alguna parte gane dinero. Después de que se estableciera por su cuenta, me envió un guión que le parecía estupendo; yo, a cambio, le envié *Daniel*. Le encantó. Al fin íbamos a hacer la película.

Doctorow estaba emocionado, aunque le preocupaba que la película pudiera estropearse en el momento en que cayera en un estudio para su distribución. Le dije que tal cosa no podía ocurrir, porque contractualmente tenía asegurado el montaje definitivo: el montaje definitivo significa que lo que yo entregue como película terminada, imagen y audio, no puede ser alterado. Esto es lo último que un estudio está dispuesto a aceptar, de modo que es muy difícil de conseguir. He tenido el montaje definitivo durante muchos años, desde *Asesinato en el Orient Express*. En aquellos años no creo que lo tuvieran más de diez directores. Antes de que empezáramos los ensayos de *Daniel* Edgar me pidió compartir el montaje definitivo conmigo. Le expliqué que el montaje definitivo es una de las cosas más difíciles de lograr para un director, que era algo precioso. También le dije que los contratos de los directores se basaban siempre en precedentes. Si compartía el montaje con él, me enfrentaría a peticiones similares en el futuro, y antes de que me diera cuenta de lo que había pasado, veinte películas se me habrían ido de las manos.

Le prometí, no obstante, que nada de lo que desaprobara saldría en la pantalla. Se lo debía. Es uno de nuestros mejores novelistas, y sabía el lugar tan especial que *El libro de Daniel* ocupaba en su corazón. Había escrito el guión por libre —o sea, sin garantía de que se hiciera una película— y ahora, por primera vez, se unía a un trabajo basado en la colaboración. Había escrito una obra de teatro que dirigió Mike Nichols, pera estaba concebida como obra de teatro. No era la adaptación de un trabajo previo.

Edgar aceptó mi explicación, y nos pusimos a trabajar. Participó en la selección del reparto, en los ensayos y en los días de rodaje que quiso. El primer día de rodaje filmé su asombrosa escena en que los niños pasan por encima de las cabezas de la multitud, durante una concentración en que se recaudan fondos para sus padres. Tenía seis cámaras y quinientos extras. Le divisé instantes antes de que las cámaras empezaran a rodar. Estaba llorando. La suya había sido una larga espera.

Estuvo presente en las proyecciones diarias de lo rodado. Le pedí que se uniera a mí en la sala de montaje, una de las dos veces en que lo he hecho. La película era difícil de montar porque tanto en el libro como en el guión Doctorow fracturaba el tiempo, de modo que pasado, presente y narración atemporal guiaban al público entreverados. Juntos hablamos, discutimos, preguntamos, dudamos, nos cansamos, nos reímos y nos deprimimos. Seguimos colaborando cuando la película se estrenó, para su promoción. Tanto para mí como para Edgar fue una colaboración de primera. Pese al fracaso financiero y crítico, pienso que es una de las mejores películas que he hecho.

Generalmente no invito al escritor a las proyecciones diarias o a la sala de montaje por razones que expondré en otro capítulo. Pero si es posible, procuro que el escritor vea el primer montaje. El primer montaje de una película siempre tiene pasajes que no cuadran. Casi todos los escritores detectan las reiteraciones de su propio trabajo. Gracias a la cámara, puede ocurrir que algo que estaba escrito para cierto momento se haya clarificado antes. Y en un montaje final disciplinado, cualquier duplicidad debería suprimirse. El escritor puede ser útil en este proceso.

En cierto sentido, una película se reescribe constantemente. Las múltiples contribuciones del director y los actores, de la música, el sonido, la cámara, el decorado y el montaje, son tan poderosas que la película cambia de continuo. Todos estos factores añaden digresiones, refuerzan o diluyen la claridad, cambian la atmósfera, o desequilibran la historia. Es como observar un cubo de agua cuyo color se altera cuando se añaden distintos colorantes. Pienso que es importante que el escritor entienda e, idealmente, disfrute del proceso. En las películas es inevitable, y mientras el propósito principal se mantenga, los nuevos elementos deberían ser bienvenidos.

Al comienzo del capítulo mencioné que, en las mejores películas, una tercera intención emerge, sin que escritor o director la hayan previsto. No sé por qué ocurre, pero ocurre. En todas las películas que he hecho y que considero realmente buenas, se produjo una extraña amalgama que nos sorprendía al escritor y a mí. Es la sorpresa a la que se refería Arthur Miller. Naturalmente, la intención original sigue presente. Pero las contribuciones individuales de los distintos departamentos dan un total de alcance mucho mayor que el de los sumandos considerados por separado. El equipo de una película funciona de modo muy parecido a una orquesta: la suma de varias armonías puede cambiar, prolongar y clarificar la naturaleza del tema.

En ese sentido, un director «escribe» cuando hace una película. Pero me parece que es importante dar a las palabras su uso específico. Escribir es escribir. Algunas veces el escritor incluye indicaciones de dirección en el guión. Da largas descripciones de los personajes o de las localizaciones físicas. Primeros planos, planos largos, y otras indicaciones de cómo dirigir la cámara pueden estar incluidas en el guión. Las leo cuidadosamente, porque reflejan la intención del escritor. Puedo seguirlas al pie de la letra o descubrir una forma totalmente diferente de expresar la misma intención. Escribir tiene que ver con la estructura y las palabras. Pero el proceso que he descrito —en que el todo viene a ser mejor que las partes— lo realiza el director. Escribir y dirigir son trabajos diferentes.

Hay gente que simultanea la dirección y la escritura de guiones, pero nunca he conocido a alguien que fuera muy bueno en ambas cosas. Para mí, Joe Mankiewicz fue siempre mejor escritor que director. John Huston era un brillante, quizá genial director, que también escribía bien. Es difícil pronunciarse sobre directores de idioma distinto al mío. Nunca olvidaré cómo me desagradó *Zabriskie Point*, la primera película en inglés de Antonioni. Siempre me había gustado su trabajo. Y me siguió gustando lo que hizo en el capítulo de la dirección, pero el idioma en la película era un verdadero problema.

La mayoría de los escritores que empiezan a dirigir lo hacen para proteger la integridad de su trabajo. Han sido traicionados tantas veces por directores que no tenían ni idea de lo que tenían entre manos que los escritores agarran el megáfono como modo de autodefensa. He escrito dos guiones (*El príncipe de la ciudad*, con Jay Presson Allen, y *Distrito 34 corrupción total*) porque me sentía particularmente próximo al argumento y creía conocer la «música» de los personajes tanto como el que más. Dicho esto, me considero director, no escritor. Existe una magia poderosa en el hecho de ser escritor, de la que todavía me maravillo.

Finalmente debo confesar que al hablar del deseo de estrecha colaboración expresado por los escritores, puedo haber sido un poco insincero en lo que a mí respecta. Hay veces en que los escritores son como un grano en el culo. (Estoy seguro de que algún escritor ha pensado lo mismo de mí.) Algunas veces han aceptado el trabajo como una forma de ganarse un dólar (como yo), porque prefieren trabajar a no hacerlo (como yo también). Estoy completamente seguro de que si pido un nuevo escritor para el guión, el estudio o el productor me lo darán. Pero sólo he hecho esto una vez. El montaje definitivo es una fuente tremenda de seguridad. Puedo eliminar una escena o una frase que no me gusta o que nunca me gustó desde el principio. Esto ha sucedido más de una vez. Aunque no a menudo. El director, gracias a que dice «Ésta vale», tiene mucho poder. Pero los resultados son mejores cuando no hace falta usarlo.

3. ESTILO
La palabra peor usada sin contar «amor»

No hace mucho leí una crítica de *Atrapado por su pasado*, una película de Brian De Palma. El crítico, que admiraba su trabajo, igual que yo, escribió que De Palma había encontrado un estilo visual ideal para la tragedia. Pero esta idea encierra un problema. *Atrapado por su pasado* no es una tragedia. En la misma reseña, el crítico escribió que se trataba de una «convencional película de género», y añadía que «es imposible considerar esta película como un trabajo unitario y coherente», para terminar calificándola de «torpe material comercial».

Si De Palma había descubierto en esta película, según las primeras líneas de la crítica, «la técnica visual ideal para expresar con contundencia lo inexorable de la tragedia», ¿qué necesitaría para trasladar *Edipo rey* o *Hamlet* a la pantalla?

Mi discrepancia no es con De Palma, ni siquiera con la película, sino con el crítico.

Las discusiones sobre el estilo como algo completamente desligado del contenido de la película me vuelven loco. La forma depende de lo que se persigue, también en las películas. Me doy cuenta de que existen obras de arte tan bellas, que no necesitan justificación. Y que quizá algunas películas sólo buscaban ser bellas, o llevar a cabo algún tipo de ejercicio o experimento visual. Y los resultados son muy emotivos porque lo único que se buscaba era la belleza. Pero por favor, no empecemos a usar expresiones grandilocuentes como «técnica visual ideal para la tragedia».

Hacer una película lleva siempre consigo contar una historia. Algunas películas cuentan una historia y te impresionan. Algunas películas cuentan una historia, te impresionan y te transmiten una idea. Y otras películas cuentan una historia, te impresionan, te transmiten una idea, y te descubren algo sobre ti mismo y los demás. Y desde luego el *modo* de contar la historia debería relacionarse de alguna manera con la propia historia.

Porque eso es el estilo: el modo en que cuentas una historia concreta. Tras la primera decisión crítica («¿De qué trata la historia?») viene la segunda decisión más importante: «Ahora que sé de qué trata, ¿cómo la cuento?». Esta decisión afectará a todos los departamentos involucrados en la película que está en marcha.

Déjame expresar uno de las cosas que más me indignan, antes de que reviente. Los críticos hablan del estilo como si fuera algo aparte de la película, porque necesitan que el estilo sea algo obvio. La razón por la que necesitan que sea algo obvio es que, en realidad, ellos no lo *ven*. Si la película parece como un anuncio de Ford o Coca-Cola, lo consideran estilo. Y lo es. Están tratando de venderte algo que no necesitas y el estilo se adapta a esa meta. Tan pronto como se usa un «teleobjetivo», eso es «estilo». (Un teleobjetivo fotografía objetos o personas que están muy lejos de tal modo que los acerca mucho. Pero su foco es tan estrecho que todo lo que haya delante o detrás de la persona o del objeto queda borroso e irreconocible. Hablaré más sobre objetivos después.) Por las alabanzas con que fue recibida *Un hombre y una mujer* de Lelouch, uno habría creído que estábamos ante un nuevo Jean Renoir. Una muestra de romanticismo agradable pero hueco se proclamó «arte», porque se distinguía con facilidad del realismo. No es difícil ver estilo en *Asesinato en el Orient Express*. Pero casi ningún crítico se fijó en lo estilizada que era *El príncipe de la ciudad*. Y es una de las películas más estilizadas que he hecho en mi vida. Kurosawa, en cambio, sí lo advirtió. En uno de los momentos más emocionantes de mi vida profesional, me habló de la «belleza» del trabajo con la cámara, y de la «belleza» de la propia película. Y quería decir «belleza» en el sentido de su conexión orgánica con el tema. Para mí, esta conexión es la que separa a los verdaderos estilistas de los simples decoradores. Los decoradores se reconocen enseguida. Por eso a los críticos les encantan. ¡Pues eso! Ya me he desahogado.

Esto, inevitablemente, nos lleva a la teoría del autor. Su «estilo» está presente en todas las películas: en ésta, en aquélla y en la de más allá. Por supuesto que lo está. Él las dirigió. Una de las razones por las que Hitchcock ha sido tan venerado, con todo merecimiento, es que su estilo personal se puede palpar en todas sus películas. Pero es importante darse cuenta de por qué: en esencia, siempre estaba haciendo la misma película. Las historias podían diferir, pero no el género: el melodrama, con una capa de comedia ligera, interpretado por los actores con mayor *glamour* que podía encontrar (que solían ser también los más populares y de mayor gancho comercial), fotografiados a menudo por el mismo cámara, con música compuesta por el mismo compositor. El equipo Hitchcock siempre estaba listo para rodar. Esto no es crítica. He disfrutado mucho más viendo sus películas que con el trabajo de directores que se autodenominan serios. Sólo quiero decir que, también con Hitchcock, la forma depende de la meta. O quizá era a la inversa. Quizá escogía temas que encajaban en lo que era su fuerte, en su «estilo».

Pero sigamos con esa teoría mal enfocada. «¿De qué trata Matisse? Siempre puedes reconocer un Matisse.» Claro que sí. ¡Es la obra de una persona que *trabaja sola*! Los directores de cine no trabajan solos. La impresión visual será distinta si trabajas con el cámara A o con el cámara B, con el director artístico C o con el director artístico D. He procurado trabajar en tantos géneros como he podido. He escogido cámaras o compositores, de igual modo que he hecho con los actores: ¿Encajan en esta película? Con Boris Kaufman trabajé en ocho películas: era un cámara dramático genial. Juntos hicimos películas maravillosas: *Doce hombres sin piedad, El prestamista, Piel de serpiente*. Pero si necesitaba un toque más ligero, Boris tenía problemas. Una peliculita romántica muy tonta que hicimos, *Esa clase de mujer*, fue un fracaso visual; *El grupo* y *Bye Bye Braverman* se resintieron, porque eran demasiado pesadas visualmente. Boris, literalmente, no podía iluminarlas. (La razón residía en su forma de ser.) Entre las películas en que resultó perfecto figuran *La ley del silencio* y *Baby Doll*, dos de las mejores películas en blanco y negro de la historia.

He trabajado con el mismo director de fotografía en diez de mis últimas películas. Andrzej Bartkowiak tiene una gran variedad de registros. Pero en mi lista secreta tengo otros cuatro o cinco nombres con los que desearía trabajar en caso de que algún día logre hacer ciertos guiones. A la variedad del trabajo de Andrzej conmigo hay que añadir su labor con John Huston en *El honor de los Prizzi*, o con Joel Schumacher en *Un día de furia*, de dimensiones muy distintas.

A mi entender, el buen estilo no se ve. El estilo se siente. El estilo de *Ran* de Kurosawa es totalmente distinto del de *Los siete samurais* o *Los sueños de Akira Kurosawa*. Y sin embargo, todas son en verdad películas de Kurosawa. Estilísticamente, *Apocalypse Now* y *El padrino I* y *II* no tienen nada en común. Y con toda claridad son obra de Francis Ford Coppola. Un motivo de las grandes diferencias visuales entre estas películas reside en el director de fotografía. Gordon Willis rodó los dos *Padrinos* y Vittorio Storaro *Apocalypse Now*.

Cualquier película es, por definición, una creación artificial. La hace gente que aúna esfuerzos para explorar una historia. Las historias toman formas variadas. Existen cuatro formas primarias de contar historias: tragedia, drama, comedia y farsa. Ninguna categoría es absoluta. En *Luces de la ciudad*, Chaplin pasa de una a otra con tal gracia que nunca te das cuenta de en cuál te encuentras. Existen, además, subdivisiones, en drama y comedia. En drama, están el naturalismo (*Tarde de perros*) y el realismo *(Serpico)*. En comedia, están la comedia sofisticada (*Historias de Filadelfia*) y la comedia burlesca (*Abbott y Costello contra quienquiera que sea*). Algunas películas manejan de modo deliberado más de una categoría. *Las uvas de la ira* es una combinación de realismo y tragedia y *Sillas de montar calientes* de comedia burlesca y farsa. No hay elementos exactos y cuantificables, de modo que a menudo las categorías se solapan. Pero siempre procuro determinar el área general a la que creo que la película pertenece. Porque el primer paso a la hora de encontrar el estilo es delimitar las posibilidades entre las que me puedo mover.

Cuando comienza este proceso de delimitar, le sigue un curioso fenómeno. Con toda nitidez, la producción empieza a hacerse más estilizada. La estilización creciente puede revelar una verdad más profunda. *La pasión de Juana de Arco* de Carl Dreyer es un ejemplo perfecto. La película maneja un vocabulario muy limitado (altamente estilizado). Como las posibilidades del lenguaje visual se han reducido, la película asume implicaciones cada vez más profundas. Al final, un sencillo primer plano de Falconetti en la agonía de Juana lo dice todo: guerra, muerte, religión, trascendencia.

Cuanto más confinadas y específicas son las decisiones, más universal es el alcance de sus resultados.

Por ir literalmente de lo sublime a lo ridículo, Hollywood piensa que universalidad es lo mismo que generalización. Hace muchos años quise dirigir una película titulada *Marjorie Morningstar*. Era un mundo que conocía bien, me encantaba el guión y, debido a que transcurría en un ambiente judío de clase media en Nueva York, tenía miedo de que a los judíos no les gustara tanto. Así que una mañana volé a California para hablar con Jack Warner del tema. Cuando entré en su despacho, vi borradores de la Catskill Mountain judía, lugar donde se desarrollaba gran parte de la acción. Dick Sylbert, el director artístico, estaba ahí. Habíamos colaborado a menudo. Por los borradores parecía que aquel lugar estuviera en alguna parte de Beverly Hills o Brentwood. Le dije a Dick que nunca había visto algo así. Dick dijo, «Bueno, si quieres que parezca real…,» y se fue quedamente. Entonces Jack Warner saltó. «Verás, Sidney» dijo, «no queremos una película de apariencia estrecha. Queremos algo más universal.». Le repuse, «Eso quiere decir que nada de judíos, ¿no?». A las tres de la tarde estaba volando a casa.

En mi opinión, el estilo de la película se capta de una de estas tres formas. Algunas veces se trata de un proceso de eliminación: bueno, así no puede ser… de esta otra forma tampoco… Fue el método que seguí en *El príncipe de la ciudad*, por ejemplo. Como ya dije, el *qué* de esta película era: en un mundo de secretos, nada es lo que parece. En capítulos posteriores explicaré cómo esto afectó a la cámara, los decorados y vestuario, el montaje, etc., pero para empezar, ese tema eliminó ciertas opciones estilísticas. Aun siendo una historia real, no iba a ser un film naturalista. Por naturalista entiendo algo lo más cercano posible a la técnica documental, considerando que se trata de una historia recreada en un guión. No iba a ser una historia estructurada de modo convencional, donde los personajes principales van de A a B, y de B a C, punto del que saldrían triunfantes o derrotados en términos absolutos. De hecho la ambigüedad a todos los niveles era uno de los aspectos más excitantes de la película. Ni siquiera *yo* sabía qué pensar sobre el personaje principal: ¿era un héroe o un villano? Nunca lo supe hasta que vi la película terminada. Los buenos eran malos casi todo el tiempo y viceversa. No era una historia inventada y sin embargo sus implicaciones morales eran de una envergadura que pocas veces se ve en las incidencias de la vida real. No estaba seguro de si nos estábamos adentrando en el territorio del drama o en el de la tragedia. Sabía que quería llegar a algún sitio intermedio, más próximo a lo trágico. La tragedia, cuando funciona, no deja espacio a las lágrimas. Las lágrimas habrían sido demasiado fáciles en esta película. La definición clásica de tragedia todavía está vigente: piedad y terror o temor reverencial, hasta llegar a la catarsis. Esa sensación de sobrecogimiento requiere una cierta distancia. Resulta difícil temer a alguien al que conoces bien. El primer elemento afectado fue el reparto. Si el papel principal de Danny Ciello recaía en De Niro o Pacino, cualquier ambivalencia desaparecería. Por naturaleza, las estrellas invitan a que te identifiques con ellas. La empatía surge inmediatamente, aunque den vida a monstruos. Una estrella importante dañaría a la película, sólo con el anuncio de su nombre. Por eso escogí a un actor espléndido, pero no muy conocido: Treat Williams. Esto podía matar la película desde el punto de vista comercial, pero era la elección dramática correcta. Y aún fui más lejos. Busqué todos los nuevos rostros que pude para los otros papeles. Si un actor había hecho muchas películas, no me interesaba. De hecho, y por primera vez en una de mis películas, tenía 52 «civiles», gente que nunca había actuado antes, entre los 125 personajes con diálogo. Esto ayudó un montón en dos aspectos: primero, a mantener al público a distancia, al no darle actores que pudieran asociar con algo; y segundo, a dar a la película un naturalismo «disfrazado», que sería lentamente erosionado a medida que ésta avanzara.

En una auténtica tragedia, *Larga jornada hacia la noche*, tomé la decisión opuesta. Debíamos dotar a la producción con las mismas dimensiones trágicas del guión. Quería no sólo estrellas, sino *gigantes*. Tenían que ser los mejores actores —geniales, a ser posible— y, además, que fueran personas de carácter. Pensé inmediatamente en Katherine Hepburn. Hepburn en el crítico papel de Mary Tyrone. Mi primera entrevista con Hepburn no fue bien. (Más tarde lo explicaré.) Notaba que ella estaba tratando de dominar la situación, lo cual podría traerme problemas más tarde, durante el rodaje. Al acabar, Ely Landau, el productor, me preguntó si quería ver a alguna otra actriz. «No», dije. «Ella es magnífica. Cuando Mary Tyrone cae, debe ser como un roble gigante cayendo. Funcionará, aun en el caso de que surjan problemas. Hagámoslo con ella.» Ralph Richardson y Jason Robards también tenían personalidades poderosas, que sostenían gracias a sus brillantes talentos. El papel de Dean Stock-well tiene frases algo pobres, pero visualmente era la encarnación del joven poeta torturado. Y ése fue el reparto.

Algunas veces el estilo de la película está claro en cuento cierro el guión tras leerlo por primera vez. Es la segunda —y la más fácil— manera de decidir el estilo. *Asesinato en el Orient Express* es un ejemplo. Era un melodrama con una estupenda trama. Pero necesitaba otra cualidad: nostalgia romántica. ¿Qué hay más nostálgico o romántico que un reparto cuajado de estrellas? No se veía desde hacía años, aunque era algo normal en los treinta, cuarenta y cincuenta. La trama era estupenda pero complicada. Así que, ¿qué mejor manera de hacer que el espectador escuche con más atención que una «estrella» diciendo sus diálogos? Reunimos a Sean Connery, Ingrid Bergman, Lauren Bacall, Jacqueline Bisset, Vanessa Redgrave, John Gielgud, Michael York, Wendy Hiller, Albert Finney, Richard Widmark, Rachel Roberts y Tony Perkins. Incluso los personajes secundarios se enfocaron como si fueran los más importantes. Para el pequeño papel del doctor, escogí a George Coulouris. Un encanto de actor, capaz, cuando actúa, de sacar un litro de agua de donde sólo había medio. Perfecto. Las estrellas ayudaron a hacer creíble lo increíble.

Otro ejemplo de «saber inmediatamente» es *Tarde de perros*. Debido a que el tema era algo escandaloso, pensé que mi primera obligación era hacer que el público supiera que eso había sucedido realmente. Esto a viene a cuento por la secuencia completa con que empieza la película. Salimos a la calle un caluroso día de agosto con una cámara oculta y fotografiamos todos los sucesos corrientes que pudimos. Cuando finalmente pasamos de esos planos cotidianos a Pacino, John Cazale y Gary Springer, sentados en un coche delante del banco, parecen unos tipos más, dentro del grupo de gente que filmamos aquel sofocante día de verano en Nueva York. Ni siquiera te dabas cuenta de que la historia ya había empezado.

La tercera forma es un lento proceso de investigación, donde el estilo emerge de una constante reiteración del tema.

Largas discusiones con el guionista, el cámara, el director artístico y el montador permiten que el estilo, en cierto sentido, «se presente» solo. Un día, de repente, sabes cómo hacer la película. Me pasó en *Daniel*. Tema: ¿Quién paga las pasiones y compromisos de los padres? Los hijos, que nunca escogen esas pasiones y compromisos. Por otra parte, el tiempo estaba fracturado. El guión saltaba temporalmente hacia delante y hacia atrás. Algunas veces estábamos en el presente, otras veinte años atrás, luego cinco años atrás, ahora regreso al presente, luego quince años atrás. Lo que lentamente «se presentó» fue que, si separábamos visualmente la vida de los padres de la de los hijos, emergerían dos mundos. Conseguimos esto usando el color en los decorados, filtros en la cámara y «tempos» en el montaje. Desbrozaré esto en los próximos capítulos. Lo esencial ahora es que una compleja serie de conversaciones nos permitió dar con una solución que prestaba entidad emocional a cada personaje, resolvía la historia temáticamente y, al mismo tiempo, permitía al público saber en todo momento dónde estaba.

¡Hay tantas cosas que se pueden decir sobre el estilo en las películas! Pero tengo que dejar para capítulos específicos el desbroce de los componentes visuales y sonoros de una película. Alguien en una ocasión me preguntó qué hace que una película sea de un determinado modo. Le respondí que es como hacer un mosaico. Cada elemento es como una pequeña pieza. La coloreas, le das forma, la pules lo mejor que puedes. Haces quinientas o seiscientas de esas piezas, quizá un millar. (Con facilidad pueden llegar a ese número los elementos de una película.) Luego las pegas literalmente unas a otras y esperas que el resultado sea el deseado. Pero si quieres que el mosaico se parezca a alguna cosa, mejor será que sepas qué pretendes cuando estás trabajando en cada pequeña pieza.

Cuando te sientas a ver la proyección de lo que has rodado el día anterior, el mejor cumplido que podemos hacernos entre nosotros, los miembros del equipo, es: «Buen trabajo. Todos estamos haciendo la misma película.» Eso es estilo.

4. LOS ACTORES
¿Puede un actor *de verdad* ser tímido?

Vamos a procurar dejar a un lado cualquier tipo de idea preconcebida sobre los actores: que si son como ganado, tipos estúpidos, echados a perder, sobrevalorados, obsesos sexuales, egoístas, temperamentales, etc. Los actores son una parte fundamental en cualquier película. Muy a menudo son la razón por la que se acude a ver una película. (Mi único deseo sería que el teatro tuviera estrellas con seguidores tan fieles.) Son artistas de la interpretación, y los artistas de la interpretación son gente complicada.

Me gustan los actores. Me gustan porque son valientes. Todo trabajo bien hecho requiere una autorrevelación. El músico comunica sentimientos a través del instrumento que toca y un bailarín con el movimiento de su cuerpo. El *talento* de actuar consiste en que el actor comunica al público, de modo instantáneo, sus pensamientos y sentimientos. En otras palabras, el «instrumento» que usa el actor es él mismo. Son sus sentimientos, su rostro, su sexualidad, sus lágrimas, su risa, su ira, su romanticismo, su ternura, sus vicios, que son aupados a la pantalla para que todo el mundo los vea. No es fácil. De hecho, muy a menudo, es doloroso.

Hay muchos actores que pueden duplicar la vida real con

brillantez. Todos los detalles son correctos, muy bien observados y reproducidos a la perfección. Sin embargo, algo se ha perdido. El personaje no está vivo. Yo no quiero la vida reproducida allá arriba en la pantalla. Quiero vida creada. La diferencia estriba en el grado de revelación personal del actor.

Mencioné antes cómo admiro el estilo de vida de Paul Newman. Es un tipo honrado. Es también un hombre celoso de su vida privada. Trabajamos juntos en televisión a principios de los cincuenta e hicimos entonces una breve escena en un documental sobre Martin Luther King. De modo que cuando coincidimos de nuevo en *Veredicto final*, los dos nos encontramos cómodos de inmediato. Al acabar las dos semanas de ensayo, hicimos el repaso del guión. (El repaso es un ensayo en que se lee el guión completo, sin paradas entre escena y escena.) No hubo problemas dignos de mención. De hecho, parecía haber salido bastante bien. Sin embargo, te dejaba la impresión de que era algo soso. Cuando terminamos la jornada, le pedí a Paul que se quedara un momento. Le dije que, aunque la cosa prometía, aún no habíamos alcanzado el nivel emocional que encerraba el guión de David Mamet. Le expliqué que su interpretación era buena, pero que aún no la había desarrollado hasta meterse dentro de una persona viva, de carne y hueso. ¿Tenía algún problema? Paul dijo que aún no había memorizado sus diálogos, pero que cuando lo hiciera todo fluiría mejor. Le expliqué que no pensaba que se tratara de eso. Le dije que había cierto aspecto de la personalidad de Frank Galvin que hasta ahora se había perdido. No pretendía invadir su vida privada, pero sólo podía escoger entre desvelar o no esa parte del personaje y, por tanto, esa parte de sí mismo. No podía ayudarle a tomar la decisión. Los dos vivimos cerca, así que nos fuimos a casa juntos. Aquella noche el trayecto fue silencioso. Paul estaba pensativo. El lunes, Paul llegó al ensayo y saltaron chispas. Estuvo fabuloso. Su personaje y la película cobraron vida.

Sé que la decisión de desvelar la parte de sí mismo que el personaje requería fue dolorosa para él. Pero es un hombre tan entregado en la profesión como en su vida corriente. Y, para responder a la pregunta que encabeza el capítulo, sí, Paul *es* un hombre tímido. Y un actor maravilloso. Y piloto de coches de carreras. Y un tío fenomenal.

Si la revelación personal fue tan dolorosa para Paul, intenta imaginar lo que debe doler a las actrices. A ellas se les pide, no sólo el mismo grado de autorrevelación, sino que, además, a veces se les trata como mercancía sexual. Puede que se les pida que enseñen las tetas y/o el culo. Saben que tendrán que perder unos kilos antes de que el rodaje comience. Puede que deban someterse a un verdadero *collage* corporal: hinchar sus labios, someterse a liposucción para adelgazar sus muslos, cambiar el color del pelo y la forma de sus cejas, agujerearse las orejas o estirarse la piel en torno al cuello. Todo esto *antes* de que siquiera hayan empezado los ensayos. Serán aceptadas o rechazadas a partir de una base puramente física, antes de que asunto alguno sobre emociones o caracterización sea tocado. Debe ser humillante. Y para colmo, saben que cuando lleguen a los cuarenta o cuarenta y cinco años, las ofertas disminuirán, y no tendrán las mismas oportunidades que los hombres con personajes de su edad. Emparejar a un Richard Gere de cuarenta y dos años con una Julia Roberts de veintitrés es perfectamente aceptable. Pero intenta imaginar el caso contrario.

Dejar que Paul tomara su decisión una vez iniciado el rodaje de la película habría sido horrible. Seguramente la cosa se habría resuelto del mismo modo. Pero quizá no. Y habría resultado una película mucho más pobre. Los días de ensayo sirvieron, no sólo para preparar los aspectos mecánicos de la película, sino para que existiera una proximidad tal a la historia que las revelaciones emocionales y privadas pudieran ocurrir.

Por regla general, preveo períodos de ensayos de dos semanas. Alguna vez, dependiendo de la complejidad de los personajes, trabajamos aún más tiempo: cuatro semanas en *Larga jornada hacia la noche*, y tres en *Veredicto final*.

Lo normal es que los dos o tres primeros días nos sentemos alrededor de una mesa, y hablemos del guión. Lo primero que dejamos establecido es, por supuesto, el tema. Luego nos metemos en cada personaje, cada escena, cada frase. Es un proceso parecido al que seguí antes con el guionista. Tengo a todos los actores principales en el ensayo. Algunas veces un actor tiene una escena fundamental de un personaje, que aparece una sola vez en toda la película. Traigo al actor que tiene ese pequeño papel por un día o dos, la segunda semana de ensayos. En primer lugar leemos el guión de corrido, y luego empleamos los dos días siguientes en desbrozar sus componentes, de modo que al tercer día hacemos otra lectura completa.

Una de las peculiaridades interesantes del proceso es que la segunda lectura de corrido, después de tres días de ensayos, no suele ser tan buena como la primera. Se debe a que, el primer día, el instinto de los actores les ha dado cierto impulso. Pero el instinto se desinfla con rapidez en la interpretación, debido a las repeticiones. La repetición es connatural a la realización cinematográfica. De modo que uno tiene que buscar elementos sustitutivos, «pautas» capaces de estimular las emociones que compensen la pérdida del instinto. De eso hablamos durante los dos días de intercambio de ideas. En otras palabras, empezamos a utilizar la técnica. En el momento en que hacemos la segunda lectura, el instinto ya ha salido a la luz, pero todavía no hemos tenido tiempo suficiente para descubrir los recursos emocionales que el actor necesita. Y por eso la lectura no es tan buena.

Al mismo tiempo, consideramos si hace falta reescribir algo. Empezamos a darnos cuenta de si falta algún elemento de transición, en un personaje o en la trama, si se transmite o no con claridad toda la información necesaria, si la película es demasiado larga o el diálogo algo rancio. Si hay mucho trabajo por hacer, es probable que el escritor desaparezca durante unos días. Las modificaciones menores pueden manejarse bien en el propio sitio donde ensayamos.

Al cuarto día, empiezo el bloqueo (es decir, la marcación) de las escenas. Cada uno de los interiores que vamos a usar en la película ha sido delimitado con cinta adhesiva en el

70

suelo, con sus dimensiones reales. Hay cintas de distintos colores, de modo que se distingan las habitaciones que representan. Los muebles se colocan en la misma posición que ocuparán en los auténticos escenarios. Teléfonos, escritorios, camas, cuchillos, pistolas, esposas, plumas, libros, papeles... todo está allí. Dos sillas, una junto a otra, simulan un coche, y seis un vagón de metro. Los actores se ponen de pie, y a partir de aquí todo son frases como «Cruza hasta aquí», «Siéntate encima de esta marca», «Sidney, me sentiría más cómodo si no la viera desde esta posición.» Coreografiamos todo: persecuciones, peleas (se necesitan protecciones para las rodillas, hombros y caderas), paseos por Central Park, todo, ya sean interiores o exteriores. Yo lo llamo «vomitarlo todo para poder ponerme de pie.» El proceso lleva unos dos días y medio.

Luego empezamos otra vez desde el principio, parando cuando hace falta, para asegurarnos de que cada movimiento fluye de lo que discutimos antes alrededor de la mesa. No coreografío las escenas en mi cabeza antes de los ensayos. Ni cuadriculo el modo en que se moverá la cámara. Quiero ver cómo el instinto conduce al actor a donde sea. Quiero que cada paso fluya orgánicamente del anterior: de la lectura a la escenificación y de la escenificación a la decisión de cómo se rodará la película. Este procedimiento de «parar y seguir», con los actores de pie, puede llevar otros dos días y medio. Así que ya hemos llegado al noveno día. Entonces le pido al director de fotografía que asista a una lectura de corrido. Y si me cae bien el productor, le invito a esta lectura.

El último día de ensayos, hacemos una o dos lecturas completas. Como es lógico, siempre ensayo de modo secuencial. Lo hago de esta manera porque luego las películas nunca se ruedan así. El acceso a las localizaciones, el presupuesto, la disponibilidad de los actores con papeles pequeños, la proximidad de las localizaciones de modo que los camiones no tengan que desplazarse demasiado lejos... existen muchas prioridades distintas que te obligan a que el calendario de rodaje siga un determinado orden. Ensayar de modo secuencial da a los actores el sentido de la continuidad, el «arco» de sus personajes, de tal forma que saben exactamente dónde están cuando el rodaje comienza, con independencia del orden con que se ruede.

A Howard Hawks le preguntaron una vez cuál era el elemento más importante en la interpretación de un actor. Su respuesta fue «la confianza». En cierto sentido, eso es lo que han tratado de hacer durante los ensayos: los actores ganan en confianza para mostrar lo que llevan dentro. Y se han enterado de cómo soy. Yo no oculto nada. Si los actores no van a ocultar nada delante de la cámara, yo no puedo quedarme con nada en mi relación con ellos. Deben notar que pueden confiar en mí, que les «comprendo» y sé lo que hacen. Esta confianza mutua es el elemento más importante entre el actor y yo.

Trabajé con Marlon Brando en *Piel de serpiente*. Es un tipo suspicaz. No sé si seguirá tomándose esta molestia, pero Brando solía probar al director el primer o segundo día de rodaje. Lo que hacía era darte dos tomas aparentemente idénticas. Excepto que en una estaba realmente trabajando con todo su ser, mientras que en la otra sólo te daba una *indicación* de cómo era la emoción a representar. Luego se fijaba en cuál decidías dar por buena. Si el director escogía la equivocada, la que sólo contenía una «indicación», Marlon lo tenía claro. Haría de mala gana el resto de su interpretación, o convertiría la vida del director en un infierno, o quizá ambas cosas. Nadie tiene derecho a probar a la gente así, pero puedo entender por qué lo hace. No quiere expresar su vida interior ante alguien incapaz de ver lo que está haciendo.

Al mismo tiempo que aprenden de mí, yo descubro cosas de los actores. ¿Qué les estimula, qué dispara sus emociones? ¿Qué les irrita? ¿Cómo es su concentración? ¿Tienen una técnica? ¿Qué método de interpretación usan? El «Método» popularizado por el Actor's Studio, basado en las enseñanzas de Stanislavsky, no es el *único*. Ralph Richardson, del que he visto al menos tres actuaciones *geniales*, en teatro y en cine, usaba un sistema musical, completamente auditivo. Durante los ensayos de *Larga jornada hacia la noche*, me hizo una pregunta sencilla. Cuarenta y cinco minutos más tarde terminaba de responderle. (Hablo mucho.) Ralph hizo una pausa y luego, muy expresivamente, dijo, «ya veo lo que quieres decir, chico: un poco más de *cello*, un poco menos de *flauta*.» Por supuesto, me quedé encantado. Y, por supuesto, me puso en mi sitio, diciéndome que no necesitaba explicaciones tan extensas. Pero a partir de entonces hablamos en términos musicales: «Ralph, un poco más *stacatto*.» «Un *tempo* más lento, Ralph.» Más tarde me enteré de que, cuando actuaba en teatro, tocaba el violín en el camerino antes de salir a escena como calentamiento. Literalmente, funcionaba como un instrumento musical.

Otros actores trabajan con ritmos: «Sidney, dame el ritmo de esto.» Y la respuesta es «Dum-da-dum-da-dum-da-DUM.» O quieren que les leas las frases, una técnica que otros actores odian.

Los actores también aprenden unos de otros. Se revelan unos a otros, compartiendo, en una medida cada vez mayor, sus sentimientos personales. Henry Fonda me dijo que el primer día de rodaje de una película de Sergio Leone, tenía que rodar una escena amorosa con Gina Lollobrigida. No hubo ensayos. Estoy de acuerdo con esto. Los actores reaccionan de modo muy diferente antes las escenas de amor y las escenas de sexo. Algunos se asuntan ante ellas. La mujer de un actor con el que trabajé no le permitía hacerlas. Sé que si surge un romance entre dos actores, usualmente comienza el día que escenifico el pasaje amoroso o bien el día que lo filmo. Un actor cuyo nombre no citaré quería estar presente en la elección de la mujer que iba a trabajar con él. Cuando le pregunté por qué, dijo que tenía que proponerle mantener relaciones sexuales, si quería interpretar las escenas de amor del modo adecuado. Así que le pregunté, ¿qué pasa si el guión dice que tienes que asesinarla? ¿Tendrías que planear su asesinato para hacer el papel? Por unos días, nuestras relaciones fueron un poco tensas.

El ejemplo más claro de cuánto de sí mismo puede un actor meter en su personaje me ocurrió en *Network*. William

Holden era un actor fantástico. Tenía además mucha experiencia. En el momento en que trabajamos juntos había hecho sesenta o setenta películas, y quizá más. En el ensayo de una escena concreta con Faye Dunaway me di cuenta de que miraba a todos los sitios excepto a donde debía: a los ojos de Faye. Miraba sus cejas, sus labios, su pelo, pero no a sus ojos. No dije nada. La escena era la confesión de su personaje, que estaba desesperadamente enamorado de ella: los dos procedían de mundos diferentes, y él era vulnerable a ella de un modo tan lastimoso que necesitaba su ayuda y su consuelo. El día del rodaje hicimos una toma. Después de hacerla, dije, «Vamos a hacer otra y, Bill, ¿harás algo por mí? Mírala fijamente a los ojos y no dejes de hacerlo en ningún momento.» Lo hizo. La emoción salió de él a borbotones. Es una de sus mejores escenas en la película. Lo que fuera que había estado tratando de evitar no pudo ser rechazado por más tiempo. El período de ensayos me ayudó a detectar esa reticencia emocional.

Naturalmente, nunca le pregunté qué había estado evitando. El actor tiene derecho a su intimidad; nunca violo su vida privada a sabiendas. Aunque algunos directores lo hacen. Aquí no se trata de acierto o error. Pero aprendí mi propia lección hace muchos años, en una película titulada *Esa clase de mujer*. En una frase concreta necesitaba que la actriz llorara. No podía hacerlo. Al final le dije que no importaba lo que yo hiciera en la siguiente toma, ella debería seguir adelante y decir su frase. La cámara se puso en marcha. Justo antes de decir la frase, la agarré y le di un bofetón. Sus ojos se abrieron como platos. Estaba asombrada. Las lágrimas asomaron, se derramaron, dijo su frase, y tuvimos una toma estupenda. Cuando grité, «¡Corta, ésta vale!», ella me rodeó con sus brazos, me besó, y me dijo que aquello había sido brillante. Pero yo me sentía muy mal. Pedí que le aplicaran hielo en la mejilla para que no se le hinchara, y supe que nunca volvería a hacer algo así. Si no se puede conseguir con técnica, al infierno con ello. Encontraremos alguna otra cosa que funcione.

En el capítulo sobre el estilo, mencioné que para *Larga jornada hacia la noche* quería contar con la fuerte personalidad y la maestría de Katherine Hepburn. El desafío de integrar las fortísimas cualidades de la estrella con el personaje al que caracteriza es fascinante. Si tienes una gran estrella, resulta inevitable que su poderosa personalidad se filtre a su personaje. Incluso con un actor de carácter de la talla de Robert De Niro, De Niro sale de sí mismo. En parte es porque usa su propia personalidad con brillantez. Como dije antes, el único instrumento del actor es él mismo. Aunque pienso que no se trata sólo de eso. Una misteriosa alquimia se produce entre el público y la estrella. Algunas veces se basa en la belleza física o el atractivo sexual de la estrella. Pero no creo que se puede reducir a una sola cosa. Seguro que en su momento había mujeres tan atractivas como Marilyn Monroe u hombres tan guapos como Cary Grant (aunque no muchos). Al Pacino procura adecuar su aspecto a los personajes —una barba aquí, unos pelos largos allá— pero pese a todo es la forma en que sus ojos logran expresar una enorme rabia, incluso en los momentos más tiernos, lo que me cautiva, a mí y a cualquiera. Pienso que cada estrella evoca una cierta sensación de peligro, algo imposible de controlar. Quizá cada espectador siente que él (o ella) es el único que puede controlar, domesticar, satisfacer la cualidad «más-grande-que-la-vida» propia de una estrella. Clint Eastwood no es de ninguna manera igual que tú o yo, ¿verdad? O Michelle Pfeiffer, o Sean Connery, o aquél que te viene ahora mismo a la cabeza. Honestamente, no sé qué cualidad define a una estrella. Pero la reconoces de inmediato, y ése, sin duda, es un elemento primordial.

Los actores son a menudo la razón por la que una película consigue financiarse, y debido a ello a veces se echan a perder. Odio esos enormes *trailers*. He visto *trailers* que son, literalmente, autobuses reconvertidos. La cama es enorme. La televisión tiene antena parabólica regulable. He visto a la productora pagar a cocineros privados, secretarios privados, gente de maquillaje y peluquería, que no son mejores que sus compañeros de profesión, pero que cobran cuatro veces su salario. Muchos de los tipos contratados para peluquería y maquillaje ejercen un sutil control sobre la estrella, de modo que la socavan y lentamente se hace dependiente de ellos. Esto es peligroso en dos sentidos: cuesta mucho dinero, que no se refleja en la pantalla; e incluso sin pretenderlo, las estrellas comienzan a notar una sensación de poder que puede dañar su trabajo.

Hepburn nunca se rebajaría a ese nivel. Sin embargo, ella misma ha sido un factor dominante en su propia carrera. Fue durante su época en la Metro, en los años treinta y cuarenta. Casi todas las estrellas temblaban ante Louis B. Mayer, pero Kate no. Ella, algunas veces, creaba su propio material. No estoy seguro de si encargó a Philip Barry que escribiera para ella *Historias de Filadelfia*, pero desde luego era la propietaria de los derechos del texto. Cuando nos encontramos por primera vez, en *Larga jornada hacia la noche*, vivía en la antigua casa de John Barrymore en Los Angeles. Cuando atravesé la puerta de lo que me pareció un salón de quince metros, la vi en el otro extremo de la habitación, de pie, mirándome. Había cubierto la mitad de la distancia de la estancia cuando dijo, «¿Cuándo quieres que empecemos los ensayos?» (No «Hola» o «¿Cómo estás?».) «El diecinueve de septiembre», contesté. «No puedo empezar hasta el veintiséis», repuso ella. «¿Por qué?», pregunté. «Porque si no, tú sabrías más del guión que yo.»

Divertida, encantadora... pero sabía lo que decía. Y por mí, perfecto si ella sabía más acerca de su personaje. Después de todo, ella iba a interpretarlo, y yo tenía otras muchas cosas en qué pensar. Pero el desafío era inconfundible; comenzaba a atisbar una nubecilla en el camino.

La solución fue dejarla en paz. Aunque había hecho papeles geniales, nada podía compararse a Mary Tyrone en cuanto a complejidad psicológica, exigencias físicas y emocionales, y dimensión trágica. Durante los tres primeros días de ensayo no le dije nada sobre el personaje de Mary Tyrone. Hablé largo y tendido con Jason, que había hecho ya el papel antes, con Ralph y Dean, y naturalmente hablamos de la obra en general. Cuando acabamos la lectura de corrido el tercer día, hubo una larga pausa. Y entonces, una vocecita salió de la esquina de la mesa de Kate: «¡Ayúdame!».

A partir de ese momento, la tarea fue apasionante. Kate preguntaba, hablaba, se preocupaba, intentaba una cosa, fracasaba, triunfaba. Construyó el personaje ladrillo a ladrillo. Sin embargo, a finales de la segunda semana, la interpretación era todavía algo pobre. Hay un momento en el guión en que el hijo menor trata de sacarle del ensueño de su dosis de morfina, gritándole que se está muriendo de tisis. Le dije, «Kate, me gustaría que le zarandees y sacudas tan fuerte como puedas». Ella empezó a decir que no podía hacer algo así, pero se interrumpió a mitad de frase. Lo pensó medio minuto y dijo, «Vamos a intentarlo». Le sacudió. Miró el rostro horrorizado de Dean y sus hombros comenzaron a temblar. Y se sumergió en la vida fracasada, asustada y rota, que tan importante era en Mary Tyrone. Los suspiros de la gigante Hepburn en tal estado eran una auténtica personificación de la actuación trágica. Cuando los griegos decían que la tragedia es para la realeza, se referían a eso, a que la tragedia estaba hecha para los gigantes. No hubo ya ningún problema. Kate estaba que «se salía».

Cuando acabamos los ensayos, poco antes de rodar, reuní a los actores para explicarles mi sistema y costumbres de rodaje, y averiguar así si había algo que pudiera hacer por ellos para ese momento. En esa sesión les dije, «Y a propósito, estáis todos invitados a las proyecciones diarias». Cuando nos íbamos, Kate me llamó aparte. «Sidney», dijo, «he ido a las proyecciones de casi todas las películas que he hecho en mi vida. Pero no iré a éstas. Veo cuál es tu forma de trabajar. Conozco el modo de funcionar de Boris [Boris Kaufman era el director de fotografía.] Los dos sois tipos legales. No podéis protegerme. Si voy a las proyecciones, todo lo que veré es esto» —y se tocó bajo la barbilla para pellizcarse la papada ligeramente colgante— «y esto» —hizo lo mismo por debajo de sus brazos— «y en este momento necesito toda mi fuerza y concentración para hacer bien el papel.». Las lágrimas acudieron a mis ojos. Nunca había visto a ningún actor con tal conocimiento de sí mismo, con una dedicación, confianza y coraje semejantes. Kate iba a cambiar los hábitos de treinta años de trabajo porque sabía que podían interferir en el trabajo. He ahí una gigante.

En *Asesinato en el Orient Express*, quería que Ingrid Bergman interpretara a la princesa rusa Dragomiroff. Ella en cambio quería hacer el papel de la doncella sueca retrasada. Yo quería contar con Ingrid Bergman. Así que le dejé que hiciera de doncella. Ganó un Oscar. Saco esto a colación porque el autoconocimiento es importante para un actor en muchos aspectos. Antes mencioné cómo la improvisación puede ser una herramienta efectiva en los ensayos: gracias a ella puedes descubrir cómo eres en realidad cuando, por ejemplo, te enfadas. Conocer tus sentimientos te permite distinguir cuándo esos sentimientos son reales y cuándo, por el contrario, los estás fingiendo. No importa lo inseguras que sean: casi todas las estrellas con las que he trabajado tienen un alto grado de autoconocimiento. Pueden odiar lo que ven, pero lo ven por sí solas. Y tú te pensabas que todo eso de mirarse al espejo era sólo vanidad. Yo creo que es parte del autoconocimiento que les sirve como elemento integrador del actor «al natural» con el personaje que interpretan.

Tenemos mucha suerte en Estados Unidos. Casi todas nuestras estrellas son buenos actores. Y de entre las que no lo son, casi todas quieren serlo. De modo que muchas estudian interpretación cuando no están trabajando. Asisten a cursos de diferentes tipos en ambas costas del país. O van a Londres, donde se enseñan diferentes técnicas. ¿Cómo encajan Paul Newman (el método) con Charlotte Rampling (sin método, pero maravillosa)? ¿Alan King (formado en *nightclubs*) con Ali MacGraw (ninguna formación especial)? ¿Ralph Richardson (academia real clásica) con Dean Stockwell (una versión del método)? ¿Marlon Brando (el método) con Anna Magnani (autodidacta)? ¿Cómo se consigue que, actores con experiencias vitales y técnicas de interpretación tan diferentes, parezca que están haciendo la misma película?

La respuesta es extremadamente simple, pero como todas las cosas simples, difícil de poner en práctica. Como ocurre en la vida misma, hablar y escuchar a otra persona es algo muy, muy difícil. Y para actuar, es la base sobre la que se construye todo. A estas alturas tengo un discurso casi oficial que digo justo antes de la primera lectura del guión. Digo a los actores, «Id tan lejos como penséis que debéis ir. Dad lo mucho o lo poco que penséis que debéis dar. Si lo sentís, dejad que salga. No os preocupéis de si se trata de la emoción correcta o no. Lo descubriremos. Para eso están los ensayos. Pero por favor, cumplid el mínimo de *hablar y escuchar al otro*. No os preocupéis si perdéis de vista vuestro sitio en el guión mientras, de verdad, estéis hablando y escuchando a los demás. Tratad de quedaros con lo que os digan.» Sanford Meisner era uno de los mejores profesores de mi época. El primer mes o mes y medio lo empleaba en conseguir que los estudiantes novatos, de verdad, se hablaran y escucharan entre sí. Eso es todo. Ése es el gran denominador común de los distintos estilos y técnicas de actuación.

Cuando hicimos la primera lectura de *Asesinato en el Orient Express* sucedió algo increíble. Cinco estrellas del teatro inglés iban a aparecer a la vez en el West End: John Gielgud, Wendy Hiller, Vanessa Redgrave, Colin Blakely y Rachel Roberts. Con ellos se sentaban seis estrellas del cine: Sean Connery, Lauren Bacall, Richard Widmark, Tony Perkins, Jacqueline Bisset y Michael York; Ingrid Bergman y Albert Finney eran como el puente entre ambos mundos. Empezaron a leer. No podía oír nada. Todos musitaban sus frases tan quedamente que aquello era inaudible. Al final descubrí lo que ocurría. Las estrellas de cine sentían una especie de temor reverencial ante las estrellas de teatro; y viceversa. El clásico caso de miedo escénico. Interrumpí la lectura y, explicándoles que no había entendido una palabra, les pedí que hablaran como si hubieran acudido a cenar a casa de Gielgud. John dijo que nunca había tenido invitados tan ilustres para cenar. Ya más distendidos, pudimos continuar.

Casi todos los actores buenos dan pronto su mejor toma. Usualmente al cuarto intento (toma 4) han dado lo mejor de sí mismos. Esto se cumple de modo particular en las grandes escenas de mucho contenido emocional. Sin embargo, las películas tienen su parte técnica. Las cosas pueden ir mal a pesar de los preparativos. Una puerta se cae del escenario, el micrófono entra en cuadro, el operador de cámara «la caga», el tipo que mueve la *dolly* pierde su marca. Cuando esto ocurre, el actor lo pasa fatal. Se ha *vaciado* del todo, y ahora tiene que *recargarse* de nuevo. La única solución entonces es rodar toma tras toma, porque la *recarga* puede producirse en cualquier momento: en la toma 8, o en la 10, o en la 12. En esos momentos intento dar al actor, cada vez, algo nuevo, que estimule su esfuerzo. Pero cuando pasa un rato mi imaginación se agota.

Una anécdota puede resumir todos los problemas peliagudos que he abordado en este capítulo. Ocurrió en *Piel de serpiente*. En una escena con Anna Magnani, Brando tenía un largo discurso con algunas de las mejores frases que han salido de la pluma de Tennessee Williams. Usando una hermosa metáfora, se compara a sí mismo con un pájaro que no puede encontrarse como en casa en ningún sitio de la tierra. Condenado a vagar sin rumbo por el mundo, nunca se posa en tierra hasta que muere. Boris Kaufman había dispuesto algunos complejos cambios en la iluminación. La luz del muro del fondo se desvanecía lentamente hasta que Marlon era lo único iluminado, como si estuviera en una especie de limbo. Un complicado movimiento de cámara formaba también parte del plano.

Marlon empezó la toma 1. A los dos tercios de discurso se detuvo. Había olvidado cómo seguía. Empezamos la toma 2. La luz no disminuía del modo previsto. Toma 3: Marlon olvidó su discursó en el mismo punto que en la toma 1. Toma 4: Marlon se paró una vez más en la misma frase. Hasta entonces, nunca había superado las cuatro tomas con Marlon en ningún plano. Toma 5: la cámara hizo mal su movimiento. Toma 6. Toma 7. Toma 8. La memoria de Marlon fallaba en *la misma frase.* Eran ya las 5:30. Estábamos fuera del horario de rodaje. Marlon me había comentado que en esos días le habían surgido una serie de problemas personales. De repente vi que existía una conexión directa entre esos problemas y la frase que no lograba recordar. Lo intentamos otra vez. Se paró. Fui hasta él y le dije que si quería, podíamos dejarlo para mañana, pero que no me interesaba que diera vueltas al asunto toda la noche. Que pensaba que debíamos coger el toro por los cuernos en ese momento, sin importarnos cuánto tiempo nos iba a llevar. Marlon estuvo de acuerdo. Toma 12. Toma 18. La cosa se volvía embarazosa. Magnani, el equipo, todos sufríamos la agonía con él. Toma 22. La cámara hizo mal su movimiento. Era casi un alivio cuando algo *no* era culpa de Marlon. En mi interior me preguntaba si debía o no decirle algo sobre el asunto que me parecía que le preocupaba. Decidí que era una violación demasiado grande a la confianza que había depositado en mí. Toma 27, 28. Le dije a Marlon que ya que, en cualquier caso, habría un momento en que cortaría el plano a Anna, podíamos hacer la toma a partir del momento en que se bloqueaba: empezar justo a partir del punto donde la vieja toma se interrumpía. Marlon dijo que no. Quería lograrlo en una sola toma. El final del discurso tendría más fuerza así.

Al final, en la toma 34, dos horas y media después de empezar, lo logramos. Y muy bien. Casi lloré aliviado. Volvimos a su camerino juntos. Una vez dentro, le dije que podía haberle ayudado, pero que pensaba que no tenía derecho a hacerlo. Me miró y sonrió como sólo Brando puede hacerlo, de una forma que parece anunciar el despuntar del día. «Me alegro de que no lo hicieras», dijo. Nos dimos un abrazo y nos fuimos a casa.

Esta anécdota contiene todo lo que hay que saber sobre actores e interpretación en el cine. El desgaste de uno mismo al coste que sea, el autoconocimiento, la confianza mutua que pueden desarrollar actor y director, la fidelidad al texto (Marlon nunca cuestionó las palabras), la dedicación al trabajo, el oficio.

Experiencias como esa me ayudan a querer a los actores.

5. LA CÁMARA
Tu mejor amiga

Lo primero de todo: la cámara no puede replicarte. No puede hacer preguntas estúpidas. No puede hacer preguntas penetrantes que te hacen caer en la cuenta de que, hasta ese momento, estabas completamente equivocado. ¡Caray, es sólo una cámara!
Pero:

- Puede disimular una actuación deficiente.
- Puede mejorar una actuación buena.
- Puede crear una atmósfera.
- Puede ofrecer sordidez.
- Puede ofrecer hermosura.
- Puede provocar emociones.
- Puede capturar la esencia del momento.
- Puede detener el tiempo.
- Puede alterar el espacio.
- Puede definir a un personaje.
- Puede permitir una planificación detallada.
- Puede gastar bromas.
- Puede hacer milagros.
- *¡Puede contar una historia!*

Si cuento con dos estrellas en la película que estoy haciendo, siempre sé que en realidad cuento con tres. La tercera es la cámara.

En lo que a mecánica se refiere, una cámara es bastante simple. Una bobina de película virgen se monta en la parte delantera. Otra bobina, en la parte de atrás, tira de la película expuesta y la enrolla allí. Entre medias hay una serie de ruedas dentadas que mantienen la película tensa en todo momento. Giran a una velocidad contante, de modo que los dientes pasan por las perforaciones del negativo. De esta manera, durante la toma, la película se está moviendo. En el centro de este mecanismo hay una lente. La luz atraviesa la lente e impresiona el negativo. Hablando con precisión, la cámara ha fotografiado una foto fija, denominada fotograma. Después de que un fotograma se ha expuesto, el mecanismo de la cámara empieza a colocar el siguiente en posición, detrás de la lente. Pero como la película se mueve, un obturador desciende para impedir que, en ese momento, la luz impacte en el negativo. Cuando el fotograma ya está listo —otra foto fija—, se expone. Hay veinticuatro fotogramas por segundo y cuarenta y ocho fotogramas por metro de película, lo que supone medio metro de película por cada veinticuatro fotogramas. Cuando proyectamos los fotogramas sobre una pantalla, a través de un mecanismo semejante, parece que las imágenes están en constante movimiento, aunque en realidad estamos viendo veinticuatro fotos fijas por segundo. Para el ojo humano, el movimiento es continuo. Como dijo Jean-Luc Godard en una ocasión, las películas son «veinticuatro fotogramas de verdad por segundo.» Igual que ocurre en los mecanismos de casi todos los instrumentos musicales, esa simple, tosca propiedad, puede producir un profundo resultado estético.

Hay cuatro elementos principales que afectan a la película que obtenemos en la cámara. En primer lugar, la luz que está ahí, antes incluso de que atraviese la lente. La luz puede ser natural, artificial, o una combinación de ambas. En segundo lugar, están los filtros y difusores de colores, que se colocan usualmente detrás de la lente, para controlar el color y cambiar las propiedades de la luz. En tercer lugar, está el tamaño de la misma lente. En cuarto lugar está la abertura de la lente, que determina la cantidad de luz que atraviesa la lente hasta llegar a la película. Hay otros factores: el ángulo del obturador, el tipo de negativo, y otros. Pero los cuatro elementos básicos mencionados nos bastarán por ahora.

Mi elección fotográfica fundamental es qué lente usar para un plano concreto. El rango de las lentes es enorme, desde 9 milímetros hasta 600 milímetros, y aun más allá. En el lenguaje técnico a los objetivos cortos (9 mm, 14 mm, 18mm, 21mm) se les suele llamar grandes angulares, y a aquéllos que superan los 75 mm teleobjetivos. Espero que los siguientes dibujos puedan ayudar a entender esto:

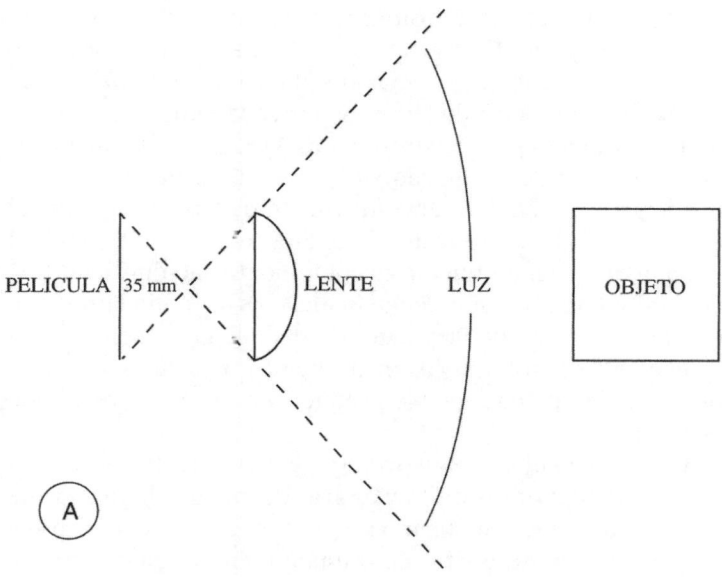

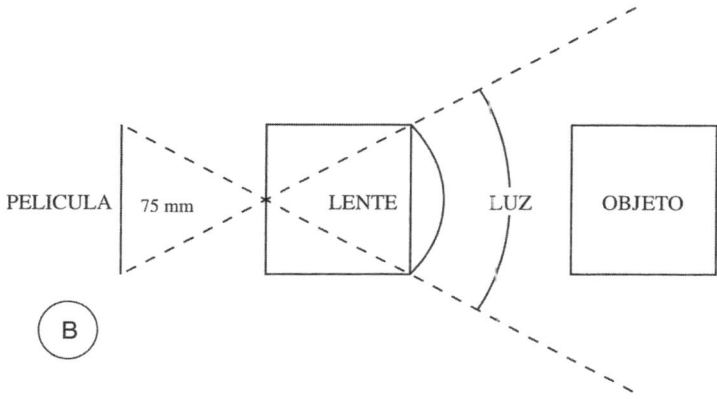

PELICULA | 75 mm | LENTE | LUZ | OBJETO

B

La distancia que hay entre el punto donde la imagen se invierte y la superficie de registro (la película) determina los milímetros de la lente. En el dibujo A se puede advertir que hay mucho más espacio por encima y por debajo del objeto fotografiado que en el dibujo B. La lente de 35 mm (A) abarca un área significativamente mayor que la lente de 75 mm (B). El objetivo gran angular (35 mm) tiene un «campo» mucho mayor que el objetivo de 75 mm. El objetivo de 75 mm tiene un tubo mayor porque necesita una distancia mayor hasta la superficie de registro. En teoría, si uno dispusiera de todo el espacio que quisiera, se podría lograr el mismo tamaño de cualquier objeto que se quisiera fotografiar con un objetivo más largo desplazando simplemente la cámara hacia atrás. Pero cambiar el objetivo según la cantidad de información que se quiere recoger (teniendo en cuenta su «campo») es sólo un uso parcial de la lente. Cada lente tiene diferentes *sentimientos. Lentes diferentes cuentan una historia de modo diferente.*

Asesinato en el Orient Express lo puede ilustrar con mucha claridad. A lo largo de la película ocurren varios sucesos que luego se cuentan de nuevo al final, cuando Hercules Poirot, nuestro genial detective, hace un relato conclusivo donde ofrece las evidencias de la solución del crimen. Mientras describe los hechos escuetos, las escenas que hemos visto antes se repiten como simples flashbacks. Sólo después, cuando toman un significado melodramático mayor como pruebas, aparecen en la pantalla de un modo mucho más dramático, vigoroso, salpicado de frases agudas. El efecto se logró con el uso de lentes diferentes. Cada una de las escenas a repetir se rodó dos veces —la primera con lentes normales (50 mm, 75 mm, 100 mm) y la segunda con un grandísimo angular (21 mm). El resultado era que la primera vez que veíamos la escena, parecía una parte normal de la película. Vista por segunda vez, era melodramático, encajaba con el drama de la solución de un asesinato.

Las lentes tienen características diferentes. Ninguna lente ve igual que el ojo humano, pero las que más se acercan son las de rango medio, entre 28 y 40 mm. Los grandes angulares (entre 9 y 24 mm) tienden a distorsionar la imagen; cuanto mayor es el ángulo de la lente, mayor es la distorsión. Las distorsiones son espaciales. Los objetos parecen más distanciados, especialmente los que se alinean desde una posición de primer plano hasta el fondo. Las líneas verticales parecen forzadas a acercarse en la parte superior del fotograma.

Las lentes más largas (de 50 mm en adelante) comprimen el espacio. Los objetos que se alinean desde una posición de primer plano hasta el fondo parecen más próximos. Cuanto más largo es el objetivo, más cercanos parecen los objetos, a la cámara y entre sí. Estas distorsiones son de una tremenda utilidad. Por ejemplo, si desplazas la cámara de derecha a izquierda sobre los raíles, o con una *dolly*, o simplemente haces una panorámica, puedes crear la ilusión de que el objeto fotografiado se mueve a una velocidad mucho mayor con un objetivo más largo. Ya que con un objetivo largo parece que el objeto está más cerca, da la impresión de que se desplaza, con respecto al fondo, a una velocidad mucho mayor. El objeto en primer plano (un coche, un caballo, un tipo corriendo) *parece* que cubre más espacio y más rápido. Al contrario, si quisiera aumentar la velocidad de un objeto que se acerca o se aleja de mí, usaría un gran angular. Y ello porque el objeto *parece* que está cubriendo mayores distancias cuando se acerca o se aleja de nosotros.

Las lentes tienen otra característica. Los grandes angulares tienen una profundidad de campo —el espacio en el cual un objeto que se aleja o se acerca a la cámara permanece enfocado, sin necesidad de variar la distancia focal de la lente mecánicamente— mucho mayor. Una vez más, esto puede revelarse de tremenda utilidad. Si pretendo desembarazarme del fondo tanto como sea posible, usaré un objetivo largo. El fondo, aunque parezca más cerca de lo que está, se encuentra tan desenfocado que resulta irreconocible. Pero con un gran angular, aunque el fondo parezca más lejano, estará más nítido y por tanto más reconocible.

Algunas veces, si necesito un teleobjetivo y quiero al mismo tiempo conservar la nitidez de la imagen, debo añadir más luz. A más luz corresponde más foco, y viceversa. La luz añadida nos da más foco, con lo que se compensa la pérdida de profundidad de campo propia del teleobjetivo.

Pero la cosa puede complicarse más. Ya que la luz afecta a la profundidad de campo, el diafragma (la cantidad de luz a la que se permite atravesar la lente) es muy importante. El diafragma es un dispositivo montado en la lente, que se abre o se cierra para controlar el paso de la luz. Decimos que abrimos el diafragma cuando dejamos que penetre más luz con una posición más abierta, y que lo cerramos cuando reducimos la cantidad de luz que alcanza a la película con una posición más cerrada. ¡Guau!

El propósito de estas aburridas explicaciones técnicas no es otro que hacer ver que los elementos fotográficos básicos —lente, diafragma, luz y filtros— son herramientas increíbles. Puede recurrirse a ellos, no sólo porque no haya más remedio, sino con una intención estética. Quizá pueda ilustrar esto con algunos ejemplos.

Doce hombres sin piedad. Boris Kaufman, director de fotografía. Nunca se me había ocurrido que rodar una película entera dentro de una habitación pudiera ser un problema. De hecho, pensaba que podía convertir esa circunstancia en una ventaja. Uno de los elementos dramáticos más importantes para mí era la sensación claustrofóbica que los personajes debían experimentar dentro de esa habitación. De inmediato se me ocurrió una «trama basada en el objetivo». A medida que la película se desarrollaba, quería que la habitación pareciera cada vez más pequeña. Esto suponía desplazarme lentamente al uso de lentes más largas, a medida que la película transcurría. Empecé dentro del rango normal (entre 28 y 40 mm), para ir progresando hacia lentes de 50, 75 y 100 mm. Además, rodé el primer tercio de película por encima de la altura del ojo humano, pero luego bajé la cámara a esa altura en el segundo tercio, para llegar al último tramo del film por debajo del ojo humano. De esa forma, ya cerca del final, se podía ver el techo. No sólo las paredes, sino también el techo, creaban un sentimiento claustrofóbico. Esta sensación de ahogo creciente ayudó mucho a elevar la tensión en la parte final del film. En el último plano, que muestra a los miembros del jurado saliendo del juzgado, usé una lente gran angular, más corta que todas las que había utilizado a lo largo del film. También coloqué la cámara en una posición por encima del nivel del ojo humano, la más alta de toda la película. La intención era, literalmente, darnos aire, dejarnos al fin respirar, tras dos horas de un confinamiento cada vez más insoportable.

Piel de serpiente. Boris Kauffman, director de fotografía. Por primera vez, intenté asignar distintas lentes a cada personaje. El de Brando, Val Xavier, quería encontrar el amor, para sí mismo y los demás, como única posibilidad de redención. (En una ocasión pregunté a Tennessee Williams si el nombre de Val Xavier era una forma disimulada de referirse a San Valentín, el salvador. Se limitó a sonreír con esa enigmática sonrisita suya.)

Si usas un objetivo largo, debido a que su profundidad de campo es menor, la imagen tiende a suavizarse un poco. De hecho, si se usa un objetivo largo con el diafragma abierto a tope, un primer plano puede mostrar con mucha nitidez los ojos de un rostro, y difuminar en cambio ligeramente las orejas y la parte de atrás de la cabeza. Así que, cuando me era posible, procuré usar con Brando un objetivo más largo que el que usaba con el resto de personajes que aparecían con él en una escena. Quería crear así a su alrededor un aura de simpatía y ternura.

El personaje de Anna Magnani, Lady, arranca como una mujer dura y amargada. Cuando su relación amorosa con Val crece, se suaviza. Así que a medida que la película progresaba, aumenté ligeramente el uso de objetivos largos con ella, hasta que, al acercarse el final, utilizaba la misma lente con Lady y Val. Él había cambiado la vida de ella. Lady había entrado en el mundo de Val.

El personaje de Val empezaba y terminaba siendo el mismo. El de Lady experimentaba una transformación. Para subrayar cómo progresaba, una vez en que utilizábamos el mismo objetivo con los dos actores, recurrimos al uso de un difusor para fotografiarla a ella. Un difusor o gasa es eso, un pedazo de tela en un soporte metálico rígido que se coloca detrás de la lente, fuera de la cámara. La gasa difunde la luz, y suaviza por tanto la imagen. Debe usarse con cuidado. Sobre todo si se utiliza en planos intercalados con otros de un personaje fotografiado sin difusor. Hay difusores de diferentes tipos, muy finos y muy gruesos. Al final de la película, Lady descubre que está embarazada. En un discurso memorable, se compara con una higuera del jardín de su padre que, una vez muerta, vuelve a la vida. Boris utilizó todos sus recursos —teleobjetivo, difusores y tres tipos diferentes de iluminación, cuidadosamente filtrada— para lograr que su aspecto fuera deslumbrante. Considerándolo a día de hoy, creo que nos pasamos un poco, pero entonces me pareció genial.

Me gustaría detenerme un momento a hablar sobre la luz. Está claro que las escenas de interior permiten un control mayor del operador, que crea la luz artificialmente. Pero asombra comprobar el control que un buen director de fotografía puede alcanzar en exteriores.

Si alguna vez has visto filmar en la calle a un equipo de rodaje, puede que hayas visto un enorme foco derramando su luz sobre el rostro del actor. Lo llamamos arco o «bruto», y da el equivalente a unos 12.000 vatios. Tu primera reacción cuando lo has visto, ha sido probablemente: ¿Qué rayos pasa con estos tíos? El sol brilla más que nunca y ellos añaden ese focazo al actor, que prácticamente se está quedando bizco.

Bien, el celuloide, al ser sometido a un proceso químico, tiene unas cuantas limitaciones. Una, el grado de contraste que se puede lograr. Se puede ajustar para el uso de mucha o poca luz. Pero no se puede usar mucha y poca luz en el mismo encuadre.

Se trata de una versión empobrecida del modo en que funciona tu propio ojo. Estoy seguro de que muchas veces has visto a alguien de pie delante de una ventana, con la luz de un día radiante detrás. La persona se convierte en una silueta recortada en el cielo. Apenas podemos distinguir los rasgos de su cara. Los arcos corrigen el «equilibrio» entre la luz sobre la cara del actor y el cielo brillante. Si no los usáramos, su rostro saldría completamente negro. Y por supuesto que un arco obliga a bizquear. (¿O es que te creías que los héroes de los *westerns* bizqueaban de modo natural?)

Veamos un ejemplo perfecto del uso del contraste:

La colina. Oswald Morris, director de fotografía. *La colina* cuenta la historia de un prisionero del ejército británico en el Norte de África durante la Segunda Guerra Mundial. El campo es sólo para soldados británicos, enviados allí por problemas disciplinarios o comportamiento criminal. Se trata de un lugar brutal, donde se aplican los castigos con el sadismo suficiente para quebrar el espíritu de cualquiera que haya tenido la desgracia de ir a parar allí. Como quería un negativo con mucho contraste, usé material de Ilford, que raramente se ve porque los directores de fotografía consideran que da demasiado contraste.

Decidimos rodar toda la película con tres grandes angulares: el primer tercio con un objetivo de 24 mm, el segundo con uno de 21 mm, y el último con uno de 18 mm. Cuando digo toda la película, quiero decir toda, incluidos los primeros planos. Por supuesto, en este último caso los rostros quedaban distorsionados. Una nariz aparecía dos veces más grande de lo normal, y una frente parecía que se estuviera cayendo hacia atrás. En la parte final sucede que, incluso en los planos rodados a sólo treinta centímetros del rostro de los actores, se ven la cárcel entera o enormes vistas del desierto tras ellos. Por eso usé esos objetivos. No quería perder en ningún momento el elemento crítico de la trama y que le da emoción: estos hombres nunca van a liberarse, de la cárcel o de ellos mismos. Ése era el tema de la película. Y quería que el lugar donde estaban confinados estuviera omnipresente de forma abrumadora.

Pero volviendo al contraste, hay que decir que los exteriores se rodaron en el desierto. La luz era cegadora y el calor tan espantoso que acabábamos deshidratados del todo. Después de unos días pregunté a Sean Connery si en algún momento tenía ganas de mear. «Sólo por las mañanas», me dijo.

Cuando tocaba hacer un primer plano, y el actor no estaba de cara al sol, Ossie me preguntaba si quería que se viera el rostro. Si decía que sí, los eléctricos empezaban a preparar el arco. Si decía que no, Ossie insistía, «¿Y los ojos?». Si le respondía que sí, cortaba un pedazo de cartulina blanca —en el caso de que la cámara estuviera suficientemente cerca del actor sacaba su pañuelo— y lo usaba como reflector, para rebotar la luz fuerte del cielo en los ojos del actor.

De hecho, en los días de la infancia del cine, antes de que existieran generadores transportables, los operadores utilizaban lo que se conocía como reflectores, enormes tableros envueltos en papel de plata, que reflejaban la luz solar adonde el director de fotografía quisiera. Aún se usan cuando el presupuesto es limitado.

Asesinato en el Orient Express. Geoffrey Unsworth, director de fotografía. Nuestra meta aquí era captar la pura belleza física. Dos formas de conseguirlo (entre otras muchas) eran el uso de teleobjetivos, que ayudaran a suavizar toda la imagen, y la iluminación por detrás.

La iluminación por detrás es una de las formas más antiguas y usadas para aumentar la belleza de los actores. Por detrás del actor, la luz se dirige al cogote y los hombros. Es una luz de mayor intensidad que la que ilumina el rostro del actor. Si alguna vez te has paseado por un bosque al ponerse el sol, o has mirado en la Quinta Avenida abajo, hacia el sur, un día de sol, desde una posición ligeramente elevada, puede que recuerdes el aspecto que ofrecían las hojas de los árboles. Es tan especial porque están iluminadas por detrás. La iluminación por detrás se usa en el cine porque funciona. Hizo que Dietrich, Garbo y todas las demás estuvieran aún más guapas de lo que ya eran.

Network. Owen Roizman, director de fotografía. La película trata de la corrupción. Así que corrompimos la cámara. La película empezaba con un *look* casi naturalista. En la primera escena con Peter Finch y Bill Holden, en una Sexta Avenida nocturna, añadimos la luz justa para conseguir la exposición. A medida que la película avanza, las exigencias de la cámara se hacen más rígidas, más formales. La iluminación es cada vez más artificial. La escena en que Faye Dunaway, Robert Duvall y tres ejecutivos de la cadena televisiva deciden matar a Peter Finch, ya cerca del final, está iluminada como si se tratara de un anuncio. La cámara está quieta y los encuadres parecen fotos fijas. También la cámara se ha convertido en una víctima de la televisión.

(Todas las transiciones en objetivos e iluminación se introducen gradualmente. No me gusta que los trucos técnicos sean evidentes. Como se despliegan a lo largo de un período de dos horas, no creo que el público sea consciente en algún momento de que se están produciendo esos cambios visuales.)

Llamada para un muerto. Freddie Young, director de fotografía. La película trata de las decepciones de la vida. Por eso quería colores poco saturados. Quería atrapar esa atmósfera deprimente, como carente de vida, que Londres tiene en invierno. Freddie sugirió hacer una exposición previa de la película. La película se lleva a un cuarto oscuro *antes* del rodaje, y se expone un poco con una bombilla de sesenta vatios. El resultado es que el negativo tiene una especie de capa lechosa, de modo que cuando se rueda la escena, casi todos los colores pierden fuerza, presenta mucha menos brillantez y vida de la que cabría esperar en condiciones normales. El proceso se llama «exposición previa».

A la mañana siguiente. Andrzej Bartkowiak, director de fotografía. Éste era, justo, el caso opuesto al de *Llamada para un muerto*. El hecho de que el personaje encarnado por Jane Fonda viviera en Los Angeles era una de las razones que explicaban su debilidad de carácter. Así que mi deseo era exagerar todos los colores: rojos muy rojos, azules muy azules. Usamos filtros. Detrás de las lentes existen unas pequeñas ranuras donde se pueden encajar «cuadros» de seis centímetros y medio por nueve centímetros. Estos «cuadros» y ranuras pueden soportar pedacitos de vidrio o gelatina coloreados según distintas especificaciones. Cuando el cielo entraba en el encuadre, Andrzej añadía un filtro azul que cubría sólo el cielo. Así el cielo salía más azul. Todos los colores se reforzaron con esta técnica. En una ocasión, ya con el día bastante avanzado, y debido a la niebla y las nubes, el cielo presentaba un aspecto anaranjado. Andrzej hizo que ese naranja tuviera el color chillón de un puesto de perritos calientes de Orange Julius.

Los filtros tienen algunos inconvenientes. Limitan la movilidad de la cámara, pues debes evitar que el filtro para el azul del cielo se mezcle con un edificio blanco, o con la cara del actor. Pero si se usan con sentido común, pueden ser de gran utilidad.

Las gelatinas de colores también pueden ponerse delante de los focos que iluminan el plano. Muchos directores de fotografía las usan siempre. Oswald Morris, con el que hice tres películas, empezó a usar esta técnica en *Molin Rouge*, y no la dejó en todo el metraje. La ventaja de aplicar las gelatinas a los focos estriba en que objetos concretos, o partes del escenario, pueden ser coloreados específicamente y quedar marcados como lugares de especial importancia; también sirven para definir áreas. Usada para la totalidad del escenario, pueden crear una atmósfera especial. Si se aplica al objetivo, disminuye la cantidad de luz que impresiona la película, lo que obliga a corregir el diafragma. Si se pone delante del foco, no afecta al diafragma o se puede compensar con más vatios.

El príncipe de la ciudad. Andrzej Bartkowiak, director de fotografía. Desde el punto de vista de la fotografía, es una de las películas más interesantes que he hecho. Recordemos su tema central: nada es lo que parece. Por ello tomé una decisión: no usaríamos lentes de rango medio (entre 28 y 40 mm). Nada podía parecer normal o tal y como lo vemos a simple vista. Me tomé el tema al pie de la letra. Todo el espacio, o se agigantaba o empequeñecía, dependiendo de si usaba grandes angulares o teleobjetivos. Un edificio parecía tener hasta dos veces y media su tamaño real, según la lente con que se fotografiaba. Además, Andrzej y yo trazamos un plan muy complejo de iluminación. Al inicio de la película, el protagonista, Danny Ciello, era muy consciente de todo lo que le rodeaba. A medida que las cosas se complican y Ciello pierde el control sobre ellas, su crisis moral se agudiza. Se sabe entre la espada y la pared, y que se verá obligado a traicionar a sus amigos. Sus pensamientos y acciones se van concentrando en sí mismo y en sus cuatro compañeros policías.

En el primer tercio de la película, procuramos que la luz al fondo fuera más brillante que en los actores situados en primer término. Para el segundo tercio, la luz al fondo y en primer plano estaban más o menos parejas. En el tercio final, eliminamos la luz del fondo. Sólo la parte que los actores ocupaban en primer término estaba iluminada. Al final de la película lo único que importaba eran las traiciones que estaban a punto de consumarse. Las personas emergían del fondo. Ya no importaba *dónde* sucedían las cosas. Lo que importaba era *qué* sucedía y a quién.

Tomé otra decisión que me parece importante. Excepto uno brevísimo, no había un solo plano que mostrara el cielo. El cielo significaba libertad, liberación. Pero para Danny no existía salida. El único plano en que se mostró el cielo mostraba sólo eso: el cielo. Es cuando Danny atraviesa el puente de Manhattan. Se sube al mirador y echa una ojeada a los raíles del metro que va de Brooklyn a Manhattan. Está pensando en suicidarse. En ese momento se presenta como la única libertad posible, la única liberación.

Tarde de perros. Victor Kemper, director de fotografía. Para esta película buscaba justo el efecto contrario a la rígida estructura visual de *El príncipe de la ciudad*.

Como ya dije, mi primera obligación era dejar claro al público que lo que estaba contando había sucedido de verdad. Así que la primera decisión que tomé fue prescindir de la luz artificial: toda la iluminación debía estar justificada. El banco estaba iluminado por los fluorescentes del techo. Ahí, como hacía falta iluminación adicional por problemas de foco, añadimos sencillamente algunos tubos fluorescentes. En el exterior, en las escenas de noche, toda la luz provenía de los enormes focos de los furgones de la policía que rodean el banco. La luz rebotada del exterior del banco (la construcción era de ladrillo blanco y vidrio) tenía la intensidad suficiente para iluminar los rostros de la gente situada enfrente. A dos manzanas, Victor colocó un foco para iluminar por detrás a la multitud congregada en la esquina de la calle. El foco se colocó encima de una farola auténtica, de modo que esa luz iluminaba a la gente de un modo natural. Tuvimos que aumentar la intensidad del foco porque la cámara habría sido incapaz de recoger bien a la multitud con sólo la luz de una farola corriente. Dentro del banco, cuando se quedan sin luz, las luces anaranjadas de emergencia se ponen en funcionamiento de modo automático. Aumentamos sencillamente la intensidad de esas luces, lo justo para lograr una exposición correcta.

Y para las escenas improvisadas en la calle y en el banco, usamos dos y algunas veces hasta tres cámaras al hombro, que reforzaban el estilo documental del film.

Larga jornada hacia la noche. Boris Kaufman, director de fotografía. Muchos críticos, de modo condescendiente, la han calificado de «obra de teatro fotografiada». Eso es fácil de decir, ya que usamos el texto de la obra original. Incluso fundíamos a negro en los finales de acto. El origen teatral se puede identificar con facilidad. No hicimos ningún esfuerzo por disimularlo. Pero los críticos fueron incapaces de fijarse en las complejas técnicas que usamos, en fotografía y montaje, uno de los mayores desafíos con que me he enfrentado.

Obviamente, estoy muy orgulloso de ella como *película.* He aquí el motivo principal: si recortaras un trozo de película con un primer plano del primer acto de Hepburn, Richardson, Robards o Stockwell, lo colocaras en un proyector de diapositivas, y al lado hicieras lo mismo con un primer plano de uno de esos mismos actores, pero escogido del cuarto acto, te quedarías asombrado de lo distintos que son. Las caras devastadas, gastadas y exhaustas del final casi no tienen nada que ver con los rostros limpios y arreglados del principio. No sólo estaba motivado por la interpretación. Se logró también gracias a las lentes, la luz, la posición de la cámara y la duración de los planos. (Hablaremos del montaje y de la dirección artística más adelante.)

Al inicio de la película, todo era perfectamente normal. Las lentes y la luz podían haber servido para una película de Andy Hardy. La primera parte del primer acto la situé en exteriores y se rodó en un día soleado, de modo que la larga jornada hacia la noche a que alude el título pareciera aún más larga. Quería más luz en esa parte como contraste con la oscuridad del final.

Para la luz en interiores, procuré que cada personaje, dentro de lo posible, estuviera iluminado de un modo diferente: Hepburn y Stockwell siempre con luz frontal suave, y Robards y Richardson con la luz centrada pero elevada por encima de ellos. A medida que la película transcurría, la luz sobre los tres hombres se hacía más dura, más severa. Este patrón se rompía temporalmente cuando Stockwell y Richardson recitan en el cuarto acto su lírico arias, un examen de conciencia donde cada uno explora sus anhelos de tiempo atrás, en épocas más felices. La luz sobre Hepburn se suaviza aún más mientras transcurre la película.

La posición de la cámara era también importante en el aspecto visual. En el caso de los hombres, comienza a la altura de los ojos, y va descendiendo lentamente, hasta que en dos escenas críticas del cuarto acto, la cámara cae, literalmente, al suelo. Para Hepburn, en cambio, el patrón era el inverso. La cámara subía y subía hasta que en una escena casi al final del tercer acto, usamos una grúa para situarla aún más arriba.

Y, por supuesto, los objetivos: cada vez más largos para ella, a medida que se hundía en la nebulosa de la droga, y más cortos para los hombres cuyo mundo se desmoronaba.

En el cuarto acto, hay dos escenas climáticas, una con Stockwell y Richardson, y la otra con Stockwell y Robards. Quizá por primera vez en la vida, se decían la verdad desnuda e hiriente, lo que el uno pensaba del otro. A medida que las escenas avanzaban y la verdad se hacía más insoportable, los grandes angulares aumentaban su campo, la cámara iba descendiendo, la luz se endurecía y se hacía más oscura; hasta que la historia toda de estos personajes queda envuelta por la noche y, al final, por las terribles verdades que se han dicho unos a otros.

Todo, absolutamente todo, fue un plan que suponía una compleja combinación del uso de los objetivos, la luz y la posición de la cámara. Y a mi entender, contribuyó de modo decisivo a una interpretación única del material original.

Veredicto final. Andrzej Bartkowiak, director de fotografía. La película trata de la redención de un hombre, de su lucha por desembarazarse del pasado.

Quería un *look* tan «anticuado» como fuera posible. La dirección de arte tuvo mucho que decir al respecto, y la comentaré más tarde. Pero la luz fue muy importante.

Un día llevé a Andrzej un estupendo catálogo de cuadros de Caravaggio. Le dije, «Andrzej, éste es el aire que busco. Hay algo antiguo aquí, algo de otra época remota. ¿De qué se trata?». Andrzej estudió los cuadros. Luego, con su agradable acento polaco, lo expresó con precisión. «Es el claroscuro», dijo. «Una fuente de luz muy fuerte, casi siempre lateral, y no desde arriba. Por otro lado, nada de suaves luces de relleno, sólo sombras. De forma aislada usa el reflejo de la luz en una fuente metálica situada en la oscuridad.» Y señaló a un muchacho que sostenía una bandeja de oro. En la parte de la cara del chico que estaba en sombras, uno podía descubrir un ligero matiz dorado. Y esto es lo que Andrzej trasladó a la iluminación de la película.

Daniel. Andrzej Bartkowiak, director de fotografía. De nuevo empezamos por el tema de la película: ¿Quién paga por las pasiones e ideales de los padres? Los hijos. Además, existe el complejo tratamiento del tiempo (saltos temporales adelante y atrás).

Daniel es la historia de un joven que vuelve a vivir. Está inspirada libremente en la vida y muerte de Julius y Ethel Rosenberg, y cuenta cómo Daniel trata de encontrar sentido a la muerte absurda de sus padres. Los padres pertenecían a esa gente de izquierda de los años treinta, que creían poder ser jóvenes toda la vida, y que imbuyeron sus vidas de idealismo y esperanza, hasta que el fracaso, personal y político, les alcanzó. Además, su hermana tenía una enfermedad nerviosa así que, incapaz de recobrarse de los horrores de la niñez, se deslizaba lentamente hacia la muerte. Solía imaginar la historia como la de un joven que se está cavando su propia tumba.

Debo detenerme un momento para otra discusión técnica. Los rayos solares y la composición química de la película no constituyen un matrimonio feliz. Sin algún tipo de alteración, una escena de día rodada en exteriores ofrecerá un azul casi monocromático. Para compensar esto, se coloca un filtro ámbar en la cámara. Esto corrige la luz de modo que la película recogerá los colores normales en toda su integridad. Este filtro es un «85». Cuando rodamos en localización un interior con ventanas que dejan pasar la luz del día, colocamos enormes láminas de 85 en las ventanas, por el mismo motivo.

Para *Daniel*, Andrzej sugirió que rodáramos todas las escenas de los hijos ya adultos sin 85. Esto daba a todos los planos un tono azul pálido, frío y espectral, incluidos los tonos de la piel. Por coherencia, en las escenas de interior colocamos gelatinas azules en los focos.

Por otro lado fotografiamos a los padres, atrapados en su pasado idealista, con el brillo ámbar del 85. Fue añadido en sus escenas, ya fueran interiores o exteriores. Al inicio de la película usamos doble 85 con ellos. A medida que Daniel comienza lentamente a vivir de nuevo, empezamos a añadir 85 a sus escenas y fuimos quitándolo de las del pasado con sus padres. Con los padres pasamos de doble 85 a 85 sencillo, luego a −85 y luego a −85. En las escenas de Daniel añadimos −85, luego −85, luego un 85 entero. Por último, en una escena casi al final de la película, cuando ambos hijos visitan a sus padres en la cárcel, volvimos al color normal. Daniel ha purgado su dolor obsesivo, y puede reanudar su vida a partir de ese momento.

En todas las películas que he hecho he prestado mucha atención a lo que podía hacerse con la cámara. La colaboración con el director de fotografía debe ser muy estrecha, tanto como con el guionista y los actores. Como los restantes integrantes de mi equipo, el director de fotografía puede dañar o contribuir de modo glorioso a hacer la mejor película posible. Es corriente que, durante el rodaje, la relación más estrecha del director sea con el director de fotografía. Por eso muchos directores trabajan año tras año con el mismo, si entre ambos pueden lograr el estilo que se requiere.

La consideración primordial para mí, y creo que todos estos ejemplos lo traslucen, es que la técnica se decide a partir del material. Debe cambiar si el material cambia. Algunas veces es importante «no hacer» algo con la cámara, sino simplemente rodarlo del modo más directo. Y también es importante para mí que el trabajo de la cámara pase inadvertido. Un buen trabajo con la cámara no significa «películas bonitas». Simplemente debe intensificar y revelar el tema de la película, como hacen los actores y el director. La luz que Sven Nykvist ha creado para tantas películas de Ingmar Bergman tiene una conexión directa con lo tratado por las películas. La luz de *Los comulgantes* es totalmente diferente de la de *Fanny y Alexander*. La diferencia de iluminación está relacionada con la diferente temática de las dos películas. Ahí reside la verdadera belleza de la fotografía de una película.

6. DIRECCIÓN ARTÍSTICA Y VESTUARIO

¿Es cierto que Faye Dunaway exigió hasta dieciséis arreglos en su falda?

La respuesta es «sí». Lo hizo. E hizo bien. Una de las cosas que hace que el actor se sienta más cómodo, es encontrarse a gusto con la ropa que viste su personaje. Pero aparte de la comodidad, las ropas pueden ayudar, y mucho, al estilo de la película.

Cuando Betty Bacall aparece por primera vez en *Asesinato en el Orient Express* lleva un vestido largo de dos piezas, de terciopelo color melocotón, a juego con un sombrero de plumas. Jacqueline Bisset, para su primera aparición, lleva un vestido largo de seda azul, una chaqueta a juego con un cuello de armiño blanco, y un pequeño sombrero redondo con una pluma. Ahora bien, Tony Walton (responsable del diseño de vestuario) sabe que nadie en un tren se viste así. Pero la ropa que lleva la gente no es la verdadera cuestión. De hecho, lo que la gente lleva realmente cuando toma el tren es la última cosa en que se nos ocurrió pensar. Nuestra intención era introducir al espectador en un mundo desconocido, crear una atmósfera de cómo era el *glamour* de los viejos tiempos. Los títulos de crédito iniciales fueron concebidos del mismo modo. Me encargué personalmente de filmar el satén que sirvió como fondo a los rótulos. Tony escogió la tipografía de los rótulos.

Ya he dicho en varias ocasiones que no hay decisiones pequeñas a la hora de hacer una película. La cámara, la dirección artística (los escenarios) y el diseño de vestuario son los elementos más importantes de la creación del estilo —o, dicho de otra forma, del *look*— de la película. En la actualidad se suele hablar de diseño de producción. La palabra tomó cuerpo cuando William Cameron desempeñó esa función en *Lo que el viento se llevó*. Él se encargaba de todos los aspectos visuales de la película: no sólo de los escenarios y el vestuario sino de la cámara, los efectos especiales (el incendio de Atlanta) y, de ser necesario, del trabajo de laboratorio en la preparación de las copias. Pero en las películas de hoy, diseñador de producción es en realidad un título algo fantasioso, usado como sinónimo de director artístico.

Tony Walton simultaneó las labores de director artístico y diseñador de vestuario en *Asesinato en el Orient Express*. Hemos hecho juntos siete películas. No sólo es fantástico en su campo, sino que hace su contribución artística al resto de apartados de la película. Respeto mucho su opinión acerca del guión, el reparto, el montaje, la fotografía, todos y cada uno de los elementos de la realización. Me refiero a gente como él cuando hablo de trabajar con los mejores. Él *me* obliga a trabajar más y mejor.

En *Orient Express* surgió un problema interesante. En otro capítulo hablé de la iluminación por detrás como un componente que presta *glamour* a la fotografía. Pero para hacerla, se precisa de espacio, y los compartimentos de un tren son pequeños. Tony había viajado a Bélgica para ver las cocheras de Wagon-Lits, donde guardan los viejos vagones de ferrocarril. De vuelta me explicó que los vagones auténticos tenían más *glamour* que cualquier cosa que él pudiera diseñar. Así que desarmó los paneles en Bélgica, arrancando la madera del acero de los coches donde estaba ensamblada, y la embarcó rumbo a Inglaterra. Allí pusimos los paneles en el suelo y los volvimos a montar sobre paneles de contrachapado, de modo que pudiéramos quitar y poner las paredes según la cámara o la luz lo exigieran. Una vez que Tony montó un compartimento, empezó a pulir la madera. Los pintores trabajaron de firme para sacarle brillo. Tony y Geoff Unsworth, el director de fotografía, habían decidido que la luz incidiera en la superficie brillante de la madera, y dejar que el reflejo sirviera para iluminar por detrás. No es tan potente como la luz directa, pero nos servía para lo que pretendíamos.

El lujo estaba a la orden del día. Cristalería lacada, cubertería de plata, terciopelo en los asientos. Cuando no pudimos dar con un restaurante de suficiente categoría, Tony tuvo que convertir el *mezzanine* de un antiguo palacio de cine de Londres en restaurante.

No se escatimó detalle alguno para crear un *look glamouroso*. ¿Qué salsa quedaría mejor, servida en bandeja de plata? ¿Blanca o verde menta? Nos decidimos por el verde. ¿Qué perros eran más adecuados para la princesa Dragomiroff? ¿Caniches franceses o pequineses? Pequineses. Para un puesto de verduras en la estación de Estambul, ¿coles o naranjas? Naranjas, porque visten mejor cuando se caen al suelo gris oscuro. Y así un detalle y otro. Tony, Geoff y yo discutimos una y otra cosa, y tomábamos nuestras decisiones. Ibamos sacando brillo a cada pieza de nuestro mosaico.

Tony y yo enfocamos de modo muy distinto *El príncipe de la ciudad*. Ya dije que la luz variaba gradualmente, desde una intensidad mayor al fondo a un equilibrio entre fondo y primer plano, hasta llegar, en el último tercio del film, a la iluminación, únicamente, de lo situado en primer plano. La dirección artística tuvo, también, su propio arco de progresión. Al principio de la película, procuramos que el fondo estuviera lo más «lleno» posible. Exteriores en la calle, muchos automóviles, un montón de gente, luces de neón («cuchos fritos»[1] era nuestra favorita). Si la escena transcurría en una oficina, las paredes estaban cubiertas de tablones de anuncios y

---

[1] En español en el original. *(N. del T.)*

diplomas, de banderas federales y locales. Llenamos los juzgados de gente a la que no dimos ninguna instrucción especial sobre cómo debían vestir. Pero a medida que la película progresaba, tensamos las restricciones visuales. Había espectadores en los juicios, pero llevaban ropa negra o azul oscura, las paredes tenían pocos elementos decorativos, las calles se encontraban más vacías. Y en el último tercio de película, los escenarios, al igual que el protagonista, se quedaban desnudos: nada en las paredes, nada de espectadores, sólo los asientos de madera vacíos. De modo sutil, este enfoque ayudó a reforzar el creciente aislamiento de Ciello, la pérdida del contacto humano a medida que entrega a cada uno de sus compañeros.

En la última escena de la película, Danny Ciello se dirige a la ceremonia de graduación de la Academia de Policía. La localización escogida era un aula en forma de anfiteatro. Gracias a la disposición de las gradas, los rostros del público aparecen visibles. Algunos llevan camisa azul de policía, otros chaquetas deportivas, y había algunos vestidos entre las mujeres policía. Danny Ciello había regresado para enfrentarse con las consecuencias de sus actos: un enfrentamiento entre él mismo y una nueva clase de personal para la policía, la misma gente a la que él había destrozado.

El príncipe de la ciudad tuvo más de 125 localizaciones, interiores y exteriores. Su selección fue crítica para el diseño visual de la película.

Muchos años antes, había aprendido mucho en Roma junto a Carlo Di Palma, el genial director de fotografía italiano. Entonces necesitaba ayuda con el uso del color. Carlo me dio una lección vital. Cuando estábamos escogiendo localizaciones en Roma. dijo que el secreto residía en acertar con el sitio perfecto para empezar la película, y a partir de ahí moverse lo *menos* posible. Puestos a escoger entre dos exteriores o interiores igualmente buenos, escoge el que tenga, ya, el color deseado, el que conlleva menos alteración por el uso de la luz. Píntalo si hace falta, pero trata de dar con lugares lo más cerca posible del aspecto final que deseas que tengan. Suena elemental, pero significó para mí un modo completamente nuevo de abordar la cuestión, y me sirvió más tarde para *El príncipe de la ciudad*. Carlo admite que encontrar localizaciones perfectas no siempre es posible. Algunas veces no es la época del año adecuada, o te deniegan un permiso. La logística puede convertir un lugar en inservible, o bien puede ocurrir que no esté disponible cuando el calendario del rodaje lo exige. Él me confesó, bastante avergonzado, que una vez pintó el césped de un verde más intenso que el original para una película que hizo con Antonioni. Pero era, me dijo, la excepción.

Un resultado lógico de una selección cuidadosa de localizaciones es que, a menudo, la paleta de colores de una película evoluciona. *Veredicto final* trata de un hombre atrapado por su pasado. Ed Pisoni, un antiguo ayudante de Tony, era el director artístico. Le dije que sólo usaríamos colores otoñales, que hablaran del paso del tiempo. Esa elección eliminaba automáticamente el azul, rosa, verde pálido y amarillo claro. Buscábamos marrones, castaños, amarillos oscuros, naranjas quemados, rojos borgoña: colores otoñales. Los decorados en estudio se hicieron con esas tonalidades. Si llegábamos a la localización y nos topábamos con un color no deseado, pedíamos permiso para cambiarlo.

Phil Rosenberg es un director artístico estupendo, y he trabajado con él en muchas ocasiones. En *Buscando a Greta*, una historia ligera y ágil, Phil y yo decidimos utilizar la paleta Necco Wafers. El encanto es un componente esencial de la película. Para el lector demasiado joven: Necco Wafers era una deliciosa golosina para chavales. Dentro de un paquete había unos veinticinco barquillos con distintos tonos pastel: verde, rosa, tostado, acuoso, blanco, muy claritos. Me recuerdan a los pueblecitos costeros del Mediterráneo, donde encuentras un tono pastel detrás de otro.

En *Daniel*, la paleta era crítica. Cada color utilizado con los padres debía ser compatible con el uso forzado del 85, que daba a sus escenas la atmósfera dorada y cálida deseada. Las escenas con los hijos adultos debían permitir colocar el énfasis en el azul, la atmósfera fría. Un marrón oscuro habría destrozado el tono buscado para las escenas de los hijos adultos; lo mismo habría sucedido con un azul en las escenas de los padres. En *A la mañana siguiente*, queríamos ampliar la presencia de colores fuertes. Ningún color se excluyó, pero la idea era que un color dominara cada escena. Las habitaciones de Jane Fonda tenían varios tonos rosados. En el capítulo dedicado a la fotografía, hablamos del uso de los filtros para realzar el color del cielo. Cuando vimos el cielo naranja en las proyecciones diarias del material rodado, chocaba mucho. Así que pensamos que quizá fuera necesario preparar al público para lo que iba a ver. De modo que situamos la escena previa —que, por suerte, aún no habíamos filmado—en la terraza de un restaurante de comida rápida. Pedí que pusieran sombrillas naranjas en las mesas de modo que la misma luz ambiente de la escena adquiriera tonalidad naranja. Para la secuencia de los títulos de crédito, encontré una serie de paredes, amarillas, rojas, marrones, azules; lo único que hice fue que Fonda pasara, abatida, delante de ellas. Los edificios eran azul oscuro, rosa chillón, cualquier color fuerte. Los Angeles es un lugar increíble a la hora de buscar cualquier tipo de decorado.

En otras película he organizado una especie de pupurri. En *Distrito 34 corrupción total* y *Tarde de perros* todo debía parecer casual, como si no hubiera ninguna planificación o control del color. En ambas películas pedí al director artístico y al diseñador de vestuario que no se consultaran entre sí. No deseaba ningún tipo de conexión entre los decorados y el vestuario. Lo que tenga que ocurrir, que ocurra.

Algunas veces, más que seleccionar una paleta de colores, he escogido un estilo arquitectónico. En *Veredicto final*, usamos simultáneamente unos colores prefijados y una arquitectura antigua. No se ve ningún edificio moderno en la película. Al contrario, en *El abogado del diablo* quería todos los edificios modernos que pudiéramos encontrar. Por suerte estábamos rodando en Toronto, que tiene una arquitectura moderna soberbia. Así que en cuestión casi de segundos Phil Rosenberg había encontrado localizaciones suficientes para que pudiéramos escoger.

Hoy en día la mayoría de los directores de fotografía son tan buenos que es difícil adivinar si una escena se ha rodado en localización o en estudio. Yo tomo la decisión de hacerlo de una u otra forma teniendo en cuenta dos factores. Una es el coste. Como regla general, si voy a tardar más de dos días en rodar la escena, construyo el escenario en estudio. Usualmente resulta más económico, ya que trasladar personas y equipo a una localización cuesta dinero. Naturalmente si el escenario es sofisticado o tiene detalles muy costosos, puede que sea más barato rodar en localización incluso si lleva más de dos días hacerlo. Un segundo factor se refiere a si necesitamos o no «paredes locas» (paredes de poner y quitar). Algunas veces la escena exige complejos movimientos de cámara o, debido a que usamos teleobjetivos, una distancia suficiente. En ese caso tienes que rodar en plató.

Tarde de perros presentaba una dificultad. Ya que gran parte de la acción transcurre dentro de un banco, habría sido más sencillo recrearlo en estudio. Pero algo me decía que sería mejor, para la escenificación y la fotografía, poder movernos libremente de la calle al banco y viceversa. Así que llegamos a la solución perfecta. Descubrimos una calle excelente, que tenía un almacén en un piso bajo, libre para alquilar. De modo que construimos el banco dentro del almacén: teníamos «paredes locas» y a la vez podíamos acceder las veinticuatro horas del día del banco a la calle.

No sólo se trata de localización *versus* estudio. Localización *versus* localización también puede suponer una diferencia apreciable en el coste de la película. Yo siempre procuro que las localizaciones estén lo más cerca posible unas de otras. La razón es muy sencilla. Si termino el trabajo en una localización, exterior o interior, a las once de la mañana, trasladarme a una segunda en un par de horas puede suponer el ahorro de mucho dinero. Podemos al menos empezar a iluminar y puede que incluso lleguemos a rodar algo.

En *El príncipe de la ciudad* localizamos un edificio extraordinario en el bajo Manhattan: la antigua Oficina de Aduanas. Tiene cinco pisos y un patio interior, y ocupa un bloque completo de casas. Estaba vacío y sin usar en la época en que rodamos. La arquitectura del edificio era asombrosa. En la planta baja teníamos alturas de más de cinco metros, revestimiento de madera en las paredes, repisas y techos bellamente esculpidos, ventanas de unos tres metros, paneles y enlosado en el suelo. Al ir subiendo, los pisos se hacían más pequeños y sencillos —techos más bajos, menos motivos ornamentales— hasta llegar a las habitaciones de arriba, que eran poco más que una serie de cuartos trasteros. Fuimos capaces de usar un solo edificio para casi todas las escenas de la película. Y necesitábamos muchas oficinas, que nos llevaban de un lado a otro entre Washington y Nueva York: oficinas federales, locales y estatales, despachos de policías con competencias muy diversas. Cada oficina ofrecía una vista distinta al exterior desde sus ventanas ya que estábamos en un edificio con cuatro fachadas. Además, el patio interior proporcionaba a las ventanas de las oficinas que daban a él un nuevo juego de vistas. La habilitación de doce oficinas en el mismo edificio nos ahorró casi seguro cuatro días de rodaje. Y eso es un montón de dinero.

Algunas veces un concepto escénico se pierde en su ejecución. En *El mago* tenía la idea de que la realidad podía transformarse en fantasía urbana. Usaríamos localizaciones reales, pero tratadas de modo que se convirtieran en un mundo fantástico de verdad. Pero el desengaño se produjo en nuestra primera incursión para buscar localizaciones. Mi idea era que el León Cobarde fuera descubierto —¿dónde sino?— en la Biblioteca Pública de Nueva York, en la esquina de la Calle 42 con la Quinta Avenida. Tony Walton, Albert Whitlock y yo permanecimos en medio de la calle, mirando el edificio, durante cuatro horas. Whitlock es uno de los principales directores de fotografía de la industria de fondos pintados y efectos especiales. Era un maestro en combinar fondos de vidrio pintados con acción real en primer plano. «Albert», le pregunté, «cuando se abra una puerta, ¿podría verse el cielo detrás en vez del interior del edificio?». La respuesta fue «no». Albert consideraba imposible cada una de las ideas que tenía para fantasear con el edificio Me descorazoné poco a poco, hasta que al final decidimos construir el decorado en estudio. Lo que originalmente estaba concebido como un film de localizaciones fue acumulando fragmentos para rodar en plató. La fantasía se impuso hasta tal grado que la cualidad urbana se perdió. La secuencia más cara debía rodarse en el World Trade Center. Nunca se nos ocurrió pensar en lo fuerte que era el viento entre las dos torres. Formaban una especie de embudo natural. En la secuencia era muy importante que los sombreros de los modelos, hombres y mujeres, estuvieran colocados de una forma determinada. Pero los sombreros no se quedaban en su sitio por culpa del viento. Los alfileres no servían. Ni los lazos alrededor de la cabeza por detrás. Al final sujetamos los sombreros pasando los lazos por debajo de la barbilla. Los sombreros no se movían, pero el *look* se echó a perder. Desde lo más grande a lo más pequeño, veía que el concepto entero se iba a la porra. Y yo tenía la culpa. Simplemente no sabía lo suficiente de los aspectos técnicos para dominar los distintos departamentos, que estaban funcionando cada uno por su cuenta. Notaba físicamente que la aproximación visual se me escurría de las manos, como el agua entre los dedos. Sucede.

Hablar de la dirección artística en las películas en blanco y negro es hablar de algo casi en vías de extinción. Pero estuvo bien mientras duró. El trabajo de Dick Sylbert en *El prestamista* fue soberbio. Es una película sobre cómo uno se crea sus prisiones particulares. Empezando sólo por la tienda de préstamos, diré que Dick creó una serie de jaulas: redes metálicas, barrotes, cerrojos, alarmas, todo lo que pudiera reforzar la idea de confinamiento. Las localizaciones las escogimos con la misma idea. Los espacios supuestamente abiertos de los suburbios al inicio de la película estaban interrumpidos por vallas que delimitaban con claridad la fachada de 40 metros de cada casa. Para la escena crucial en que Rod Steiger confiesa a Geraldine Firzgerald que se siente culpable de seguir vivo, encontramos un apartamento en el West Side de Manhattan que daba a las cocheras del ferrocarril de la Estación Central de Nueva York. A lo largo de toda la escena podías ver y oír cómo los vagones de mercancías cambiaban de vía. Este tipo de corroboración visual y sonora en el contexto de la escena no tiene precio.

La acción principal de *Piel de serpiente*, también diseñada por Sylbert, tiene lugar en un almacén de artículos de mercería. Hablamos de colocar a contraluz a Brando en la medida de lo posible, con el fondo perfectamente en orden. Dick concibió el almacén con su segundo piso de color crema. Así, al bajar la cámara, casi siempre teníamos a Brando encuadrado ante un fondo más claro.

Estos detalles pueden parecer pequeños, pero constituyen un valor añadido. Son una parte necesaria de la unidad que toda producción exige. El color es muy subjetivo. Azul o rojo pueden significar cosas totalmente diferentes para ti o para mí. Pero mientras mi interpretación del color sea consistente, eventualmente acabarás dándote cuenta (de modo subconsciente, espero) de cómo y para qué uso el color.

Una gran parte de la dirección artística y del diseño de vestuario afecta a la interpretación. Cuando Kate Hepburn se paseaba por el *set* del salón de *Larga jornada hacia la noche*, sonrió y dijo, «Aquí hay algo estupendo para discutir. ¿Cuál es mi silla? Todas las personas desarrollan siempre una afinidad por su propia silla.». Tenía toda la razón. Le dije, «La mecedora es tuya». Nos habíamos anticipado a esa pregunta. Junto a la mecedora que ella debía ocupar había ya colocadas varias revistas femeninas de la época y la labor a la que su personaje apenas había dedicado tiempo. Me acuerdo de haber tenido un encargado de *atrezzo* estupendo, que siempre tenía preparadas las cartas que los personajes recibían supuestamente en sus casas, con su nombre y dirección. Los papeles que ocupaban el escritorio del personaje eran específicos de su profesión y forma de ser. Cuando el actor abría un portafolios en una escena que transcurría en una sala de conferencias, los papeles tenían que ver con el tema del que iba a hablar el personaje. Estas cosas contribuyen a la concentración del actor de un modo difícil de medir. Les introducen en un mundo real, un mundo que existe más allá de la página escrita del guión. En *Una extraña entre nosotros*, la Judaica de la casa del rabino era tan rica que tuvimos un guardia jurado en el plató para cuando no la usábamos.

Pocas cosas ayudan más al actor que la ropa que viste. Ann Roth es una diseñadora de vestuario asombrosa. Puede tomar entre sus manos la ropa más corriente, y convertirla en algo que aporta peso específico al actor y a la película. En *Negocios de familia*, Sean Connery vino una vez al ensayo después de haber estado con Ann haciendo pruebas de vestuario. Parecía contento. Le pregunté cómo había ido la cosa. «Ann es alucinante», dijo. «Ahora me ha dado al fin el personaje entero.» Es el mejor cumplido que puede pronunciar un actor. Equivale a decir, «Todos estamos en la misma película».

7. EL RODAJE DE LA PELÍCULA
¡Por fin!

Escenarios, vestuario, cómo usar la cámara, guión, reparto, ensayos, calendario de rodaje, financiación, liquidez, seguros, localizaciones, escenarios de cobertura[1] (interiores para rodar en caso de que las condiciones meteorológicas no permitan hacerlo en el exterior), peluquería, maquillaje, pruebas, compositor musical, montador, editor de sonido, todo está decidido. Ahora vamos a rodar la película. Por fin.

Mi despertador está a punto de sonar a las siete de la mañana. A las ocho vendrán a recogerme, así que dispongo de una hora para el café y el bollo, *The New York Times* y la mentalización que requiere un día de trabajo. A estas alturas mi cuerpo está tan disciplinado que me he despertado cinco minutos antes de sonar el despertador. Me pongo el batín y salgo de puntillas del dormitorio. He dejado en la habitación de al lado los vaqueros, la camisa, los calcetines y las zapatillas para no molestar a mi mujer. Mientras tomo el café, ojeo

---

[1] Así he traducido la expresión *cover set*, más usada en el ámbito profesional del mundo del cine, también en España *(N. del T.)*

112

la portada del diario. Mi objetivo es llegar lo antes posible al crucigrama, de modo que pueda despejar la cabeza y comenzar el día fresco como una rosa. Una segunda taza de café y estoy listo para abrir el guión y echar un vistazo a la escena o escenas programadas para hoy.

Junto a esa página del guión tengo el orden del día. Estoy rodando una película titulada *Una extraña entre nosotros* (originalmente se llamó *Cerca del paraíso*). Trata de una detective que se introduce de incógnito en una comunidad Hasidic en busca de un asesino. Melanie Griffith da vida a la detective. El asesinato tuvo lugar en el Diamond Center, un área de varias manzanas neoyorquinas donde trabajan muchos Hasidim. Aunque uso esta película a modo de ejemplo, la forma de proceder que describo en las siguientes páginas es válida para la mayor parte de las películas que he hecho.

El orden del día es nuestra biblia. Allí viene lo que toca rodar ese día. Si no está en el orden del día, es que no hace falta. He numerado las distintas secciones para que las referencias sean más fáciles de seguir.

TÍTULO CERCA DEL PARAÍSO   FECHA MARTES 22/10/91
DIRECTOR SIDNEY LUMET   HOJA DE CONVOCATORIA   DÍA DE RODAJE# 22
AY DIR HARRIS/PENOTTI/SMITH (718) 555 – 1234   CONVOC EQUIPO 8 30 a.m
                                                          CONVOC PARA RODAJE 9 00 a.m

[1]

DESCRIPCIÓN DEL SET	ESCENAS	PERSONAJES	PÁGS	LOCALIZACION
SI NO SE ACABÓ				KAUFMAN ASTORIA
INT-DISTR DIAMANTE-D	64	1, 2, 4, 5, 9	4/8	ESTUDIOS
"EMILY ACUDE A C D "				CALLE 36, 34-12
				ASTORIA, NY
LUEGO				ESTUDIO E
INT-DISTR DIAMANTE-D	58	1, 2, 4, 5, 9, 15, 16	3-1/8	
"CHARLA CON LOS DE				
SEGURIDAD"				
EMPEZAR				
INT-DISTR DIAMANTE-D	86, 88	1, 2, 4, 5, 9, 15, 16	4-3/8	
"C D / CON LOS BUST"				

** VISIONADO @ 5 30 p m **

[2]

ACTORES		PERSONAJE	R	M	E
1	Melanie Griffith	Emily	R @ 7 00 a m	7 30 a m	9 00 a m
2	Eric Thal	Ariel	R @ 6 30 a m	7 00 a m	9 00 a m
4	Mia Sara	Leah	R @ 7 30 a m	8 00 a m	9 00 a m
5	Tracy Pollan	Mara	R @ 7 30 a m.	8 00 a m	9 00 a m
9	Ro'ee Levi	Mendel	HLL @ 7 30 a m.	7 30 a m	9 00 a m
15	James Gandolfini	Tony Bald	HLL @ 7 15 a m	7 15 a m	9 00 a m
16	Chris Collins	C Bald	HLL @ 7 15 a m	7 15 a m	9 00 a m

[3]

113

DOBLES DE LUZ Y EXTRAS	ATREZZO E INSTRUCCIONES ESPECIALES
DOBLES DE LUZ # 1, 2, 4, 5 HLL @ 8 15 a m	DINERO, RELOJ PATEK, "LORO".
	CHAQUETA
	JOYAS, LIBRO DE RECIBOS, PLACA DE
55 F HLL @ 7 30 a m	EMILY, PISTOLA DE EMILY, TRANSMISOR,
A INCLUIR	SOBRE DE DINERO
25 – "NÚCLEOS" CAMBIOS W/2	
(LLAMADOS DE NUEVO)	

[4]

CONVOC EQUIPO 8 30 a.m		
DIRECTOR R @ 8 00 a m	SONIDO 8 30 a m	ESCENARIOS 8 30 a m
AY DIR 7 00 a m / 8 30 a m	PEONES 8 30 a m	MAQUILLAJE 7 00 a m
SCRIPT 8 30 a m	AUXILIARES 8 30 a m	PELUQUERÍA 7 00 a m
CÁMARA 8 30 a m	ELÉCTRICOS 8 30 a m	VESTUARIO 7 00 a m
FOTO FIJA 9 00 a m	CARP Por el Constructor Jefe	CAFÉ Y 7 00 a m
APs Por J Penotti	DEC Por el Constructor Jefe	ALMUERZO -
ESPECIALISTAS O/C	FX O/C	VÍDEO -
[5]		

ADELANTO DE CALENDARIO		TRANSPORTE
MIÉRCOLES 23/10/91		Por T Reilly / J Nugent
COMPLETO		R S Lumet @ 8 00 a m
INT-DISTR DIAMANTE-D	ESC 86, 88	R M Griffith @ 7 00 a m
LUEGO		R E Thal @ 6 30 a m
EXT-COCHE DE LEVINE	ESC 82	R M Sara @ 7 30 a m
EXT-COCHE DE LEVINE (OTRA VEZ)	ESC 106	R T Pollan @ 7 30 a m
JUEVES 24/10/91		
(CONVOCATORIA MÁS TARDE PARA COLOCAR		SIGUE EL ADELANTO DE
LUCES)		CALENDARIO
INT-DISTR DIAMANTE-D	ESC 90, 92	
VIERNES 25/10/91		
SI NO SE ACABARON	ESC 82, 106	
INT-HABITACIÓN DE LEAH-D	ESC 38. 34ª	

[6]

La sección 1 habla por sí sola, excepto quizá en la expresión «Día de rodaje #22», que significa que es nuestro vigésimo segundo día de rodaje. La «Convocatoria del equipo» justo debajo se refiere a que el equipo debe estar listo para trabajar a las 8:30 a.m. La «Convocatoria de rodaje» de la las 9:00 a.m. significa que Andrzej tiene una media hora para iluminar antes de que estemos listos para trabajar con los actores.

Sección 2: La «Descripción de escenarios» comienza con «Interior — Diamond Center — D.» «D» significa «Día». (Si fuera una escena nocturna, pondría «N».) Sigue una breve descripción del contenido de la escena. A continuación viene el número de la escena. En el gran tablón con el calendario de rodaje, preparado antes de que comencemos a filmar, cada escena está numerada, de acuerdo con los números asignados

114

en el guión de rodaje definitivo. Los números son consecutivos. (Una escena larga puede constar de varios números.) A continuación están los números de los personajes, provenientes también del tablón de rodaje, una referencia rápida de los actores que tienen que trabajar ese día concreto. (Los números reaparecerán en la sección 3.) A continuación viene el número de cuántas páginas se ruedan. Los guiones de rodaje se dividen en octavos de página. Generalmente, uno procura rodar tres páginas al día. Cuarenta días es el tiempo que suele llevar hacer un guión de 120 páginas, la extensión de una película sencilla. Las películas con efectos especiales complicados, escenas de batallas, secuencias arriesgadas con especialistas o de multitudes, llevan habitualmente mucho más tiempo. «Localización» está más que claro: rodamos en estudio.

La sección 3 comienza con el número del personaje, el nombre del actor y el de su personaje. «R» significa «Recoger». Es la hora en que el chófer recoge al actor en su casa. Debajo se puede leer «HLL», es decir, «Hora de Llegada». Estos actores no tienen chófer y deben arreglárselas para llegar al estudio por sus propios medios. «M» significa «Maquillaje», la hora en que el actor debe estar en la sala de maquillaje. «E» significa «En Escena», la hora en que deben estar en el plató vestidos y maquillados, listos para actuar.

La sección 4 comienza con los dobles de luz. Sustituyen a los actores cuando los técnicos están iluminando. Debajo de ellos pone «55 F HLL 7:30 a.m» significa que 55 figurantes (la palabra amable con que se designa a los extras) deben estar en el estudio a las 7:30 a.m. El ayudante de dirección les pasa revista cuando llegan, asegurándose de que la ropa que llevan es la adecuada; tras un momento para tomar un café deben colocarse a las 8:30 en su sitio para empezar a iluminar. Los que aportan su ropa cobran un extra. El escenario representa una tienda de compraventa de joyas, con muchos mostradores. Por ese motivo los 55 extras se han repartido en «25 núcleos». Van a interpretar a los dependientes que están tras los mostradores y a treinta clientes. «Cambios W/2» señala que deben cambiar de ropa por otra que habrán traído consigo. Abundando en los números de las escenas, aquí uno puede observar que hay tres diferentes. Las escenas transcurren en días diferentes; de ahí el cambio de vestuario. «Llamados de nuevo» indica que estos figurantes deberían ser los mismos que trabajaron el día anterior. Si todo marcha según lo previsto y rodamos más de una escena, los clientes también se cambiarán de ropa. Los clientes en primer plano de la escena 64 se colocarán al fondo para la escena 58. «*Atrezzo* e instrucciones especiales» proporciona una lista de todos los objetos necesarios para la acción específica de la escena. Se sobreentiende que aquí no se incluyen los objetos de *atrezzo* propios del decorado.

La sección 5 consiste en un listado de las horas de recogida, o bien de las horas a las que deben llegar los miembros del equipo, excluidos los actores. «Foto fija» alude al fotógrafo que toma instantáneas de esos planos tan excitantes que se ven en los pósters de las salas de cine. «AP» es una abreviatura de ayudante de producción. Los APs son los chicos para todo de las películas, gente que trabaja duro, estudiantes de cine malpagados o parientes del productor que quieren saber cómo es eso del cine. Los buenos APs son una bendición del cielo y pueden sindicarse después de trabajar en varias películas. Luego están los «peones» que mueven las cosas de un lugar a otro. Con «Carp» y «Dec» se designa a los carpinteros y decoradores que trabajan para poner en pie los escenarios que se construyen en el mismo plató. «Por el Constructor Jefe» señala que recibirán las órdenes del constructor jefe, Dick Reseigne «Especialistas: O/C» y «FX: O/C» significa que ese día los especialistas en escenas arriesgadas y los del equipo de efectos especiales libran. Nótese que el «Café y...» debe estar listo a primera hora.

La sección 6, una vez más, habla por sí sola. Se repiten las horas de recogida bajo el encabezamiento «Transporte» para que los choferes se enteren bien. Podrían confundirse si tuvieran que leer demasiado.

Salgo por la puerta con cinco minutos de antelación. La furgoneta me aguarda. Burtt Harris, el ayudante de dirección, está repantingado en el asiento de atrás, con un termo de café en la mano y los ojos cerrados. A dos manzanas puedo ver a Andrzej pedaleando con furia en dirección nuestra. Vive en un barco en el río Hudson y viene en bicicleta a mi casa todas las mañanas. Me preocupo por él todo el rato, sobre todo si hace mal tiempo. Una vez tuve que reemplazar al director de fotografía durante un rodaje. Fue una pesadilla. Un abrazo a Andrzej y un gruñido a Burtt. Me acomodo en el asiento delantero. Andrzej mete su bicicleta en la parte de atrás y nos vamos.

Me gusta ir al trabajo con el AD y el director de fotografía. Cualquiera de nosotros puede haber caído en la cuenta de algo que habíamos pasado por alto. O un nuevo problema puede haber surgido. Quizá Melanie llamó a Burtt por la noche para decirle que estaba a punto de pillar un catarro. ¿Podríamos rodar otras escenas mientras su voz se aclara un poco? O puede que Andrzej nos informe del problema con que topó su equipo la noche pasada mientras las pasaban canutas preparando la iluminación. Necesitará media hora adicional. (Odio eso. Me gusta que los actores empiecen a trabajar puntuales, en torno a la hora en que se les pide estar «En escena».) Este tipo de problemas se presenta siempre. No son demasiado graves.

El camino al estudio transcurre tranquilo y sin incidentes. Andrzej lee el periódico, Burtt dormita y yo estudio el guión y pienso. El chófer sabe que no me gusta la conversación o que ponga la radio. Lo que tenemos entre manos importa. Requiere concentración. La noche pasada se me ocurrió un movimiento de cámara para el discurso de Eric. Eso significa que cuando haga el contraplano de Melanie voy a necesitar que se monte otra pared. Se lo digo a Burtt. Farfulla «Está hecho», y sé que así será.

Nos acercamos al estudio. Un AP aguarda fuera en la puerta. Dice por su walkie-talkie «Ha llegado Sidney». Repite la misma operación con todo el personal esencial. No queremos tardar diez minutos en enterarnos de que alguien se va a retrasar.

Andrzej va derecho a por su café. Burtt va a la sala de sonido y yo me dirijo a maquillaje para dar los buenos días a los actores. Generalmente se trata de un saludo rápido en los camerinos. Puede que comente que la proyección de lo que rodamos ayer tenía buena pinta, pero no lo hago necesariamente. No quiero que los actores esperen de modo automático mis alabanzas. Tienen que confiar en mí, y prodigar las alabanzas puede destruir su sentido.

A las 8:25 estoy en el plató. No sé lo que harán otros directores, pero yo muy rara vez dejo el *set* mientras se prepara la iluminación. En primer lugar, porque no hay otro lugar donde vaya a estar mejor. Y segundo, me gusta observar cómo el director de fotografía aborda el problema. Cada uno lo hace de una manera. Mi presencia es, además, estimulante para el equipo. Trabajan más concienzudamente. ¿Va a trabajar el operador de cámara con el que maneja la *dolly*? Debería hacerlo. ¿Tiene el foquista sus marcas (las distancias entre el objetivo y los actores)? Algunas veces, cuando trabajamos con un diafragma muy abierto, tiene que marcar las distancias en el suelo con tiza. ¿Qué tal lo hace el eléctrico con las banderas y los difusores? Una bandera es una tabla o listón opacos que corta la luz no deseada por el director de fotografía. El difusor reduce la cantidad de luz. Cada bandera o difusor se mantiene en su sitio gracias a un trípode con varias abrazaderas que pueden doblarse en cualquier dirección: el accesorio allí colocado modifica así la luz del modo previsto. Cada trípode requiere un saco de arena para que no acabe en el suelo si alguien tropieza con él. Y *todo el mundo* tropieza con él. El detalle completo de cómo se ilumina un plató es un verdadero rompecabezas. Por eso lleva tanto tiempo.

Los dobles de luz visten con ropa del mismo color que la que luego llevan los actores en escena. Si al doble de luz se le ocurriera presentarse con una chaqueta oscura y luego resultara que el actor lleva una camisa blanca, habría que iluminar de nuevo. Eso significa tiempo. Y el tiempo es oro.

Mientras, Burtt y el segundo AD están colocando a los extras. «Tú, aquí quieto», «Tú cruzas por aquí». Trabajan con el

118

mayor silencio posible, porque Andrzej no para de dar instrucciones de iluminación a los eléctricos. Andrzej se vuelve al tercer AD y le dice, «Quince minutos». Entonces el tercer AD se va corriendo a anunciar a los actores que les necesitaremos dentro de quince minutos.

El trabajo de bloqueo de los extras puede llegar a ser crítico. A menudo el realismo que se busca en la escena puede irse a la porra por una mala coreografía. Seguro que lo has visto cientos de veces. ¡La estrella se sale de lo que parecía la sala de un tribunal! ¡El micrófono casi le está golpeando en la cara! ¡La cámara ha empezado a temblar! ¿Pero cuál es el colmo del caos? Que no haya ninguna persona que se cruce entre la estrella y una segunda cámara para que ésta quede oculta. O que alguien se ponga delante de esa segunda cámara para taparla, pero que sea demasiado bajito. ¡Puaj!

Tarde de perros ha sido mi película más complicada en lo relativo a trabajar con una multitud. Cada día, y durante tres semanas, teníamos un mínimo de quinientos extras. Antes de empezar, Burtt y yo los subdividimos para lograr personajes individuales: dieciséis eran unos cotillas metomentodos, que a su vez volvimos a subdividir aún más: «Vosotros dos os conocéis, y vosotros cuatro odiáis a esos dos porque son rematadamente buenos jugando al *mah-jong*[2]». Estos seis adolescentes hacen novillos. Estos cuatro llegan tarde al cine y prefieren quedarse a ver el *show* en torno al banco. Hicimos un gigantesco diagrama de todo el área, y señalamos cómo debía llegar cada extra al lugar de los hechos. Situamos a un grupo de cuatro camioneros en una esquina determinada. Más tarde, cuando esa noche un grupo de dieciséis *gays* de Village pretende mostrar su apoyo al personaje de Pacino, los camioneros estaban en el sitio perfecto para iniciar una pelea. La pericia con que los extras fueron dirigidos en *La lista de Schindler* fue vital para la brillantez de esa película. No hay decisión pequeña cuando se hace una película.

---

[2] Juego de mesa de origen chino, en el que se roban y descartan fichas hasta que se logra una combinación ganadora. *(N. del T.)*

Cuando al fin empezamos a rodar *Tarde de perros*, hablé a los extras durante más de una hora desde lo alto de una escalera. Expliqué con detalle a los individuos concretos que estaban interpretando. Sabiendo que era del todo imposible mantener apartada del rodaje a la gente que vivía en los alrededores, procuramos que los extras involucraran a los vecinos en las diferentes situaciones. Logramos tal grado de participación que, avanzada la segunda semana de rodaje, no habíamos tenido que decir a nadie cómo debía reaccionar en los planos. Hicieron simplemente lo que les salió de modo natural, y fue perfecto.

Una de las razones por las que prefiero rodar en Nueva York es que los extras son actores auténticos. Son miembros del Sindicato de Actores, y muchos actúan en el *on* y el *off* Broadway. Bastantes se han abierto así camino hasta lograr papeles con diálogo. En Los Angeles, los figurantes pertenecen al Sindicato de Extras, un sindicato especial para gente que lo único que hace es trabajar como extra. A menudo no saben siquiera en qué película están trabajando. Vienen de todo el país, se rasuran sus cabezas y se visten como Minnie Pearl o Minnie Mouse —poniendo el acento en la característica física que creen que puede ser decisiva para lograr un contrato—, con la única intención de tener un trabajo cómodo, de 180 días al año. Si consiguen trabajo para un plano con menos de cinco extras, la cosa es «especial» y su salario experimenta un ligero incremento ese día. Si tienen ropa para salir, deberá constar en su currículum; y recibirán una prima por usar esmoquin o un traje de noche. En este caso se les llama «extras con vestuario». Es muy deprimente.

Puedes notar que la hora de rodar está cerca. La gente de maquillaje y peluquería de la estrella ha llegado al *set*, lenta y lánguidamente, con sus potingues de maquillaje, kleenex, cepillos y peines. Si lo que digo suena un poquito peyorativo, es porque bastante a menudo estas personas no están haciendo realmente «la misma película» que el resto de nosotros. Su primera obligación es velar por el *look* de las estrellas. Y se preocupan hasta la obsesión, miman a sus protegidos y se hacen, aparentemente, indispensables. De modo que algunas estrellas se vuelven gilipollas por culpa de ellos. Después de todo, si una estrella hace tres películas al año, la persona de maquillaje trabajará unas treinta y seis semanas. Y como sus honorarios son una parte de los beneficios de la estrella, resultan unos sueldos de escándalo: ¿4.000 dólares semanales por treinta y seis semanas? No está mal. Y aún les quedan dieciséis semanas libres para irse a Acapulco.

La llegada del personal de maquillaje y peluquería es una señal inequívoca para que el departamento de sonido coloque micrófonos a los actores, si es necesario. En un *set* amplio, el micrófono colgado de una pértiga puede que no alcance a los actores. En tal caso puede colocarse un minúsculo micrófono en algún sitio en el pecho. El micrófono tiene un cable que llega hasta un transmisor oculto en la ropa del actor. Una mujer que lleve la ropa ceñida, puede tener que atarlo al muslo con una correa, por debajo.

Durante la toma el transmisor está encendido y envía una señal de radio que permite grabar el diálogo al técnico de sonido, gracias al receptor. De vez en cuando una toma se va a la porra porque dos conductores paquistaníes pasaban delante del estudio en automóvil, charlando animadamente por radio; y grabamos la interferencia de su conversación.

Andrzej está listo. Los actores están en escena. El AD grita «¡Silencio!» Un timbre agudo que asustaría al bombero más pintado suena tres veces, en el escenario y alrededores. Hacemos un primer ensayo. «No funciona», digo a los actores. «Mirad, lo único que tenéis que hacer es moveros como lo haríais si estuviéramos rodando, y hablar en el tono que usaréis luego, para que tengan una referencia los de sonido.»

No quiero que los actores empleen sus emociones en vano. Tienen por delante una larga jornada, y deseo que se guarden sus emociones para el momento de la toma. Después del primer ensayo siempre surgen cuestiones que hay que decidir. Hasta este momento todas las decisiones de iluminación se hicieron con el «equipo reserva» (los dobles de luz). Ahora, con el «equipo titular» (los actores mismos), hay que hacer algunas correcciones. Esto es normal, y ninguno de los actores le concede más importancia. Entonces, debido a que el actor se mueve de modo distinto a como lo hace el doble de luz, el movimiento de cámara se ajusta. Las características físicas, y por tanto variables, de los actores, pueden requerir algún cambio adicional. Sean Connery mide un metro noventa. Dustin Hoffman no. Tener a ambos actores bien iluminados en un plano de dos presenta algunos problemas. Yo tiendo a rodar todo a la altura del ojo humano, pero, claro, me refiero a la altura de *mi* ojo. Y mi estatura coincide con la de Dustin (un metro setenta). Por ejemplo, si digo «Sean, dame un *Groucho*[3]», eso significa «debes comenzar a bajar tu cuerpo *antes* de sentarte». Pues cuando Sean viene hacia nosotros, la cámara tiene que girar para mantener su cabeza en cuadro. Y debido a su altura, eso puede significar que la cámara «vea» por encima de la altura del escenario, con el resultado de que entren en el plano los focos. Yo no quiero mover los focos después del trabajo que ha llevado colocarlos allí. Y a menos que desee colocar un techo por razones dramáticas, ésa no debería ser la solución. Entonces le pido a Sean que me dé «un *Groucho*». Casi todos los actores con experiencia pueden hacerlo sin perder la concentración. «Dame una *banana* suave cuando cruces, de izquierda a derecha» significa «Cuando cruces, describe con tus andares un ligero arco alejándote de la cámara». La razón, la misma por la que pido un *Groucho*. Si el actor no hace ese arco, nos salimos del *set*. La script puede susurrarme al oído: «Está cogiendo el vaso muy tarde». Cuando ayer rodamos el plano de hombros para arriba, el actor cogía el vaso al principio de su frase. Si ahora lo coge al final, más tarde me encontraré con un problema en la sala de montaje, cuando deba ensamblar el plano de ayer con el de hoy.

Estas consideraciones técnicas son más cuestiones de refinamiento que verdaderos problemas. La mayoría de los acto-

---

[3] Como sin duda el lector habrá adivinado, el nombre de este modo de hacer proviene del típico andar encorvado de Groucho Marx. *(N. del T.)*

res se acostumbran a ellas después de hacer hecho unas cuantas películas. Henry Fonda hilaba más fino aún que la script. En *Doce hombres sin piedad*, la estupenda Faith Hubley, que era la script, advirtió que el cigarrillo debía estar encendido en tal y cual frase. Fonda dijo que no, que era en la frase anterior. Acabamos rodándolo de las dos formas. Pero resultó que Henry tenía razón.

Andrzej ha ajustado la iluminación. Hemos concretado los *Grouchos* y las *bananas*. Si el plano supone un movimiento de cámara complejo, lo ensayamos todas las veces que hagan falta, hasta que el operador de cámara, el que mueve la *dolly* y el foquista estén cómodos. Resulta indispensable que el que mueve la *dolly* lo haga bien. No es sólo cuestión de poner la cámara en la posición correcta, «justo en la marca». Debe poderse ver y «sentir» al actor. A menudo, a lo largo de una toma, el *tempo* del actor cambia de modo drástico. Puede que vaya mucho más rápido, o mucho más lento, que en el ensayo. Y la cámara, obviamente, debe seguir su ritmo. La responsabilidad recae en el operario que mueve la *dolly*.

Durante los ensayos recuerdo todo el rato a los actores que no deben vaciarse, sino únicamente despejar todos los problemas técnicos. Como hemos ensayado con antelación en la Casa de Ucrania, los actores están bien preparados en lo que a interpretación se refiere. Muy a menudo la primera toma resulta buena. Muchos equipos de rodaje se plantean la primera toma como una especie de ensayo. Yo les quito esa idea de la cabeza el primer día de rodaje. Procuro que el primer plano que rodamos no suponga un gran esfuerzo de interpretación y que sea mecánicamente simple: por ejemplo, Dustin Hoffman bajando una calle hasta que entra en un edificio. Al acabar grito «¡Corta!» y le pregunto al operador de cámara, «¿Es buena por tu parte?». Él dice «Sí», y yo confirmo «¡Vale!», y pasamos al siguiente plano. Todo el mundo es consciente de que la Toma 1 se va a ver en 2.000 pantallas de todo el país estas Navidades. No se trata de ningún ensayo. Esto es de verdad.

Los problemas técnicos están resueltos. Estamos listos para hacer la toma. Pido a los de maquillaje que retoquen a los actores. Con rapidez. Quiero que los actores estén concentrados en la escena que van a hacer, no en su aspecto: es una de las cosas más difíciles de explicar a los de maquillaje y peluquería. Muchas veces, cuando estás a punto de rodar, aparecen con sus peines, cepillos y espejitos. Para algunos actores se trata sólo de una consideración técnica más, aunque he visto a otros pedirles que se vayan.

«¡Silencio!» Ahora, de verdad, el plató parece una tumba. «Motor.» El técnico de sonido pone en marcha la grabadora. Cuando alcanza la velocidad prevista, dice, «Está rodando». El operador pone en marcha la cámara, que empieza a adquirir velocidad. El segundo auxiliar de cámara coloca la claqueta delante de la cámara. En ella pone mi nombre, el de Andrzej, el del productor, el de la película, y (lo único importante) los números de la escena y de la toma. El auxiliar dice en voz alta «Escena sesenta y ocho, toma uno.» Y choca las dos piezas de la claqueta. Ambas suelen tener franjas diagonales. Cuando la claqueta golpea, se escucha un *clap* fuerte. De hecho, a la persona que hace esto se le llama en Inglaterra *claper boy*. La visión de las diagonales y el *clap* del audio proporcionan una referencia para la sincronización de imagen y sonido. Aunque cada uno va por su cuenta, el montador podrá sincronizarlos para las proyecciones diarias.

Algunas veces me interesa tanto la concentración del actor que pido claqueta al final de la toma. No quiero que ese *clap* seco le distraiga al empezar a rodar. Me parece que la claqueta final es muy útil si trabajas con actores de poca experiencia. Después de la claqueta, el operador me hace un gesto. Y entonces grito «¡Acción!». Como en las películas.

Es la hora de la verdad. Mi grito de «¡Acción!» lo dice todo. Acción externa. Interpretación. Manos a la obra. Actuar hace referencia a actividad, a hacer algo. Es, en su sentido más propio, un verbo.

Ya dije antes el poco control que tiene el director en algunas áreas vitales. Una es el manejo de la cámara. En otro capítulo me referí a Peter McDonald, el operador de *Asesinato en el Orient Express*. Peter es una especie de genio en su trabajo, también en los aspectos técnicos. El operador tiene dos ruedas para controlar el movimiento de la cámara. Una la mueve arriba y abajo, la otra lateralmente. Un buen operador puede mover la cámara perfectamente en línea recta, con un ángulo de 45 grados, desde una posición baja izquierda a otra superior derecha. Pero Peter es mucho más habilidoso que todo eso. El tío es capaz de pegar con cinta adhesiva una pluma estilográfica al objetivo de la cámara, de modo que sobresalga por delante. Luego te coloca una hoja de papel sostenida por una pinza, junto a la punta de la pluma. Y, moviendo la cámara, puede escribir tu nombre en el papel.

Pero no se trata sólo de que un técnico sea brillante. Muchos operadores lo son. Si un plano es complicado, el director de fotografía y yo podemos indicar al operador cómo es el encuadre al principio y al final. Podemos decirle cómo ha de moverse la cámara y las cosas que queremos que recoja («¡Que salga el vaso de vino de la mesa cuando pases ante él!»). Pero, en definitiva, el operador encuadra la película durante todo el tiempo que lleva la toma. Su sentido de la belleza y del ritmo, su sentido dramático, y su gusto por la composición; todo eso es crítico en la creatividad del plano. Su técnica ha de ser casi subconsciente; quiero que vea al actor, no las esquinas del encuadre. Es matemático; los mejores operadores de cámara te dan las mejores tomas cuando el actor te da su mejor interpretación. Suena romántico, pero forma parte de la mística de la realización cinematográfica. Y es, desde luego, cierto, en el caso de Peter. Su ojo era tan creativo que cuando me hacía alguna sugerencia sobre la composición del plano, siempre era algo mejor que lo que yo había pensado. (Una vez tuve un operador que, por alguna razón psicológica desconocida, estropeaba de modo irremediable la mejor toma que te daba un actor. La cuarta vez que ocurrió tuve que sustituirle.)

Cuando uno tiene un primer plano de un personaje, lo normal es que esté hablando o reaccionando a lo que han hecho o dicho una o varias personas. Una vez más, para ayudar a la concentración y a la autenticidad, me gusta tener al actor o

125

actores que se encuentran fuera de plano junto a la cámara, para trabajar con el actor que va a ser filmado. Esto era una necesidad clamorosa en *Doce hombres sin piedad*. En alguna ocasión puede ocurrir que el actor fuera de plano no esté trabajando en serio con el actor al que se va a rodar. Quizá tiene miedo de agotar sus energías interpretativas, si aún no ha rodado su parte. Otras veces puede ser una forma sutil de sabotaje. Una vez vi en el plató que la estrella daba sus líneas fuera de plano a un actor de día (un actor contratado para una pequeña aparición, que sólo requiere su presencia un día). La estrella estaba sentada en un taburete alto y ni siquiera miraba al otro actor. De hecho su atención la absorbía una labor de ganchillo. Este tipo de cosas puede crear muy mal ambiente en un rodaje. Cuando algo de esto ocurre, tomo medidas de inmediato: hablo al actor fuera de plano con toda la amabilidad y firmeza necesarias.

Esto nos lleva a otro asunto importante. Cuando el actor es fotografiado mirando a alguien que está fuera de plano, lo que él ve, obviamente, es el estudio entero a oscuras. A lo que el actor ve se le llama «la línea del ojo del actor». Esta línea puede involucrar a todo lo que hay a ambos lados de la cámara. Un momento antes de rodar, un AD competente dice siempre «Despejad la línea del ojo, por favor». Si William Holden está en actitud cariñosa con Faye Dunaway, de ningún manera le interesa ver a un chófer sorbiendo café detrás de ella. A la única que quiere ver mirándole es a Faye, aunque tenga una concentración increíble. Como la mayoría de los equipos no acaban de entenderlo, la frase «Despejad la línea del ojo» es bastante recurrente.

Hemos completado la toma 1. Pero he visto algo que no me ha gustado. Así que vamos a repetirla. El mismo proceso. «Escena sesenta y ocho, toma dos.» Claqueta. «¡Acción!» La toma 2 está bien, pero «Vamos a hacer una más». Le doy al actor una sugerencia nueva, sólo para ver si estimula la sorpresa, o una mayor espontaneidad, o una interpretación novedosa. Algunas veces digo, «Es perfecto. Vale. Ahora, sólo para probar otra cosa, haced lo que se os ocurra.» Otras veces el actor me pide otra toma. Siempre acepto. La mitad de las veces el actor se supera. En alguna ocasión, si noto que el actor se atasca en una escena, digo «Ésta vale» aun cuando no tenga intención de usar esa toma. Lo hago para animarle. Cuando los actores escuchan «Ésta vale», saben que tienen enlatada una toma buena y se relajan. Esto puede liberarles para que den algo más espontáneo.

Me gustaría intentar describir lo que experimento cuando digo «Ésta vale». Al fin y al cabo, para lograr esas tomas válidas hacemos todo lo demás. Obviamente algunos de los planos de una película no requieren otra cosa que perfección técnica. No me refiero a esos. Hablo de los planos que se refieren a los personajes, o a puntos críticos de la trama, o a los momentos de mayor intensidad emocional. En primer lugar, me coloco tan cerca de la lente como puedo. Algunas veces me siento en la *dolly*, justo debajo de la lente. O me pongo detrás del hombro del operador. De esta forma, no sólo me pongo tan cerca como puedo del punto de vista del objetivo, sino que me coloco fuera de la línea del ojo del actor.

Ahora viene lo más difícil. Antes de empezar a rodar, hago un rápido repaso mental de lo que precede a este plano, y de lo que viene a continuación. Luego pongo los cinco sentidos en lo que los actores van a hacer. Desde el momento en que los actores empiezan a hacer su papel, yo hago la escena con ellos. En mi interior digo las frases con ellos, hago sus mismos movimientos, experimento sus emociones. Me meto dentro de la escena como si fuera todos ellos. Si la cámara se mueve, miro por el rabillo del ojo la sombra del objetivo para ver si el movimiento mecánico ha sido suave o brusco. Si en algún punto de la toma pierdo la concentración, sé que algo ha salido mal. Entonces pido otra toma. Hay veces, en las tomas especialmente buenas, en que me emociono tanto que dejo de «hacer» la escena y contemplo devotamente el milagro de la buena interpretación. Como ya dije, hay vida ahí. Y cuando fluye es el momento en que digo «Ésta vale». ¿Que si es cansado? Puedes estar seguro de que sí.

Tarde de perros tiene una de las escenas de interpretación más difíciles con las que me he encontrado. Pasados dos tercios de película, Pacino hace dos llamadas telefónicas: una a su «esposa» y amante varón, que está en la barbería al otro lado de la calle, y la segunda a su «verdadera» esposa, que está en casa.

Yo sabía que Al trabajaría a pleno rendimiento si podíamos hacerlo todo en una sola toma. La escena sucede de noche. El personaje lleva en el banco doce horas. Debe parecer cansado, exhausto. Cuando estamos tan cansados, las emociones fluyen más fácilmente. Y eso es lo que yo quería.

Teníamos un problema inmediato. La cámara admite sólo trescientos metros de película. Unos once minutos. Las dos llamadas de teléfono duran casi quince minutos. Lo resolví colocando dos cámaras, una al lado de la otra, con sus lentes lo más cerca posible. Naturalmente eran dos lentes iguales, de 55 mm creo recordar. Cuando la cámara 1 había gastado 280 metros, la cámara 2 empezaba a rodar, mientras la 1 continuaba haciéndolo. Sabía que insertaríamos un plano de la mujer en la película definitiva, lo cual nos permitiría cortar a lo filmado por la cámara 2. Pero pese a todo Al debería hacer las dos llamadas sin interrupción, como habría ocurrido en la vida real.

Quería que la concentración de Al fuera máxima. Así que despejé la zona y además, a un metro y medio, detrás de la cámara, puse banderas negras que aislaban del resto del *set*. Un técnico improvisó una conexión telefónica para que los actores fuera de plano hablaran desde el otro lado de la calle y Al les escuchara de verdad.

Se me ocurrió otra cosa más. Una de las mejores formas de acumular emociones es pasar rápido de una toma a la siguiente. El actor comienza la segunda toma en el nivel emocional que alcanzó al final de la primera. Algunas veces ni siquiera ordeno cortar. Digo tranquilamente, «No cortes. Que todo el mundo vuelva a su posición inicial y vamos a hacerla otra vez. ¿Okey todo el mundo? ¡Acción!» Y a propósito, yo siempre pronuncio la palabra acción de acuerdo con la atmós-

1. *"Henry Fonda hilaba más fino aún que la script. En* Doce hombres sin piedad, *la estupenda Faith Hubley, que era la script, advirtió que el cigarrillo debía estar encendido en tal y cual frase. Fonda dijo que no, que era en la frase anterior".*

2. Doce hombres sin piedad. *"Nunca se me había ocurrido que rodar una película entera dentro de una habitación pudiera ser un problema. De hecho, pensaba que podía convertir esa circunstancia en una ventaja".*

3. *"Cuando me encontré con Katherine Hepburn por primera vez, en* Larga jornada hacia la noche, *me dijo: "¿Cuándo quieres que empecemos los ensayos?" (No "Hola" o "¿Cómo estás?".) "El diecinueve de septiembre", contesté: "No puedo empezar hasta el veintiséis", repuso ella. "¿Por qué?", pregunté. "Porque si no, tú sabrías más del guión que yo".*

4. *"En* Piel de serpiente *Brando tenía un largo discurso junto a Anna Magnani, con algunas de las mejores frases que han salido de la pluma de Tennessee Williams".*

5. *El reparto de* Asesinato en el Orient Express *al completo.*
Sentado en el suelo se puede ver a Sidney Lumet.

6. "Asesinato en el Orient Express *es una película de suspense como*
la copa de un pino, que te rompe completamente el saque".

7. *"En* Tarde de perros *mi primera obligación era dejar claro al público que lo que estaba contando había sucedido de verdad".*

8. *"Network trata de la corrupción. Así que corrompimos la cámara. La película empezaba con un look casi naturalista. (...) A medida que la película avanza, las exigencias de la cámara se hacen más rígidas, más formales".*

9. *"El tema de* Daniel: *¿Quién paga las pasiones y compromisos de los padres? Ellos, pero también los hijos, que nunca escogen esas pasiones y compromisos".*

10. *"Le dije (a Paul Newman) que, aunque la cosa prometía, aún no habíamos alcanzado el nivel emocional que encerraba el guión de David Mamet (para* Veredicto final*)".*

11. "Serpico *no debería haber tenido música, pero le puse unos catorce minutos de banda sonora, como protección personal y de la película".*

12. "Serpico *es el retrato de un auténtico rebelde con causa".*

13. *"Casi ningún crítico se fijó en lo estilizada que era* El príncipe de la ciudad. *Y es una de las películas más estilizadas que he hecho en mi vida. Kurosawa, en cambio, sí lo advirtió".*

14. "Una extraña entre nosotros *trata de una detective que se introduce de incógnito en una comunidad Hasidic en busca de un asesino".*

15. En La noche cae sobre Manhattan *Lumet volvió a tocar el tema de la corrupción policial y de la justicia. Protagonizaba el film Andy García.*

16. En Gloria *Lumet se atrevió a afrontar un remake del célebre film de John Cassavetes. Sharon Stone retomó el papel original de Gena Rowlands.*

fera que pide la escena. Si es un momento tranquilo, digo
«Acción» con el tono de voz suficiente para que me oigan los
actores. Si es una escena que requiere mucha energía, grito
«Acción» como si fuera un sargento de instrucción. Es lo
mismo que un director de orquesta dando la entrada.

Sabía que una segunda toma significaría una interrupción
seria para Al. Tendríamos que volver a cargar una de las cámaras. Y recargar película puede ser bastante problemático.
Las latas se guardan normalmente en un cuarto oscuro, que
siempre está lejos. Además hay que quitar el blindaje de cámara (Barney) que usamos para reducir el ruido; hay que
abrir la cámara; y luego la película se inserta por todos sus
pequeños engranajes. El proceso completo, resuelto a toda
velocidad, lleva no menos de dos minutos, el tiempo suficiente para que Al se enfríe. Así que levantamos al lado una
tienda de lona negra, con las cámaras y los operadores que
las manejaban dentro. Hicimos dos orificios para las lentes.
Al lado tenía al auxiliar de cámara (el equipo de cámara lo
constituyen tres personas: el operador, el foquista y el auxiliar), que sostenía en su regazo una lata extra de película, para
usar en caso de necesidad.

Empezamos a rodar. Cuando la cámara 1 había gastado
280 metros de película, la cámara 2 empezó a funcionar. Terminó la toma. Estaba muy bien. Pero algo me decía en mi interior que rodara otra. La cámara 2 sólo había gastado 65 metros de película. Así que dije quedamente, «Al, vuelve al
principio, quiero hacerlo otra vez.» Me miró como si me hubiera vuelto loco. Había hecho un esfuerzo ímprobo y estaba
cansado. Me dijo, «¿Qué? ¡Estás de broma!» Y respondí,
«Al, *tenemos* que hacerlo otra vez. A rodar.»

La cámara 2 empezó a rodar. Nos quedaban unos 235 metros. Mientras se filmaba, dentro de la tienda y a salvo de la
mirada de Al, recargamos la cámara 1. Cuando la cámara 2
había gastado 210 metros (unos ocho minutos de toma), pusimos en marcha la cámara 1 recién recargada. Cuando acabamos la segunda toma, Al ya no sabía dónde estaba. Terminó
de decir sus frases y, de puro cansancio, se quedó con una mi-

rada perdida, de desamparo. Entonces, por accidente, me miró. Yo tenía el rostro bañado en lágrimas por la emoción que me había provocado. Sus ojos se quedaron clavados en los míos y rompió a llorar. Luego se desplomó en el escritorio donde estaba sentado. Grité «¡Corten! ¡Ésta vale!», y di un bote de alegría. Esa toma es uno de las mejores interpretaciones para el cine que he visto en mi vida.

El discurso de Peter Finch de *Network* «Estoy condenadamente loco y ya no lo soporto más» se hizo de un modo semejante. En esa película fue más fácil, porque el discurso duraba sólo seis minutos; todo lo que hacía falta era tener una segunda cámara lista. Nada de recargas. No se perdía un segundo entre toma y toma. A mitad del discurso en la toma 2, Peter se paró. Estaba agotado. Por entonces no tenía ni idea de su dolencia cardíaca, pero no le forcé para hacer otra toma. Así que en la película definitiva usamos la primera mitad del discurso de la toma 2, y la segunda de la toma 1.

Pero regresemos a nuestra descripción de un día de rodaje. He empezado con el plano más general frente a la pared A, como dije antes. Ahora hago planos sucesivos cada vez más cerca de la misma pared. Cuando termino de rodar todo lo que debía hacer frente a la pared A, nos trasladamos a la pared B. Organizo el orden de rodaje de modo que la posición básica de la cámara sufra las menores modificaciones posibles. Cuanto menos alteremos las cosas, antes estaremos listos para el plano siguiente, pues la iluminación llevará menos tiempo. Pero claro, esto no siempre es posible. Puede que el actor se mueva alrededor de la habitación, y pase frente al muro A y el muro B. Algunas veces he coreografiado una escena en que la cámara estaba en el centro de la habitación, desde donde hacía una panorámica de 360 grados. Aparecían las cuatro paredes mientras los actores se desplazaban. Estos planos son muy difíciles de iluminar. Puede llevar entre cuatro y cinco horas iluminar un plano en que la cámara rota 360 grados, y a veces el día entero. Katherine Hepburn tenía un plano así en *Larga jornada hacia la noche*. Daba la vuelta completa a la habitación dos veces, hablando cada vez con

130

más frenesí mientras se movía. Boris Kaufman tardó cuatro horas en iluminarlo. Otro plano de ese estilo aparecía en *Distrito 34. Corrupción total*, cuando un joven analista explicaba los resultados de una votación en una habitación repleta de políticos. En *El grupo* hicimos este movimiento circular al revés. Las chicas de *El grupo* se reunían cada cierto tiempo a tomar café e intercambiar chismes. Podía ser en la casa de una de ellas o en una cafetería. En cada una de esas reuniones, había cuatro o cinco de ellas a la mesa. Mi deseo era conectar esas escenas entre sí de un modo visual. De modo que, con la cámara sobre una *dolly*, nos desplazábamos 360 grados alrededor de la mesa, filmando a las chicas que estaban *dentro* del círculo que describíamos. Dimos al movimiento de cámara la agilidad suficiente para que las escenas estuvieran impregnadas de un espíritu festivo y desenfadado; era natural, pues las reuniones eran siempre, para los personajes involucrados, ocasión de rememorar momentos alegres de su época estudiantil.

Uno de mis trabajos más complejos en lo referente a iluminación, fue el primero de los planos de la sala donde se reúne el jurado de *Doce hombres sin piedad*. Se llega a ver a los doce miembros del jurado. El plano empieza en el ventilador, lo que tiene su importancia más tarde en la película. Desde allí se pasa, en uno u otro momento, a cada uno de los doce, que queda encuadrado al menos en plano medio. Lo hicimos con una grúa. La base de la grúa (la *dolly*) tenía trece posiciones diferentes para moverse en el pequeño escenario donde nos encontrábamos. El brazo (el *boom*) en el que la cámara se asienta podía adoptar once posiciones posibles a derecha e izquierda y ocho arriba y abajo. Boris Kaufman tardó siete horas en iluminar el plano. Conseguimos filmarlo con éxito en la toma 4.

Si tengo que dar la vuelta completa al escenario, para rodar frente a la pared C después de haberlo hecho frente a la pared A, procuro programar el cambio para que coincida con la hora del almuerzo. Por lo general el equipo de construcción (cuatro peones, dos carpinteros) se va a comer una hora antes que el resto de nosotros. Cuando paramos para el almuerzo, en algún momento entre las 11:30 y la 1:30, ellos ya están de vuelta y pueden hacer el cambio. Desmontan la pared A y levantan la C. Es más complicado de lo que parece. Hay que moverlo todo: sillas, mesas de maquillaje, la pértiga de sonido, la *dolly* de la cámara; el decorado (cortinas, estanterías, cuadros, etc.) se quita de la pared A, y hay que montar el de la pared C. La pintura, la escayola o el papel pintado pueden dañarse por el continuo ajetreo, y hay que arreglarlo. A veces tenemos que cambiar el techo: quitar el que usamos antes y poner uno nuevo. El suelo se pone asqueroso durante el rodaje y hay que barrerlo. Colocamos en su sitio los raíles para la *dolly*. Todos los focos son desconectados. El cable principal de suministro eléctrico se reorienta al lado opuesto del *set*.

La pausa para comer es casi siempre bienvenida. Hemos iluminado durante hora u hora y media, y hemos rodado dos horas y media o tres. La proporción es buena. Los actores han precalentado y, como los buenos defensas centrales, mejoran a medida que entran en el partido. Pero como hay mucho que hacer, el descanso les vendrá bien. Muchos toman un tentempié y, como se tarda más de una hora en cambiar el escenario, aprovechan para echarse una siesta. Al menos espero que lo hagan.

Cuando el AD avisa que es la hora del almuerzo, me dirijo a mi camerino. Me duelen un poco los tendones, pues no en vano he estado casi cuatro horas de pie. Me resulta difícil sentarme cuando estoy en el *set*. Hace tiempo que dejé la costumbre de hacerlo cada mañana para tomar café. Una tostada untada de mantequilla a las once sienta de maravilla. En Inglaterra el meritorio de fotografía trae una bandeja con té para el director de fotografía y el resto del equipo de cámara, un ritual al que denominan «las onces». Acompaña al té un plato de salchichas grasientas, pan frito (frito en el aceite de las salchichas) untado de mantequilla rancia, cebolla, panceta descongelada. ¡Delicioso! ¿No te has dado cuenta de lo bien que te sientes cuando haces una película?

En mi camerino me aguarda una ensalada con lechuga, tomate, huevo duro y algunas lonchas de jamón o pavo. Echo mayonesa a la lechuga, pongo el jamón y el tomate dentro de la hoja de lechuga, la enrollo y me la zampo en un santiamén. Termino de comer en cinco minutos y duermo los cincuenta y cinco restantes. Me duermo pocos minutos después de acostarme, con un truco que aprendí en el ejército durante la Segunda Guerra Mundial. Una vez más, después de tantos años, me despierto un minuto antes de que acabe la hora del almuerzo y deba regresar al *set*.

Como la nueva pared está lista, es hora ya de hacer un nuevo plano. Se convoca a los actores. Quizá se han quitado la ropa de sus personajes, o su maquillaje requiere algún retoque, después de lo que sea que hayan hecho durante la hora de la comida. Entramos de lleno en el nuevo plano. Una vez más les digo que no se empleen a fondo en el ensayo. Nos aseguramos de que todos los elementos de *atrezzo* están en su sitio. Luego, observando a los dobles de luz con atención, preparamos otra vez el plano, en este caso sólo en lo que se refiere a la cámara. He escogido lente y de nuevo miro la escena, manejando la cámara personalmente. No soy muy hábil moviendo las ruedas que la hacen girar, pero tampoco soy un patoso. Si la cámara se mueve durante el plano, marcamos en el suelo las distintas posiciones con cinta adhesiva. Algunas veces hay hasta ocho o diez movimientos de cámara en el mismo plano, así que los movimientos se numeran en el suelo. Los cambios en la altura a que se encuentra la cámara también se marcan. Además, los puntos donde los actores deben detenerse se señalan también con cinta, de un color diferente para cada actor. Los dobles de luz se quedan quietos para que Andrzej pueda iluminar, y los actores regresan a sus camerinos para preparar su interpretación.

La tarde se pasa volando. La cantidad de trabajo que se hace en un día depende de muchos factores. Sea como fuere, si los actores no han tenido tiempo para aburrirse, considero que el día ha sido provechoso.

Hacia las tres la oficina de producción envía la convocatoria para mañana. Compruebo cómo va lo que estaba previsto rodar hoy. Si considero que en lo que queda de día haré algo más o menos de lo planificado, debo cambiar en consecuencia el orden del día previsto para mañana. Si puedo dar a los actores quince minutos más de sueño por la mañana, quiero que los tengan.

A las cuatro y media o así, me guardo mucho de empezar un plano o una secuencia que no pueda estar terminada a las cinco y media, que es la hora en que acaba la jornada. Aquel plano que repetí hasta la saciedad con Brando en *Piel de serpiente* fue la excepción, y sólo porque pensé que lo tendríamos enlatado en la toma 1 ó 2, como suele ocurrir en condiciones normales. Siempre cabe que prolongue el horario de rodaje, pero no lo hago a no ser que sea absolutamente esencial. Pues, para empezar, he trabajado de firme todo el día, y me encuentro hecho polvo. Y los actores también. Los equipos técnicos están acostumbrados a quedarse haciendo horas extras, y en general no empiezan a perder eficiencia hasta cumplir doce horas de trabajo. Si rodamos de día, intento acabar hacia las cinco, pero también procuro tener organizado el primer plano de mañana antes de dejar que los actores se vayan. Si se trata de un plano que ofrece dificultades especiales, los técnicos quizá se queden un rato más para dejar encarrilada la iluminación de mañana. Si hay que cambiar paredes, puede que los peones se queden hasta tarde para hacerlo.

A continuación voy a ver la proyección de lo rodado el día anterior para, acto seguido, meterme en la furgoneta (más vale que el chófer esté esperando fuera cuando acabe, con el motor en marcha), rumbo a casa. Media hora de siesta, una ducha, la cena a las ocho con un *Brunello* excelente, y a la cama a las nueve y media. Hago un repaso mental del día. ¿He conseguido lo que quería? ¿Debería rodar algún material adicional de cobertura? ¿Hay algo que debiera repetir? No suelo salir de noche cuando estoy inmerso en un rodaje. Como mucho, mi mujer y yo invitamos a algún amigo íntimo a cenar a casa el viernes por la noche. El domingo, día de descanso, aún no me he repuesto del trabajo de toda la semana. No es mucho un día de descanso. Pero el domingo —gracias al crucigrama y al acróstico del *Times* y, en otoño, al fútbol americano por televisión— me relajo un poco.

Si de lo dicho hasta ahora sacas la idea de que hacer películas es un trabajo muy duro, déjame confirmarte que estás en lo cierto. Y en lo que se refiere al rodaje de la película, he descrito la parte fácil. En estudio. Con un control total. Sin distracciones. Todo se desmadra cuando trabajamos en localizaciones.

Trata de imaginar lo siguiente. *Una extraña entre nosotros*: una de las escenas climáticas de la película acontece en el corazón del distrito diamante de Nueva York, en la calle 47. Se trata de un tiroteo, en el que colisionan tres taxis; a otro coche le destrozan el parabrisas y choca con la parte posterior de un camión. Entonces unos encapuchados requisan un cuarto taxi. Melanie Griffith dispara al parabrisas, y el taxi se sube a la acera hasta chocar con el escaparate de una joyería que duplicamos en estudio.

En circunstancias normales, considerando el difícil y peligroso trabajo de los especialistas, los efectos especiales de los parabrisas reventados, y la coreografía de 103 extras, rodar la secuencia me habría llevado tres o cuatro días. La secuencia consta de sesenta y siete planos, y hacer veinte planos diarios puede considerarse un ritmo increíble. Rara vez hago veinte en estudio, donde el control es total.

Pero teníamos sólo un día para rodar la secuencia completa. Y tenía que ser en domingo, porque necesitábamos la manzana entera; y lograr que todas las joyerías cerrasen un día laborable habría sido económicamente inviable. Además, cada joyería suele alquilar un espacio de su local a otros joyeros, lo que habría significado comprar un día de trabajo a doscientos cincuenta propietarios distintos. Aun en el caso de que hubiéramos podido permitírnoslo, un día laborable no nos habría servido. En esa manzana existe una red privada de seguridad sorprendente. En las tiendas y cajas fuertes hay mercancía valorada en millones de dólares. A ningún camión se le permite llegar y cargar o descargar cosas sin más. Si no está prevista la llegada de ese camión, se le impide detenerse, aunque transporte bollería para las cuatro o cinco pastelerías del bloque. Y la mayoría de los camiones no transportan bollos. Además, cada tienda dispone de un sistema automático de alarma que abre y cierra las cajas de seguridad a horas prefijadas. Y no pueden cambiarse sin la aprobación de las muchas compañías de seguros que tienen a los joyeros por clientes. La primera vez que buscábamos localizaciones, íbamos cuatro personas. Más tarde nos enteramos de que el personal de seguridad nos había descubierto y fotografiado el primer día que visitamos la manzana. Cuatro tipos recorren la calle despacio, arriba y abajo, por ambas aceras, parándose delante de cada tienda para hablar, tomar una fotografía y seguir. La Calle 47 no ofrece vistas agradables.

¿Cómo lo logramos? Todavía no estoy seguro. El sábado por la tarde, a las cinco, todos los joyeros dejaron a buen recaudo su mercancía. Las cajas de seguridad se cierran de modo automático a las 6:30 p.m. Dentro de cada local, un pequeño ejército de decoradores nuestros reemplazó las joyas auténticas por otras falsas, perfectamente montadas sobre unos bonitos cartones. Tenían que acabar antes de las 6:30, momento en que las alarmas de casi todas las tiendas se activarían automáticamente. Uno de los grupos de decoradores tuvo problemas, pero el dueño del local se portó muy bien. Como le gusta un montón el cine, y tras darle una gratificación de 2.500 dólares, llamó a la empresa de seguridad y a la compañía de seguros para que retardaran un cuarto de hora la activación de la alarma.

A continuación nuestros camiones comenzaron a ocupar la calle. Los camiones para el cine son bastante llamativos porque llevan bien visibles los logos de las compañías que alquilan su equipo. Tuvimos que *maquillarlos* para que aparentaran ser camiones que están en la calle. Queríamos los camiones en la misma calle donde íbamos a rodar por una razón muy sencilla: nos faltaba tiempo para traer, desde otra manzana, nuevas latas de película, focos, cable, banderas, soportes y el resto de las cosas necesarias para trabajar.

Usé tres cámaras. Con lo cual podía obtener tres planos cada vez que rodaba una escena. En cierta manera esto reducía el número de planos a veintidós más uno, lo cual seguía siendo un montón de trabajo. Tendríamos luz diurna a partir de las 7:00 a.m. Como es lógico, empezamos a trabajar cuando aún era de noche. Pusimos el raíl para una *dolly* en un lugar que no se ve en los cinco primeros planos (o quince, con las tres cámaras). Los extras se presentaron a las siete, vestidos y maquillados. Sólo eso suponía un montón de trabajo, ya que muchas de las personas que se ven por la calle son Hasidim. Se trata de los típicos judíos ultraortodoxos, con barba y rizos. Se cubren normalmente la cabeza con fedoras o sombreros de ala ancha de fieltro. Cosimos los rizos dentro de los sombreros para no tener que arreglar el pelo de los extras uno a uno.

A las 8:00 el AD había colocado a los extras en su sitio. Llamé a los actores principales y ensayamos toda la secuencia una vez, sin los especialistas estrellando sus coches, por supuesto, aunque sí acompañando la acción.

Tuvimos mucha suerte. El día amaneció cubierto. Mientras duró, tuvimos una luz plana y suave. Podíamos rodar en cualquier dirección y la luz seguía siendo la misma. Eso facilitaba las cosas, pues rodábamos con tres cámaras. Si el día hubiera sido soleado, tendríamos que haber usado «luz de relleno» (por las razones que ya expliqué en otro capítulo). Además, te guste o no, el sol se mueve. La luz del mediodía es muy diferente a la que tienes a las ocho de la mañana. Los edificios producen reflejos y sombras muy distintos. «Igualar» la luz de planos diferentes, tomados a horas diferentes, con tres cámaras diferentes, habría sido casi imposible. Y los planos que no concuerdan se convierten en un verdadero infierno cuando tratas de montarlos.

Pero aún tuvimos una ración adicional de otro tipo de suerte. Normalmente, el desfile del Día de Polonia sube la Quinta Avenida entre las Calles 57 y 86. Por alguna razón que ignoro, ese año el desfile empezó en la Calle 42. Eso significaba que una muchedumbre de alegres polacos, luciendo los trajes típicos de su país, cruzaría en grupos nuestra esquina de la Calle 47 con la Quinta Avenida, aullando la «Polka del Barril de Cerveza». Colocamos dos enormes camiones al final de la manzana para tapar cualquier vista del desfile de los eslavos. Pero sabía que cualquier sonido que registráramos resultaría inservible para su inclusión más tarde en la película. Sólo me cabe agradecer a estos distinguidos parientes míos de Varsovia una cosa: que no se les ocurriera venir a ver, animados por unos sorbitos de *slivovitz*, si necesitábamos que nos echaran una mano.

Comenzamos a rodar hacia las 8:45. Acabamos a las 2:30 de la tarde. Aún pudimos hacer una pausa de media hora a la una para comer, durante la cual dormí veinticinco minutos.

En la página siguiente está la hoja de convocatoria de ese día. Fíjate en lo detallada que está. La sección 2 contiene el anuncio de que el departamento de publicidad tiene un equipo independiente para filmar el rodaje. El departamento de publicidad prepara, para cada película, una cosa llamada *kit* electrónico de prensa. Incluye imágenes para todos esos fascinantes reportajes promocionales que puedes ver en las noticias de las seis, y que prometen mostrarte lo que hay «tras las escenas de una superproducción». Fíjate también en que la hoja señala que se rodará en cualquier caso, haga lluvia o sol.

En la sección 3, las «X» junto a los números sirven para referirse a los especialistas y a los personajes que van a doblar. La «X» sin número alude al coordinador de especialistas, del cual dependen los especialistas.

En la sección 4, la parte de «*Atrezzo* e instrucciones especiales» resulta interesante. Fíjate en los «múltiples parabrisas» para el caso de que no obtengamos el plano en la toma 1 y tengamos que recurrir a un parabrisas nuevo. También hay instrucciones de quitar un buzón y poner señales de prohibido aparcar, con el fin de facilitar el trabajo a los especialistas. También, tristemente, se solicita la presencia de una pequeña ambulancia, en la que se pueda operar si es necesario.

138

En cualquier sitio donde haga falta el trabajo de un especialista se requiere una ambulancia.

TÍTULO CERCA DEL PARAÍSO			FECHA: DOMINGO 6/10/91	
DIRECTOR SIDNEY LUMET	HOJA DE CONVOCATORIA		DÍA DE RODAJE# 12	
AY. DIR. HARRIS/PENOTTI/SMITH (718) 555 – 1234			CONVOC. EQUIPO 8:00 a.m	
			CONVOC PARA RODAJE 8 20 a m	

DESCRIPCIÓN DEL SET	ESCENAS	PERSONAJES	PÁGS	LOCALIZACIÓN
EXT- TIENDA D. DIAMANTE	89	1, 2, 6, 15, 16, 01X	1-7/8	CALLE 47
Y CALLE- D				
"PERSECUCIÓN Y TIROTEO"		06X, X, 016X		(entre 5ª y 6ª Av)
EXT- TIENDA D DIAMANTE	91	1, 2, 6	7/8	
Y CALLE- D				
"POLICÍA LOCO"				
SI EL TIEMPO NO LO IMPIDE				
. EXT- CALLE D. DIAMANTE- D	22	1, 2, 3, 9		
EXT- CALLE D DIAMANTE- D	45	1, 2, 4, 5		

. EXTRAS EN LA ESQUINA DE LA 47 CON LA 6ª AV.
ÁREA DE DESCANSO· 1211 DE LA 6ª AV / "LOWER CONCOURSE"
[1]

----
xxxxxxxxxxxxxxxxxx SE ADVIERTE QUE HABRÁ UN EQUIPO EN EL SET xxxxxxxxxxxxxxxx
xxxxxxxxxxxxxxxxxxxxxxxxx PARA EL KIT ELECTRÓNICO DE PRENSA xxxxxxxxxxxxxxxxxxxx
SE PROHIBE LA PRESENCIA DE VISITANTES SIN LA APROBACIÓN DE JOHN STARKE

-.- -.- -. LOS CAMIONES CARGARÁN EL SÁBADO POR LA NOCHE DEL 5 DE OCTUBRE-.- -.-
¡¡¡¡¡¡¡¡¡¡¡¡NO HAY ESCENARIO DE COBERTURA .LLUEVA O LUZCA EL SOL¡¡¡¡¡¡¡¡¡¡¡¡¡¡¡¡
[2]

ACTORES		PERSONAJE	R	M	E
. 1	: Melanie Griffith	Emily	R @ 6 30 a m	6:45 a m.	8:20 a.m
. 2	. Eric Thal	Ariel	· R @ 6·15 a m	6 30 a m.	8.20 a.m
3	. Lee Richardson	. Rebbe	· libra		
4	Mia Sara	Leah	· libra		
· 5	Tracy Pollan	Mara	libra		
· 6	· John Pankow	Levine	. R @ 7 00 a.m.	: 7:15 a.m.	8 20 a m
· 9	: Ro'ee Levi	Mendel	libra		
· 15	James Gandolfini	Tony Bald	· HLL @ 7 30 a m	7.30 a.m.	8 20 a m
16	: Chris Collins	· C Bald	· HLL @ 7 00 a.m	7 00 a.m.	8 20 a.m
01	: JANET PAPARAZZO	· doble 'Emily'			
06	. SPIKE SILVER	. doble 'Levine' ·			
X	JACK GILL	: doble 'Tony'	R @ 7·30 a m	·	
01	DANNY AIELLO JR	. doble 'Chris'		·	
1X	ANDY GILL	doble 'matón 1'			
2X	· TONY LUCCI	doble 'matón 2'			
. 3X	: NICK GIANGULIO	tipo perritos calientes		·	
4X	: BILL ANGNOS	· conductor 1			
5X	· PHIL NIELSON	: conductor 2			
6X	. JOEL KRAMER	· taxista			
7X	PAUL BUCOSI	. peatón 1			
8X	GERRY HEWITT	. peatón 2			
9X	TED	peatón 3		·	

[3]

139

DOBLES DE LUZ Y EXTRAS	ATREZZO E INSTRUCCIONES ESPECIALES
DOBLES DE LUZ # 1, 2, 6 HLL @ 7.30 a m	CAJAS DE CARTÓN, DOLLIES MANUALES,
:	PISTOLA DE EMILY, ESPOSAS, VARIOS
103 F HLL @ 7.00 a.m	PARABRISAS, BOLSAS DE LA COMPRA,
INCLUÍDOS 10 CAMIONEROS /	PISTOLAS DE LOS MATONES
. 15 VARONES HASIDIM / 20 CURIOSOS /	VEHÍCULOS. TAXI APLASTADO,
50 COMPRADORES / 4 CHICOS DE RECADOS	CAMIONETA, 2 CAMIONES, 2 COCHES
4 POLICÍAS	APARCADOS, 1 COCHE OSCURO, 1 COCHE
	BLANCO, 1 CAMIÓN GENERADOR,
: 5 F HLL @ libran	2 COCHES DE POLICÍA, COCHE DE LOS
. A INCLUIR 5 – NÚCLEO DE REBBE	MATONES, COCHE REBBE,BUS ESCOLAR
	VESTUARIO: CODERAS Y RODILLERAS
:	PARA EMILY
.	LOCALIZACIONES ACCESO A TODAS LAS
	PUERTAS DE LAS TIENDAS, CONTROL DE
	ARMEROS, QUITAR BUZÓN Y SEÑAL DE
.	'NO APARCAR', AMBULANCIA

[4]

CONVOC. EQUIPO 8.00 a.m

DIRECTOR R @ 7 30 a m.	SONIDO 8 00 a m	ESCENARIOS: 8:00 a.m.
AY DIR: 7:30 a m / 6 30 a m	PEONES 8 00 a.m.	MAQUILLAJE: 6 00 a m.
SCRIPT 8·00 a m	AUXILIARES 8 00 a m	PELUQUERÍA 6,00 a m.
CÁMARA. 8 00 a m	ELÉCTRICOS 8:00 a m	VESTUARIO 6 00 a m.
FOTO FIJA· 8·00 a m.	CARP Por el Constructor Jefe	CAFÉ Y. . 6:00 a.m.
APs. Por J Penotti	DEC Por G. Brink	ALMUERZO -
ESPECIALISTAS. O/C	FX· O/C	VÍDEO· -

[5]

ADELANTO DE CALENDARIO		TRANSPORTE
LUNES 7/10/91		. Por T Reilly / J Nugent
: INT-KLAUSMAN-D	ESC 32 (posible)	-------------------------------------
. SI NO ESTÁ COMPLETO-LUEGO		: R S. Lumet @ 7 30 a m
ESC 45, 59, 45ª, 45B, 22, 14 (N)		R M. Griffith @ 6:30 a.m.
:		R E Thal @ 6 15 a m
. MARTES 8/10/91		· R J Pankow @ 7 00 a m
EXT-CASA DE REBBE Y CALLE-D		: R J Gill @ 7:30 a.m
ESC 17pt, 17apt, 37, 54pt, 51, 53pt, 73		
:		-------------------------------------

[6]

«Especialistas: O/C» significa olvidarse de los especialistas, que ya fueron considerados en la sección 3. A diferencia de lo que ocurre con un chófer, no hace falta repetir a un especialista sus instrucciones.

Como el tiempo apremia, hace falta un montón de gente para rodar ese domingo. Pero, en cualquier caso, todo trabajo en localización requiere un enorme equipo. Incluso una película pequeña y de bajo presupuesto como *Un lugar en ninguna parte* necesitó lo que sigue para un día de rodaje en localización: un camión para trípodes y soportes, otro para el equipo eléctrico, otro para el material de decoración, otro con un equipo electrógeno, otro de maquillaje y peluquería y dos caravanas. Las caravanas disponen de camerinos para los actores. Cada una dispone de tres, así que tres actores comparten una caravana. Yo me reservo uno para mi siesta a la hora de comer. Cada caravana debe conducirla un chófer sindicado, así que te aconsejo usar el menor número posible de caravanas. A lo dicho hay que sumar tres furgonetas para el transporte de los actores a la localización. Si hacen falta extras y la localización está a las afueras de la ciudad, como ocurrió en *Un lugar en ninguna parte*, hace falta un autobús para transportarles. En cada autobús caben cuarenta y nueve extras. Hasta la cifra de ciento veinte estás obligado a usar a gente sindicada; si la muchedumbre que necesitas es mayor, puedes recurrir a vecinos de los alrededores. Luego tienes un camión con cuatro aseos portátiles. Llevamos hasta ahora doce camiones, lo cual significa no sólo doce conductores, sino problemas de aparcamiento. Así que suma al equipo un jefe de chóferes y un ayudante para el jefe de chóferes. Y suma también uno o dos AD y tres o cuatro AP adicionales. Y dos furgonetas más para transportarles. Añade seis guardas de seguridad, dos por desplazamiento, lo que hace tres desplazamientos, si haces noche en la localización. Suma también entre dos y cuatro policías locales jubilados que te ayudan a controlar el tráfico si vas a usar las calles o necesitas una barrera policial.

Además, cuando te encuentras en una localización, usas un equipo de eléctricos que coloca las luces y sus soportes. En una película pequeña hay dos eléctricos y dos ayudantes, que se adelantan al trabajo del equipo de rodaje. Dependiendo de la iluminación que requiera la localización concreta, puede que se presenten allí uno, dos, y algunas veces hasta tres días por delante de nosotros. Y colocan todos los focos y aparejos importantes en su sitio. Cada minuto ahorrado en este trabajo previo puede suponer la ganancia de horas cuando se presenta el aparatoso equipo de rodaje.

En *El príncipe de la ciudad* rodamos en 135 localizaciones. Tuvimos un calendario de 52 días de rodaje. ¡Eso supone un *promedio* de más de dos localizaciones diarias! Teníamos, además de un equipo de avanzadilla compuesto por cuatro eléctricos y tres auxiliares, un equipo de «limpieza». Cuando terminábamos de rodar, un grupo de dos eléctricos y dos auxiliares se ocupaba de retirar las luces. Mientras, el otro equipo de eléctricos se encontraba ya trabajando en la siguiente localización. Para colmo, si habíamos cambiado el color de una pared, teníamos que devolverle su aspecto original.

No he mencionado el *catering*. Si queremos que el almuerzo sea a una hora concreta, es fundamental que la comida esté preparada cuando paramos. La hora del almuerzo no comienza de modo oficial hasta que no se ha servido al último hombre que aguarda su plato en la cola. Si reduces la pausa del almuerzo a media hora, aumenta la paga del equipo. Los responsables del *catering* nos suministran también, en cualquier momento, café caliente y sopa si hace frío, o refrescos y sandía si hace calor.

Ya te habrás dado cuenta de que los números no paran de crecer. En *Un lugar en ninguna parte*, una película pequeña, nos reunimos unas sesenta personas, sin contar a los actores. En *El príncipe de la ciudad* casi ciento veinte. El equipo de una película de acción de gran presupuesto puede doblar esta cifra. Y si hay muchos extras involucrados crece la gente de maquillaje y peluquería, de *catering* y decoración, de modo que el equipo de rodaje puede sumar varios cientos de personas.

En mis películas procuro encauzar todos estos problemas de organización con dos o tres semanas de antelación. Reúno a los jefes de todos los departamentos —decoración, eléctricos, *atrezzistas*, construcción, AD, localizaciones, especialistas (si los usamos), chóferes, instalaciones— para el llamado «viaje de reconocimiento». Visitamos todas las localizaciones. Hablamos de dónde aparcarán los camiones, qué focos usaremos, dónde los colocaremos, lo que requiere nueva decoración o pintura para tener el *look* deseado en la película. Si es una película de época, hay que quitar las antenas de televisión y los aparatos de aire acondicionado (luego habrá que volverlos a colocar en su sitio). Para hacerlo necesitamos, por supuesto, el permiso de las personas afectadas. En *Daniel*, una película de época, hubo que cambiar las farolas. Todo el mundo toma notas, para seguirlas en su momento religiosamente.

A la mañana siguiente es la única película que he rodado en Hollywood. No rodábamos con un gran estudio. Usamos un equipo de técnicos independiente. En el viaje de reconocimiento me fijé en que el jefe de los chóferes no tomaba nota alguna. Pensé que debía tener muy buena memoria. Pero cuando llegamos a la localización el primer día de rodaje, me encontré con los camiones perfectamente aparcados justo en el punto al que debía apuntar la cámara para el primer plano previsto. El AD llamó al jefe de los chóferes y le preguntó qué rayos había ocurrido. Contestó que nunca había trabajado en una película donde lo planeado se llevara, efectivamente, a cabo. El segundo día ya no estaba por allí.

El rodaje nocturno es aún más difícil. Hay que iluminar *todo* con luz artificial. El equipo de avanzadilla se refuerza con los eléctricos del equipo de rodaje, al menos cuatro horas antes de que caiga la noche. Entre otras cosas porque hace falta tirar cables de los focos a los generadores. Como los generadores hacen mucho ruido, hay que colocarlos lo suficientemente lejos del *set* para que no interfieran con el departamento de sonido. Es mucho más fácil y seguro tirar cables de día, cuando todavía se ve bien. Muchas semanas de rodaje nocturno cansan a cualquiera, incluidos los técnicos. No puedes dormir durante el día o, al menos, yo no puedo. Y sin embargo, existe una magnífica intensidad en el rodaje nocturno. Después de las once, el vecindario se ha acostado. Y ahí, en medio de la oscuridad, un grupo de gente «pinta con luz», crea algo.

Rodamos *La gaviota* en Suecia. Construimos la casa de Madame Arkadina en el claro de un bosque, junto a un lago. Hubo sólo una noche de rodaje. Gerry Fisher, el director de fotografía, me dijo que nos lo tomáramos con calma en el descanso de la cena: la iluminación le llevaría hora y media, una vez que se hubiera hecho de noche. El director de fotografía no puede afinar la iluminación nocturna hasta que es noche cerrada. Una hora después de caída la noche, iba de vuelta al *set*. La carretera atraviesa una colina. Cuando mi vehículo alcanzó la cresta, vi abajo un pequeño diamante blanco, reluciente. A su alrededor todo era negro. Sólo se veía esa hermosa explosión de luz, el lugar que Fisher estaba iluminando. Fue una visión que nunca olvidaré: un equipo de gente trabajando duro, embarcados todos en la misma película, creando literalmente un cuadro en mitad de un bosque, a la medianoche.

8. EL VISIONADO DIARIO
El tormento y el éxtasis

En los laboratorios Technicolor de Nueva York, en el segundo piso de un edificio cochambroso rodeado de tiendas porno, hay una deslucida salita de proyección. Caben unas treinta personas. La pantalla no tiene más de cuatro metros de ancho. Con frecuencia la luz del proyector está desequilibrada, mucho más intensa en el centro de la pantalla que en los bordes, lo que da una imagen imperfecta de la película. El sistema de sonido es, con respecto a lo que cabría esperar, lo que dos latas unidas por un cable a un teléfono. Morty, el proyeccionista, se ha quejado durante años; pero sin resultado. Cuando se pone en marcha el aire acondicionado, el ruido es tan fuerte que los diálogos resultan inaudibles. Si no se ha puesto en marcha el aire acondicionado, al menos media hora antes de entrar en la sala, la nariz resulta atacada por una mezcla de olores a comida y productos químicos de laboratorio. El olor a comida proviene del restaurante de la calle. Pero aun antes de que el restaurante se estableciera, la habitación olía a comida. Comida china. No me pregunten por qué. El aseo de caballeros está lejos. Siempre está cerrado: para que los maleantes callejeros no entren a atracarte. Morty tiene la llave, que cuelga de un voluminoso y pesado trozo de madera. Aquí venimos a ver el trabajo de ayer. Después de tanto trabajo, es en un sitio como éste donde vemos el trabajo del día anterior. Aquí intentamos apreciar hasta qué punto se corresponde con lo que pretendíamos.

Se trata de un visionado previo donde el laboratorio, con el propósito de que veas enseguida tu trabajo, hace un copión con una iluminación determinada y uniforme. Casi todas las películas que se ruedan en la ciudad envían su trabajo a este laboratorio para su obligado baño químico. Aunque las condiciones de rodaje de las distintas películas son muy diferentes, se selecciona una luz de positivado de rango medio, y todas las copias se hacen con esa luz. Más tarde pondremos un cuidado mayor en obtener la copia final; pero en estos momentos la velocidad es nuestra principal prioridad.

Es, siempre, un momento emocionante, y a la vez terrible. Ossie Morris, el director de fotografía británico, me dijo que, aunque ha hecho centenares de películas, cruza los dedos cada vez que se apagan las luces para el visionado diario.

Llegamos ahí arrastrando los pies, porque otro duro día de rodaje acaba de concluir. Cada uno a hora distinta, pues venimos en diferentes medios de transporte. El primer AD, la script, el director de fotografía, el operador de cámara, el foquista, el jefe de sonido, el director artístico, el diseñador de vestuario, van llegando. El montador y el primer ayudante del montador están delante, para mostrarnos cómo han unido la imagen y el sonido. Muy a menudo se presentan también el segundo y el tercer AD. El jefe de eléctricos, o el que maneja la *dolly* —sobre todo si el día anterior había un plano difícil de *dolly*—, pueden venir en alguna ocasión. La gente de maquillaje o peluquería viene si ha habido algún problema o hay que hacer algún cambio. Lo normal es que se sienten junto a la puerta, porque suelen llegar tarde.

Los dedos cruzados de Ossie no son en modo alguno una reacción excepcional. Hay más superstición en esta sala que en el vestuario de un equipo de béisbol que atraviesa una buena racha. Si ruedo en invierno, todos los días llevo el

146

mismo jersey. Me siento siempre en la fila de la delante: así la pantalla parece más grande. No permito la entrada con comida. El montador se sienta a mi derecha. El director de fotografía en la fila de detrás, un asiento a mi izquierda. Sea cual fuere el sitio en que la gente se haya sentado el primer día, es ahí donde debe hacerlo durante el resto del rodaje. No hay cambios.

Por la razón que sea, los productores y ejecutivos del estudio se suelen sentar en la última fila. Personalmente estoy convencido de que se debe a que odian las películas; y por ello desean estar los más lejos posible de la pantalla. Quizá sea porque el teléfono está habitualmente al fondo, aunque nadie hace llamadas durante el visionado.

Algunos actores no vienen nunca. Odian verse en la pantalla. (Ya dije que la autoexhibición es dolorosa.) Henry Fonda nunca fue a uno de estos visionados en toda su carrera. De hecho, raramente veía la película hasta un año después de su proyección en salas. Pero en *Doce hombres sin piedad* era también productor, así que tuvo que venir. Después del visionado del primer día se inclinó hacia delante sobre mí, me apretó el hombro, susurró «Es brillante», se fue, y no volvió más. Pacino viene siempre. Se sienta en un extremo, solo, y una calma glacial se apodera de él. Es muy duro consigo mismo. Si piensa que ha fallado, te pide volver a rodar, si es posible; invariablemente sale mejor. Para algunos actores el visionado es autodestructivo. Se descentran al verse. Detectar el más ligero síntoma de ojeras les deprime. Cuando noto que esto sucede, les pido que no vuelvan más. Con frecuencia esto desencadena una pequeña crisis, pero estoy mentalizado para ser muy duro al respecto. Algunos actores tienen derecho, porque así está estipulado en su contrato, a asistir al visionado diario.

En realidad los actores no son peores que muchos de los técnicos. El visionado diario despierta la vanidad. Casi todo el mundo se concentra en su propio trabajo. He visto a algún director artístico a punto de llorar porque la juntura que une dos tapias no estaba bien pintada. Ningún otro lo advertirá,

147

pero lo primero que hace a la mañana siguiente es hablar con el decorador principal, para asegurarse de que no ocurra otra vez. Y hace bien. La gente de sonido sufre con el repicado. En el plató, ellos graban con cinta de un cuarto de pulgada. Esta cinta tiene que ser repicada a cinta de 35 mm, para sincronizarla con la película. Esto se hace en una «casa de repicados». Si el técnico de la casa de repicados es descuidado, puedes encontrarte con un repicado malo, que altera la calidad del sonido. Algunas veces el técnico de la casa de repicados resulta ser un tipo «creativo», y filtra los altos o bajos, o baja y sube el volumen de la grabación original, con lo que nuestra gente de sonido se vuelve loca. Y una vez más, hará bien en tomar cartas en el asunto.

En otras palabras: estamos ahí para ver si lo que pretendíamos lograr ha terminado reflejado en la pantalla. Ésa es nuestra prioridad número uno. Y requiere una curiosa combinación de entusiasmo por la película y reconocimiento brutal de los posibles fallos

Un buen trabajo requiere pasión. Cuando llego a esa sala, no puedo autoconvencerme de que soy objetivo. No lo soy. Como un guardameta que observa la pelota acercándose a su portería, rezo mientras se desarrolla la jugada. Quiero que funcione. Pero debo tener mucho cuidado mientras observo. ¿Cómo mantener la pasión y juzgar al mismo tiempo con realismo si he logrado lo que buscaba? Muchas veces es llegar y besar el santo. Otras veces, durante la toma, tenía el convencimiento de que era perfecta. Y sin embargo, en el visionado, la misma toma me deja en la boca el sabor ligeramente amargo de la decepción. En otras ocasiones, cuando hacía una toma, puedo haber pensado que debía conformarme con menos de lo esperado. Y en el visionado compruebo que la toma es perfecta. También puede ocurrir que en el *set* haya creído que la toma 2 era mejor que la 4, y más tarde al visionarlas descubro que es justamente al revés. No ocurre a menudo, pero ocurre. Me parece que en el visionado hago, básicamente, lo mismo que durante el rodaje: me meto en la escena que estoy viendo. Y si pierdo la concentración significa que algo va mal.

Sacar partido al visionado es muy, muy difícil. No todo el mundo sabe qué hacer o qué buscar. Algunas veces he mandado a positivar una toma porque quería un fragmento de la misma. Pero soy el único que lo sabe. Los montadores *deben* ser capaces de ver el material rodado de modo constructivo. Han de desarrollar una conexión con lo que tienen ante sus ojos y con el director, y a la vez ser capaces de mantener la objetividad. A veces han de suspender el juicio. El editor no siempre puede adivinar que he hecho una escena de tal manera, porque pretendo que encaje con la escena siguiente o la precedente de esta otra forma. Y ni siquiera he rodado esa escena todavía. La cosa adquirirá sentido dramático sólo cuando monte las dos escenas juntas.

Otra cosa con la que has de tener cuidado es con tu propio estado de ánimo al acudir al visionado. Puede que ese día el rodaje no haya ido muy bien. Estás cansado y frustrado. De modo que te desahogas con el trabajo del día anterior, que es el que te toca ver ahora. O puede ocurrir al revés: hoy has superado al fin un problema importante, y estás tan exultante que concedes demasiado crédito a tu trabajo de ayer.

El primer día de rodaje de *El mago* fue uno de los más complicados que he tenido en mi vida. Era en el World Trade Center. La iluminación del enorme *set* había llevado tres noches, y la construcción tres semanas. Para la escena en que Dorothy llega a la Ciudad Esmeralda teníamos que ser capaces de cambiar el color de todo el *set* de verde a dorado, y de dorado a rojo.

El día del rodaje los bailarines habían trabajado con un ritmo de referencia. Un metrónomo electrónico les daba el compás exacto del *tempo* de la orquesta. Además, oían en cada renglón «Uno-dos-tres-cuatro-cinco-seis-siete-ocho», «Dos-dos-tres-cuatro-cinco-seis-siete-ocho», etc., de modo que los bailarines sabían en cada momento con exactitud en qué punto de la coreografía estaban. En el visionado, el editor reemplazaba el ritmo de referencia por la pista con la grabación de la orquesta.

Como era el primer día de visionado, y debido a que en una película musical trabaja mucha gente, la sala de proyección estaba a rebosar. No era la sala de proyección de Technicolor, sino una sala mayor, con un sonido excelente.

En cuanto se proyectó el primer plano rodado, pudimos escuchar a la orquesta a través de seis altavoces. El plano era bastante espectacular: un plano aéreo de sesenta y cuatro bailarines, en un momento culminante de la coreografía. Animada por el impetuoso y estupendo Joel Schumacher, que había escrito el guión, la gente empezó a manifestar su entusiasmo con aplausos. A medida que pasaban los planos, la excitación crecía. Parecía que estuviéramos asistiendo al estreno de *My Fair Lady*. Y sin embargo, mi ánimo se vino abajo. Cuando se proyectó un plano de la secuencia roja, un punto blanco y quemado revelaba el lugar donde estaba colocado un foco. Podía verse una de las fuentes de luz. Una de las cosas básicas que nunca deben ocurrir.

Cuando terminó el visionado, la gente abandonó la sala, henchida de felicidad. Sentado en mi sitio, podía notar a Ossie Morris a mis espaldas, que no se movía de su butaca. Tony Walton, el director artístico, y Dede Allen, el editor, tampoco se movieron. Me volví hacia Ossie. Tenía la cabeza hundida entre las manos. «Me equivoqué al equilibrar las luces. Debía haber usado unidades más pequeñas y haber abierto más el diafragma. Así no habría quemado la película.» Las lágrimas casi ahogaban su voz. «¿Podemos volver a rodar las secciones rojas?», preguntó. Sabía que sólo podíamos rodar cuatro noches en el World Trade Center. Habíamos tenido muchas dificultades para conseguir el permiso de rodaje. El Trade Center está al mando de la Port Authority de Nueva York y Nueva Jersey, una auténtica pesadilla burocrática. Aun contando con el respaldo de dos senadores de los Estados Unidos, apenas habíamos arañado cuatro noches de permiso. Respondí, «Ossie, lo intentaremos. Tenemos que acabar la secuencia. Si nos sobra tiempo, volveremos a rodar todo lo que sea posible.». Ossie y yo habíamos hecho cuatro películas juntos. Nuestra relación era estrecha. Nos dimos un abrazo, y le llevé a su casa. Pero fue imposible conseguir de la Port Authority el día extra que necesitábamos. Sólo pudi-

150

mos volver a rodar uno de los planos. Así que en el montaje final reduje la secuencia roja todo lo que pude.

Desgraciadamente, íbamos mal de tiempo en esa película. Con tiempo, casi todos los problemas técnicos tienen solución. En una película llamada *Child's Play* me sucedió algo mucho más grave. *Child's Play* había tenido bastante éxito en Broadway. Era una historia gótica de intriga y asesinatos, que transcurría en una escuela parroquial de chicos. Como obra de teatro tenía una efectividad espeluznante, que resultaba. Pero al tercer día de visionado, me di cuenta de que me había estado engañando todo el tiempo. Fuera lo que fuese que había visto en el guión y en la etapa de preproducción, no existía: sencillamente. Aquello que funcionaba en la escena se negaba a hacer acto de presencia en la pantalla. Lo que una vez me pareció sobrecogedor ahora parecía completamente inofensivo. Un terrorífico melodrama gótico en teatro se convertía en un misterio trivial de resolución telegráfica. No podía traspasarse a la pantalla, o al menos yo era incapaz de hacerlo. Lo que es peor, no sabía cuál era el problema. Ni, por tanto, cómo resolverlo. Todo lo que podía decir es que aquello sonaba a falso y que no iba a funcionar. Y tenía por delante siete semanas de rodaje. Para colmo de males estaba el pequeño detalle de que yo era el director. Con lo cual no podía desahogarme con nadie. Todo el mundo necesitaba confianza por si existía alguna esperanza de salvar la película. No quería echarlo todo a perder. Así que en las siguientes siete semanas no pude hacer otra cosa que morderme los labios e intentar sacar la película adelante del modo más profesional posible.

Otra película, cuyo nombre prefiero no mencionar, contaba con tres estrellas muy cotizadas. Pero al segundo día de rodaje empecé a advertir que a la actriz principal le faltaba la ternura que su personaje requería. Simplemente carecía de ella, ya fuera como actriz o como persona. En los comportamientos iracundos era formidable; tenía el temperamento necesario. Pero si le pedías que mostrara el más mínimo afecto por la persona con la que estaba actuando, se podía detectar un tono de falsete en su interpretación; interpretación que, en apariencia, era correcta, sobre todo por los otros momentos en que era real y auténtica. Mis impresiones en el plató se confirmaron en el visionado, en el primer momento en que tocó una escena tierna. Hablé con el editor. ¿Estaba yo en lo cierto? Me contestó con evasivas, pero terminó admitiendo que la escena no era tan emotiva como otros pasajes del trabajo de esa actriz.

Volví a rodar su parte en esa escena. Le dije que algo había salido mal en el laboratorio. Pero ésa no era la solución. Como la película era ante todo una historia de amor, sabía que estaba en un verdadero apuro. Mi mente trató de anticiparse. ¿Cómo podía compensar su dureza? ¿Cambiando el objetivo? ¿Con filtros? ¿Con música? Lo intenté todo.

Sea como fuere, ya no pude ir tranquilo a los visionados durante el resto del rodaje. Una parte básica de la película se quedaría, para siempre, fuera del celuloide. Aunque seguí intentando «barrer la casa», mi objetividad se resintió.

Existe otro tipo de experiencias en el visionado. No suceden tan a menudo como uno quisiera, porque el trabajo de primera línea no sucede tan a menudo como uno quisiera. Pero hay veces en que notas que algo maravilloso está ocurriendo. Ya he explicado que hay momentos en que una película, por su cuenta y riesgo, adquiere un tercer significado que ni el director ni el guionista sospechaban que pudiera encerrar. Por lo general esta sensación de que algo especial está ocurriendo la experimentas al final de la segunda semana de visionados, o al principio de la tercera. Cada noche acudes con más expectación por lo que vas a ver. Sencillamente te sientas atrás con una especie de callada confianza, sabiendo que lo que vas a ver será sorprendente y, a la vez, acertado. El sentimiento crece y lo único que debes hacer es entregarte a él. Me ocurrió en *Tarde de perros* y en *El príncipe de la ciudad*, entre otras películas.

Cuando esta magia acontece, lo mejor que puedes hacer es no estorbar. Deja que sea la propia película la que te cuente lo que hay que hacer a partir de ese momento. Pienso que está claro, por lo que llevo dicho hasta ahora, que ejerzo un gran control y preplanificación en mis películas. Pero cuando en un visionado noto que esta magia se presenta, echo poco a poco por la borda muchas de las ideas que concebí antes de empezar a rodar. En el plató me gusta confiar en los impulsos del momento y procuro seguirlos. Si había planificado planos con *dolly* para tal y cual escena, puede que los ruede de modo muy diferente al día siguiente. Nunca haría esto de modo arbitrario. Pero si mi instinto me dice que haga el plano de otra manera, le haré caso, desechando dudas o temores. Y el visionado corroborará que la película está cobrando vida propia. Pero más vale que esa vida propia esté allí de verdad, o corres el riesgo de no lograr ni una cosa ni la otra: ni lo que habías pensado en primer término ni la maravilla que creías haber detectado en el visionado. El visionado puede engañarte. Algunas veces lo consigue.

Imagino que en realidad estoy hablando de autoengaño. Me parece que es absolutamente necesario en cualquier esfuerzo creativo. El trabajo creativo es muy duro, y algún tipo de autoengaño resulta necesario, aunque sólo sea para ponerse manos a la obra. Para empezar, debes creer que aquello que acometes va a salir a bien. ¡Y ocurre tan menudo que no es así! He hablado del tema con novelistas, directores de orquesta, pintores… De modo infalible, todos admiten que el autoengaño es importante en su trabajo. Quizá una expresión mejor sea «creer en lo que haces». Pero yo tiendo a ser un poco más cínico, y lo llamo «autoengaño».

El peligro es obvio. Todo trabajo bien hecho es una autorrevelación. Cuando te has engañado a ti mismo, te acabas sintiendo como un completo idiota. Te zambulles en un estanque donde no hay agua. El *gag* perfecto de Buster Keaton.

Otro gran peligro del autoengaño es que lleva a la pretensión con suma facilidad. «Dios mío, ¿nosotros [o yo] hicimos eso? ¡Guau!» Y empiezas a creerte que eres *bueno*. Es el sentimiento más peligroso de todos. Me parece que la mayoría de los cineastas nos hemos sentido impostores. Y que en algún punto de nuestra carrera «ellos» nos descubren y desenmascaran cómo somos: ignorantes, caraduras, charlatanes. No me parece un sentimiento destructivo. Nos ayuda a conservar la integridad. La otra cara de la moneda, sin embargo, es el sentimiento de que somos los únicos propietarios de nuestro trabajo, de que sólo existe gracias a nosotros, de que somos el receptáculo a través del cual llega una especie de mensaje divino; y me parece delirante. De hecho es lo que le sucede a Howard Beale (Peter Finch) en *Network*.

Hay otras reglas a tener en cuenta en un visionado. La primera es no confiar jamás en las carcajadas. El hecho de que la gente se tronche de risa y apoye la cabeza en el asiento de delante porque un plano le resulta muy hilarante, no significa nada. El plano debe colocarse después entre otros dos planos, uno anterior y otro posterior. Además, la gente que acude al visionado es del «equipo local». Su percepción no tiene nada que ver con la posible reacción del público que se asoma a la película por primera vez. Su risa es el equivalente a lo que los cómicos de *nightclub* llaman «bromas para los chicos de la banda»: chistes que provocan la carcajada entre los músicos, pero que carecen de significado para el público.

Segunda regla: no permitas que las dificultades que tuviste que superar para lograr un plano te hagan pensar que es bueno. Nadie del público sabrá nunca, en la película definitiva, que te llevó tres días iluminarlo, o que necesitaste diez personas para mover la cámara, las paredes o lo que sea.

La tercera regla es el reverso de la segunda: no permitas que un fallo técnico te arruine un plano. Resulta obvio que cualquier error de tipo mecánico compromete la credibilidad de la película. Y que ese tipo de errores debe eliminarse en el futuro. Pero trata de no quitar el ojo al impacto *dramático* del plano. ¿Hay vida allí? Porque eso es lo que importa.

¿Y la cuarta regla? Si tienes dudas, vuelve a mirar el plano pasados uno o dos días. Pide al editor que quite las claquetas de los planos, para que no sepas si estás viendo la toma 2, la 3 ó la 11. Así te liberarás de los prejuicios que te creaste cuando rodaste el plano.

Finalmente queda señalar una cuestión básica sobre cómo hay que asistir a un visionado. ¿Cómo puedes estar seguro de que una toma es realmente buena? De verdad: no lo sé. Si tu actitud en el visionado es cerebral, como si aquello no fuera contigo, puedes equivocarte. Si lo sientes como algo propio, puedes equivocarte. Así que hemos tocado el fondo de la cuestión a la que me enfrento desde el momento en que acepto dirigir una película: puedo equivocarme. ¿Y qué? Correré el riesgo. Los críticos nunca lo hacen. Ni el público, si olvidamos los ocho dólares que cuesta la entrada. A mí me gusta enfocar el problema de otra manera. ¿Y qué pasa si acierto? Entonces puede que haga otra película. Lo que me dará otra oportunidad de acertar o equivocarme. Y de dedicarme, una vez más, al mejor trabajo del mundo.

9. LA SALA DE MONTAJE
Al fin solo

Durante muchos años *el* cliché acerca del montaje ha sido: «Las películas se hacen en la sala de montaje». Eso es absurdo. Ningún editor de películas ha logrado nunca poner en la pantalla algo que no se hubiera rodado antes.

Existen, sin embargo, razones, que explican la existencia del cliché. En los años treinta y cuarenta, los directores raramente montaban sus películas. El sistema de estudio fomentaba la existencia de departamentos completamente separados. Existía un departamento de montaje que tenía al frente a un editor jefe, del que dependían los demás montadores. El editor jefe veía la película montada incluso antes que el director. De hecho el director podía no ver su película hasta que estaba terminada del todo. Era corriente que estuviera fuera haciendo otra película. En aquella época, los directores que tenían contrato con un estudio podían hacer cuatro, cinco e incluso algunas veces seis películas al año. Como al resto del personal del estudio, se les asignaba un nuevo trabajo tan pronto como terminaban el que tenían entre manos. En ocasiones un director se incorporaba a una película tan sólo una semana antes de comenzar el rodaje. El departamento artístico había construido los decorados y escogido las localizaciones, si eran necesarias. El departamento de *casting* había decidido el reparto entre los actores que tenían contrato con el estudio. El departamento de fotografía había asignado un director de fotografía, el de vestuario a un diseñador, etc. El director se encontraba con un trabajo de preselección ya hecho, y arrancaba a partir de ahí. Joan Blondell me contó una vez que cuando ella y Glenda Farrell tenían contrato con Warner, no era raro que hicieran dos películas a la vez. Por la mañana estaban en una película, y por la tarde en otra: la logística de la programación de ambos rodajes corría a cargo del departamento de producción.

El editor montaba la película a medida que se iba rodando. Cuando el primer montaje (montaje provisional) estaba listo, se enseñaba al editor jefe, que podía señalar algunos cambios. A continuación el productor veía la película. Después de que sus sugerencias eran incorporadas, la cinta se mostraba al vicepresidente que estaba al cargo de la producción. Finalmente, acudían todos en tropel a la sala de proyección para mostrar el montaje provisional al jefe del estudio. Luego la película se mostraba en una proyección previa (en una sala a las afueras de la ciudad, con público) y, dependiendo de su reacción, se volvía a montar. Luego se entregaba al departamento de postproducción, que hacía la postproducción final. Si el director era uno de los favoritos del estudio, se le permitía asistir a la proyección previa. ¿Y al guionista? ¡Olvídalo! Cuando pienso en todo ello, me asombro de que existan tantas buenas películas.

Aparte del sistema descrito, ciertas reglas, no sólo de edición sino de cómo rodar las películas, fueron establecidas por el departamento de montaje. Por ejemplo, todas las escenas tenían que ser «cubiertas». Esto implicaba que una escena debía rodarse necesariamente del siguiente modo: un plano *master* general, usualmente con la cámara estática, de toda la escena; un plano medio de la misma escena; un plano de ella con él en escorzo a la altura del hombro (la escena entera); un plano de él con ella en escorzo a la altura del hombro (la escena entera); un plano de ella sola; un plano de él solo; un primer plano de ella; un primer plano de él. De este modo podía eliminarse cualquier frase o reacción que se consideraran inoportunas. *Ergo*, «las películas se hacen en la sala de montaje.» Se entiende que los directores de éxito gozaban de un poco más de libertad, pero no mucha más. El editor jefe asistía a los visionados, y si consideraba que a una escena le faltaba «cobertura», daba la voz de alarma al vicepresidente encargado de la producción, o incluso al jefe del estudio, que ordenaban el rodaje de material adicional. Y el director lo rodaba.

Por si esto fuera poco a la hora de arruinar cualquier punto de vista original en el rodaje de una película, el sistema era un auténtico infierno para los actores. La repetición interminable de la misma escena, junto a la importancia aparente de dar una calada al pitillo en la frase justa en cada uno de los ocho ángulos de cámara, resultaba insoportable. Y cada uno de esos ángulos comportaba, por supuesto, numerosas tomas. Si un actor se equivocaba —es decir, daba la calada a su cigarrillo en una frase distinta de la prevista— la script lo apuntaba en sus notas, que eran remitidas a la sala de montaje. El editor podía descartar una actuación soberbia porque su trabajo se simplificaba usando una toma donde la acción del cigarrillo encajaba bien.

Yo siempre pido a la script que se asegure conmigo de que los planos de un actor concuerdan. Suelo tener una idea muy aproximada de cómo editaré una escena mientras la ruedo. La discordancia puede no importar. Si tengo problemas más tarde casi siempre puedo sortearlos con un poquito de esfuerzo, avanzando fotograma a fotograma, en los planos de salida y entrada, hasta que doy con el punto en que ambos montan bien.

Las mismas limitaciones se aplicaron en lo referente al audio. Una de las reglas desarrolladas era la de «Nada de solapamientos». Eso significaba, por ejemplo, que en una escena con dos personajes gritándose, un actor no podía hablar, «solapándose», con el otro. De hecho, en los primeros planos,

158

los actores debían hacer una breve pausa entre las frases de uno y otro, para que el editor pudiera montar bien la pista de sonido. Y claro, esto dificultaba la tarea de insuflar vida a una escena que exigía un *tempo* rápido. Esta regla se creó para que los editores vivieran mejor.

En la actualidad, lo normal es que cortemos la pista como nos viene en gana. Lo único que ocurre es que lleva más trabajo. Tenemos que encontrar, no sólo el fotograma donde montan bien dos planos, sino la perforación concreta del fotograma donde montan mejor. Hay cuatro perforaciones por fotograma, así que tenemos que avanzar y retroceder muchas veces hasta dar con el punto justo de corte. Pero puede hacerse. Un buen lugar para cortar en audio es con un fonema bilabial, como la «p» o la «b». Una «s» también sirve. Casi todas las consonantes funcionan cuando, en el punto donde buscas el empalme, hay a la vez dos pistas diferentes de sonido. Las vocales son más difíciles porque raramente obtienes el mismo tono en una vocal: la diferencia puede notarse en el empalme. Finalmente, y aunque me resisto mucho a ello, siempre puedes convocar al actor para que venga a decir otra vez su frase en un estudio de sonido. Lo llamamos doblaje o *looping* por razones que explicaré más adelante.

Cuando dije que el editor jefe podía ir directamente al jefe del estudio no estaba exagerando. En los años treinta y cuarenta, sólo la Metro sacaba a la luz doscientas películas anuales. Eso significa que Margaret Booth, la editora jefe, veía a Irving Thalberg y Louis B. Mayer con más frecuencia que cualquier productor o director. Margaret Booth fue una persona admirable. Era brillante y nunca se cansaba; y le gustaban las películas. No sé si en su vida hubo alguna otra cosa. Fue nombrada editora jefe cuando Irving Thalberg estaba al frente del estudio.

Thalberg es considerado un genio, aunque no tengo ni idea de si lo fue o no. Él y Booth veían películas sin interrupción. Cuando les satisfacía un montaje provisional, organizaban una proyección previa. Luego Thalberg decidía lo que debía rehacerse. Pero volver a rodar nunca era un problema. Todos los decorados se guardaban en el estudio, y no se desechaban hasta que la película recibía el okey definitivo. Si era necesaria una reescritura, el guionista (al igual que el escritor) estaba allí para hacerla, tal y como exigía su contrato con el estudio. Si por alguna razón no estaba disponible, otros le sustituían. Los actores se encontraban también con contrato y disponibles. Si estaban trabajando en otra película, no había problema. ¿No te habrás olvidado de Joan Blondell y Glenda Farrell? Me han contado que más del sesenta por ciento de *Capitanes intrépidos*, una buena película con Spencer Tracy y Freddie Bartholomew, se rodó de nuevo. Y aunque no fuera verdad, no importa. *Podría* haberse rodado de nuevo. Toda. Me parece que el señor Thalberg lo tenía bien montado. Ruédalo, muéstralo, vuélvelo a rodar si hace falta. Ojalá pudiéramos hacerlo hoy.

Conservo un lugar muy especial en mi corazón para Margaret Booth. Cuando estaba rodando *La colina* en Inglaterra en 1964, aún era editora jefe de la Metro. Por entonces tendría unos sesenta años o puede que más. En aquella época la Metro sufría asaltos constantes de empresas que trataban de absorberla. Si mi memoria no me falla, había cambiado tres veces de propietario en dos años. Margaret fue la única persona que siempre supo qué películas estaba rodando la Metro y la situación en que se encontraban. El estudio la envió a Inglaterra para echar un ojo a las tres películas que la Metro estaba rodando allí. *La colina* tenía un montaje provisional y las otras dos estaban en pleno rodaje. Al llegar pidió copia con el montaje que hubiera de las tres películas, para verlas al día siguiente a las ocho de la mañana. Imagínatelo. Acababa de llegar de California. Era una anciana, y las ocho de la mañana era las doce de la noche de California. No nos pidió, a mí o a Thelma Connell, la editora de *La colina*, que asistiéramos a la proyección. Sólo dijo que nos vería a la una del mediodía.

A la una en punto entraba en la sala de montaje. «Dura 2:02» (la duración de la película), me dijo. «Quiero que esté por debajo de las dos horas.» En aquella época no tenía el control sobre el montaje definitivo. Le pregunté, con amabilidad, «¿Hay algún pasaje en particular que le parezca demasiado largo?» «¡No!», me dijo. «Es una buena película, con un montaje perfecto. Pero tenéis que quitar dos minutos, o tendré que hacerlo yo.» Después de decir eso, se marchó.

El pánico se apoderó de mí. En cuanto el estudio mete mano en una película, no hay forma de saber en qué acabará todo. La cosa puede empezar con «quita dos minutos» y terminar en un film irreconocible. Thelma y yo nos sentamos en la moviola (una máquina para ver y montar la película) y proyectamos una vez más la película. Vimos la forma de eliminar treinta y cinco segundos, y eso fue todo. A la mañana siguiente, a las diez y media, Margaret regresó a la sala de montaje. Le expliqué lo que habíamos suprimido, y añadí que cualquier otro corte dañaría a la película. «¿Qué tal si…?» y mencionó un plano. Le di mi contraargumento. «¿Y aquel plano donde…?» y mencionó otro plano. Su memoria fílmica era increíble. Se refirió a siete u ocho pasajes, siempre certera al referir el momento en que tenían lugar, lo que ocurría en ellos y lo que podía hacerse para acortar su principio o su final. Y había visto la película una sola vez. A cada sugerencia, yo le daba las razones por las que me parecía que el plano no debía modificarse. Al final, dijo «Pásamela».

Pasamos la película por la moviola. Tienes que sentarte en un taburete alto por el tamaño de la pantalla, que sólo tiene veinte centímetros de anchura. Se sentó allí, en el duro y alto taburete, y se puso a observar con una concentración total. Cuando acabó, dijo, «Tienes razón. Que se quede como está. Es una buena película.». Salimos los tres de la sala de montaje, Margaret en una dirección, Thelma y yo en otra, derechos a comer algo. Creíamos estar en el séptimo cielo, sabiendo que el estudio dejaría al fin a la película en paz. Entusiasmados, hablábamos de lo estupenda persona que había resultado ser Margaret Booth.

Aquella noche, hacia las diez y media, me llamó Thelma. Con voz temblorosa me contó que la señorita Booth la había llamado, y que quería ver la película otra vez a las ocho de la mañana. Me vine abajo. Las películas están sembradas de batallas que crees haber ganado, y al final resulta que tienes que volver a lucharlas, una vez y otra.

Vio la película de nuevo. A regañadientes, dijo, «Déjala», y me pidió que la acompañara a su coche.

Pasamos al vestíbulo. Le pregunté por qué había querido ver otra vez la película. Me dijo, «Ayer, cuando Thelma y tú bajabais al vestíbulo, pensé que os estabais riendo de mí». Me detuve. No podía creer lo que acababa de oír. Le dije, «Margaret, puedo discutir contigo. Pero de ninguna manera voy a tratar de camelarte.».

Se echó a llorar. «Lo sé», me respondió. «No eres uno de ellos. Estoy tan cansada. De toda esa gente» —podía haber dicho «De todos esos bastardos»— «peleándose por los despojos la Metro. Ninguno de ellos sabe nada de películas ni le importa. Soy la única que sabe lo que se rueda y lo que se estrenará por Pascua o por Navidad. Y todo el mundo me miente mientras delegan una decisión y otra sobre mí. Nadie me ayuda. Ahora me tengo que ir a la India. Tenemos ahí una película con problemas y soy la única que puede echarles un cable. Ayer por la noche estaba tan cansada. Y pensé que Thelma y tú os burlabais de mí.»

Le abrí la puerta del coche. Le di un par de besos. Dijo al conductor, «A la terminal del aeropuerto». Fue la última vez que la vi.

El montaje, como todo en las películas, es un trabajo técnico con importantes ramificaciones artísticas. Si resulta absurdo creer que las películas «se hacen» en la sala de montaje, puedes estar seguro de que es cierto que pueden malograrse ahí. Existen muchas ideas erróneas acerca del montaje, de modo muy particular entre los críticos. Alguna vez he leído que tal película estaba «perfectamente montada». No hay forma de que puedan saber si es así o no. Puede parecer mal montada porque estaba mal rodada, y de hecho puede ser un milagro de la edición que la historia tenga un mínimo sentido. Al contrario, la película puede parecer muy bien montada, pero quién sabe lo que se quedó en el suelo de la sala de edición. Desde mi punto de vista, sólo tres personas saben si un montaje es bueno o malo: el editor, el realizador y el director de fotografía. Son los únicos que saben todo lo que se rodó en su día. Tan buena como parece la película *El fugitivo* (y su aspecto es formidable), no sé quién hizo qué en el montaje. Uno puede asumir una profesionalidad básica, y dar por supuesto que la película se rodó bien. Pero los melodramas, o las películas de persecución, no son tan difíciles de montar si se cuenta con el material básico. Nuestra vieja definición de melodrama continúa siendo válida: hacer creíble lo increíble. Por tanto, como para cualquier otro que participa en la película, la historia es nuestra principal prioridad. Edítala apoyando la historia, haciendo que el montaje se integre en el melodrama; edítala del modo más sorprendente e inesperado, si puedes. Intenta «romper el saque» al público, pero no hasta el punto de hacer que se pierda en la historia. La mayoría de los montadores lo logra editando la película con un ritmo fuerte de *staccato*, con cortes de entre uno y dos metros (de entre dos y cuatro segundos). Pero he visto crear un suspense genial manteniendo un largo y lento plano de seguimiento de la actriz, hasta terminar con un repentino primer plano de ella y una mano que le tapa la boca. Si el director no hubiera rodado ese largo y lento plano, no podría haberse creado en la sala de montaje.

En la reseña de una película que había montado Dede Allen, el crítico decía lo brillante que era y cuán inconfundible era su estilo. Si alguna vez leyó la crítica, debió quedarse profundamente afligida. Ella es una editora brillante. Pero se enorgullece de hacer, en cada película, lo que el director le pide. Está orgullosa de que las películas que ha editado para George Roy Hill sean muy distintas de las que preparó con Warren Beatty o de las que ella y yo hemos hecho juntos (*Serpico, Tarde de perros* y *El mago*). Ella quiere que gane la película, no Dede Allen. No es egoísta. Ella hace «la misma película» que el resto del equipo.

Cuando empezamos a rodar *Serpico*, después del puente del cuatro de julio, ya estaba fijada la fecha de estreno de la película: el 6 de diciembre. Suponía un tiempo cortísimo para rodar, montar y hacer todo el trabajo de postproducción (sonido, música, primera copia estándar). Seis meses de postproducción es un período ajustado. Tres meses es una locura. Pero no había elección. Rodaríamos en julio y agosto y acabaríamos el resto en septiembre, octubre y noviembre. Por mi primera vez en mi carrera la montadora trabajaba «a mis espaldas». Hasta entonces siempre había pedido al editor que esperara a que hubiera acabado el rodaje para poder estar juntos en la sala de montaje; pero si hubiéramos aplicado este criterio a *Serpico* no habríamos acabado en la fecha prevista. Después del visionado diario, Dede y yo nos sentábamos a hablar durante una hora. Yo le explicaba las tomas que había seleccionado y ella tomaba nota. «Esta escena aborda su primer momento de miedo, Dede. Hay que poner el énfasis en...» En cuanto acabábamos, se iba a trabajar. A medida que el rodaje avanzaba, Dede comenzaba a acumular más material del que era capaz de editar. Entonces empezó a delegar el montaje de algunas secuencias en su estupendo ayudante, Richie Marks; de modo que, en esencia, tenía a dos editores trabajando «a mis espaldas».

Cuando al fin acabé el rodaje, me fui directamente a la sala de montaje. Muchas de las secuencias que Dede había montado interpretaban mi intención mejor incluso de como yo lo habría hecho. Otras, sobre todo aquellas relativas a las mujeres con las que Serpico se relaciona, requirieron revisiones amplias de montaje. Seguramente se debió a que aquellas escenas no eran las que estaban mejor escritas, y carecían de la segura dirección melodramática de los pasajes policiales. Pero fuera ésa u otra la razón, el hecho es que reeditamos las secuencias del mejor modo posible, y cumplimos con el programa. En todo momento, y bajo una presión terrible, la dedicación al *trabajo* de Dede no faltó nunca. Y *ése* es el «estilo Dede Allen».

Lo primero que noto cuando entro en la sala de montaje es su silencio. ¡La realización de una película es tan ruidosa! En el estudio, cuando estás rodando en un decorado, al lado están construyendo otro. Una puerta se abre y notas cómo el ruido del serrucho de un carpintero te destroza el oído; los martillazos se escuchan sin cesar; el ruido sordo de un saco de arena al caer; el murmullo de la conversación que mantienen los extras; el crujido de un clavo extraído de su sitio; los gritos de los eléctricos al colocar los focos. Fuera, en localización, están también, por supuesto, los sonidos que conforman el pandemónium ordinario de la calle.

Pero ahora, en la sala de montaje, hay un bendito silencio. Hasta el suelo tiene moqueta. La aprendiza realiza el tedioso trabajo de anotar los números de corte de la película. Suele tener un transistor, que sintoniza con una emisora de jazz o de música clásica. En el pasado, se podía oír el agradable estrépito de la moviola cuando el editor revisaba un plano o una secuencia. Ahora, con la edición electrónica, hasta ese sonido ha desaparecido.

Me quito la chaqueta y asoma a mi cara una sonrisa. Me siento tan feliz en esta sala. Si la película supuso un montón de trabajo duro en localización, estoy cansado; y por tanto aprecio aún más la tranquilidad del lugar donde me encuentro. Se acabaron las consultas continuas. Paz. Silencio. Un tiempo de reflexión, para reconsiderar y reexaminar las cosas, un tiempo de descubrimiento y de entrada a todo un nuevo mundo técnico, que puede colmar y mejorar la razón original por la que estoy haciendo la película.

En mi opinión existen dos elementos principales en el montaje: la yuxtaposición de imágenes y la creación de un *tempo*.

Hay veces en que una imagen es tan poderosa o hermosa que puede capturar o iluminar nuestra pregunta principal: ¿De qué trata la película? En *Asesinato en el Orient Express* el plano del tren saliendo de Estambul tenía esa cualidad. Encerraba todo el misterio, el *glamour*, la nostalgia y la acción que debían prolongarse en el resto de la película.

Pero en una película, cada plano viene precedido o seguido de otro plano. Por eso la yuxtaposición de planos es una herramienta tan importante. En las devastadoras luchas de *Larga jornada hacia la noche*, en que los personajes desnudan sus almas, los planos son cada vez más abiertos a medida que padre e hijo se dicen verdades más crueles y horribles el uno sobre el otro. La culminación del enfrentamiento se cierra con dos primerísimos planos; el encuadre es tan cercano que la frente y la barbilla no se ven. El impacto de esos primeros planos fue doble debido a que venían precedidos de planos generales. En *El príncipe de la ciudad*, cuando Ciello está pensando en suicidarse, la presencia del cielo era importantísima porque no se había visto antes en la película. La transición más importante de *Veredicto final* resulta brillante gracias a unos primeros planos de Paul Newman observando una foto tomada con una Polaroid. Ha hecho una foto a la víctima, y la observa durante su revelado. A medida que la fotografía cobra vida, él también lo hace. Podía sentir cómo el presente se apoderaba de un hombre que, hasta entonces, ha vivido atrapado en el detritus de su pasado. Fue el montaje que intercalaba planos de la Polaroid revelándose con primeros planos de Newman lo que hacía palpable la transición.

Me parece que *El prestamista* es la película dirigida por mí en que resulta más claro el impacto de las imágenes yuxtapuestas. Sol Nazerman, el protagonista, atraviesa una profunda crisis que se agudiza a medida que se acerca el aniversario de la muerte de su familia en un campo de concentración. Las imágenes ordinarias de su vida cotidiana le recuerdan cada vez más sus experiencias en el campo, a pesar de los muchos esfuerzos que hace por apartarlas de su mente. Al contar su sufrimiento, nos enfrentábamos a dos problemas. Uno era cómo conseguir una respuesta a la cuestión central: ¿Cómo funciona la memoria? Aún más: ¿Cómo funciona la memoria cuando renegamos de ella, cuando luchamos por apartarla de nuestra conciencia? Descubrí la respuesta analizando mi propio modo de hacer cuando algo de lo que no quiero acordarme trata de abrumarme, invadiendo mis pensamientos actuales. Después de mucho elucubrar, caí en la cuenta de que ese sentimiento reprimido seguía apareciendo en ráfagas cada vez más duraderas, hasta que al final emerge poderoso y dominante, absorbiendo todo mi pensamiento consciente.

El segundo problema era cómo mostrar todo eso en términos fílmicos. Sabía que, cuando esos sentimientos son estimulados por primera vez, llegan en ráfagas de tiempo muy breves. ¿Pero cómo de breves? ¿De un segundo? ¿De menos tiempo? La creencia generalizada entonces era que el cerebro no podía retener o asimilar una imagen que durara menos de tres fotogramas, o sea, un octavo de segundo. No tenía ni idea de cómo se había llegado a tal conclusión, pero Ralph Rosenbloom, el editor, y yo, decidimos jugar con esa teoría. No estoy seguro de esto, pero creo que nunca se habían usado antes planos de tres fotogramas de duración. En otras películas había hecho cortes breves, de dieciséis fotogramas (dos tercios de segundo) y de ocho (un tercio de segundo).

En una secuencia Nazerman dejaba su tienda una noche, y pasaba una cadena por la verja, detrás de la cual un grupo de muchachos estaban golpeando a otro. Las imágenes de cómo un pariente era acorralado por los perros vigilantes de un campo de concentración, contra la verja y su cadena, se apoderaban de él. Adopté la regla de que era posible reconocer los planos de tres fotogramas, y al primer corte del campo de concentración le concedí cuatro fotogramas (para amarrar), un sexto de segundo. Al principio tenía la intención de que el segundo corte breve fuera una imagen diferente, que durara más, quizá seis u ocho fotogramas (entre un cuarto y un tercio de segundo). Pero me pareció que era demasiado evidente, que daba un avance a los recuerdos de la memoria demasiado pronto. Así que razoné que, si volvía a usar la *misma* imagen, podía reducir su duración a dos fotogramas (la duodécima parte de un segundo). Aunque la gente no entendiera del todo el plano la primera vez, acabarían haciéndolo después de que se repitiera dos o tres veces. Ahora sí tenía la solución técnica para mostrar cómo los recuerdos subconscientes de Nazerman pugnan por salir a la luz. Si la siguiente imagen de un recuerdo era más compleja, me sentía con libertad para repetirla tantas veces como fuera necesario en cortes de dos fotogramas, hasta que se entendiera. Cuando la escena continuaba, podía prolongar los planos a cuatro, ocho, dieciséis fotogramas, y así en progresión aritmética, hasta que dominaran la mente del protagonista y el flashback pudiera mostrarse en su totalidad.

La técnica llegaba a su culmen en la escena climática, cuando Nazerman se sube a un vagón del metro. De modo gradual el vagón del metro se convierte en el vagón de un tren que se lleva a su familia a un campo de exterminio. La transición completa duraba un minuto. Empezando con cortes de dos fotogramas, reemplacé poco a poco un vagón por el otro. En otras palabras, cortaba dos fotogramas del vagón de ferrocarril, que reemplazaban a dos fotogramas del vagón de metro. Luego eran cuatro, y así hasta que el vagón de metro *se convirtió* en el vagón de tren. Como su excitación crecía, Nazerman corría a otro vagón del metro para tratar de escapar de sus recuerdos. De un modo frenético abría la puerta para pasar de un vagón a otro, y nosotros cortábamos al fin al vagón de tren, y a partir de ahí se desarrollaba la escena de flashback en su totalidad. Ya no tenía escapatoria. Como había rodado las imágenes del metro y del tren en una panorámica de 360 grados, la escena aún era más excitante desde el punto de vista visual. Con la cámara en el centro de cada vagón, hicimos un movimiento circular completo. Así, cuando cortábamos de una escena a otra, podíamos encajar perfectamente los planos con sus correspondientes arcos de circunferencia. La película era siempre dinámica, en el pasado y en el presente.

Teníamos tanta confianza en nuestra solución técnica, que marcamos los momentos de transición de metro a tren en una hoja de papel y dejamos en manos de un ayudante el trabajo puramente mecánico. Y había mucho trabajo mecánico. En aquella época empalmar dos planos significaba colocar cinta adhesiva en *cada* fotograma, uniendo la película saliente con la entrante. Pero cuando vimos la secuencia proyectada en la pantalla por primera vez, supimos que lo habíamos conseguido. Nunca cambiamos después de haber hecho el empalme por primera vez.

Un año después del estreno de la película, todos los anuncios de televisión parecían haberse puesto de acuerdo en recurrir a esa técnica. Lo llamaron montaje «subliminal». Ruego disculpas a todo el mundo.

El segundo elemento del montaje, tan crítico como el primero, es el *tempo*. Cada corte de una película cambia el punto de vista, pues supone la presentación de un ángulo de cámara diferente. A veces consiste, sencillamente, en pasar de un plano general a otro medio, o a un primer plano, ofrecidos desde el mismo ángulo. Pero pese a todo, el punto de vista ha cambiado. Imagina cada corte como el compás de un metrónomo visual. De hecho, muy a menudo, se montan secuencias enteras de acuerdo con un ritmo determinado que encaja con la partitura musical, que se añadirá más adelante. Cuantos más cortes tiene una escena, más rápido es el *tempo*. Por ese motivo los melodramas y las películas de acción recurren tan a menudo a los planos breves. Igual que ocurre con la música, el *tempo* rápido se asocia con la energía y la excitación.

Pero ocurre algo muy interesante. En música todas las piezas, desde una sonata a una sinfonía, emplean los *cambios* como una parte integrante de lo que son. Una sonata de cuatro movimientos, por ejemplo, cambia no sólo los temas musicales en cada movimiento, sino el *tempo* de cada movimiento, y aun el *tempo* dentro de cada movimiento. Del mismo modo, si una película se edita con el mismo *tempo* a lo largo de todo su metraje, al espectador se le hace mucho más larga. Da lo mismo que haya cinco cortes por minuto, o cada diez minutos. Si el ritmo se mantiene durante toda la película, se hace cada vez más lenta. Dicho de otro modo: es el *cambio* en el *tempo* lo que nos afecta como espectadores, no el mismo *tempo*.

No sé por qué razón, todavía recuerdo los planos de que consta *Doce hombres sin piedad*: 387. La mitad de esos planos llena la última media hora de película. El *tempo* del montaje se aceleró de modo constante durante la película, hasta estallar en una especie de galope en los treinta y cinco minutos finales. El *tempo* de intensidad creciente ayudó un montón, tanto a aumentar la emoción del relato como a captar la atención del espectador, gracias a que se comprimían más el espacio y el tiempo.

En *Larga jornada hacia la noche*, descubrí cómo usar los *tempos* de edición para apuntalar la fuerza de los personajes. A Katherine Hepburn siempre la filmaba en planos largos y sostenidos de modo que, en el montaje, dotaba a sus escenas de un sentido que ayudaba a que nos introdujéramos en su narcotizado mundo. Nos movíamos a su paso, nos metíamos en su pasado y en ella misma para vivir nuestra personal jornada hacia la noche. Los planos del personaje de Jason Robards se montaron justo al revés. A medida que la película avanzaba, intenté montar sus escenas con un ritmo de *staccato*. Quería darle un aire errático, incoherente, desequilibrado. Los planos de los personajes de Richardson y Stockwell los monté pensando en el *tempo* general de la película, más que en reforzar su modo de ser.

En las películas en que no uso el *tempo* para la caracterización, tengo sumo cuidado en cambiar continuamente el ritmo de la película al hacer el montaje. El uso de planos sostenidos, sin insertos, lo establezco con mucho ojo al principio, antes de comenzar a rodar. Si pienso incluir una larga escena sin cortes al final de la película, hay muchas posibilidades de que decida que la cámara se mueva. Lo cual significa que necesitaré un suelo donde pueda mover la *dolly* a mis anchas. En mi primera charla con el director artístico, unas dieciséis semanas antes de que entre en la sala de edición, ya pienso en los *tempos* que presentará el montaje definitivo. Puede que no use la escena sostenida como una unidad. Puede que la trocee. Pero si no la he rodado entera antes, no puedo recrearla luego en la sala de montaje.

Si he recurrido a una toma sostenida en las escenas A y/o B, me empiezo a plantear el cambio del *tempo* en la escena C. No es difícil de justificar. Cuando puse la cámara en su sitio para rodar, me pregunté: ¿Qué quiero ver ahora del guión y por qué? Ahora, en la sala de edición, me hago la misma pregunta. Es fácil encontrar una razón para cortar de él a ella.

170

De hecho, si las dos interpretaciones son buenas, sufres por no ver a los actores juntos, con su rostro nítido en un momento concreto. Así que, dependiendo del *tempo* que la escena necesite con respecto a la película en su conjunto, puedo adelantar o retrasar el corte de un plano a otro, y darle una duración pequeña o grande, según me parezca más oportuno.

Igual que pienso en el cambio del *tempo* entre escenas, me gusta hacerlo considerando el arco completo de la película. Los melodramas aceleran usualmente su *tempo* porque las historias que cuentan exigen un sentido creciente de la emoción y las distintas tensiones. Pero en muchas películas, ya cerca del final, he buscado ralentizar un poco las cosas para conceder un respiro a la audiencia, y aun a la misma película. Este modo de proceder de ningún modo es raro. El clásico plano final de un melodrama romántico, un lento movimiento de la cámara hacia atrás y hacia arriba, se ha convertido ya en un cliché. Acuérdate de *Casablanca*. Bogart mira a Rains: «Louie, presiento que éste es el comienzo de una hermosa amistad». Cuando se alejan, de espaldas a nosotros, la cámara se eleva y la *dolly* se desplaza hacia atrás. Nuestros dos cínicos amigos, ahora camino de unirse a la Francia libre, disminuyen progresivamente su tamaño en el plano. Fundido a negro. Recuerdo una serie de películas de la 20th Century Fox que recurrieron a ese tipo de plano, e incluso usaban la *misma* música. Siempre se escuchaba el sonido lastimero de un «saxofón solitario» o de una «trompeta solitaria» cuando el detective regresaba con paso lento a casa, después de resolver el caso y perder a la chica, mientras el resto de la ciudad dormía. Podría tararearte ahora mismo ese tema musical.

Puede haber otras razones que aconsejen ralentizar una película. En *Tarde de perros* la cuestión central del film se resume en el momento en que Pacino dicta su testamento, transcurridos tres cuartos de metraje. En ese momento el tema principal se planta ante nuestras narices: la gente marginada no son esas criaturas raras que solemos imaginar. Tenemos mucho más en común con los comportamientos marginales de lo que nos gusta admitir. Era esencial que dictara su testamento con calma, dulzura y emotividad.

Durante el montaje habíamos intensificado gradualmente la emoción de la película haciendo los planos más breves, eliminando cualquier elemento superfluo. En la primera mitad de lo que considerábamos el montaje definitivo de la película, quitamos cuatro minutos y medio de metraje. Era bastante tiempo para la etapa final del montaje. No habíamos quitado nada, en cambio, de la segunda mitad de la película.

Pasamos la película. Dede Allen y Marty Bregman estaba contentos y querían dar «el cerrozajo» a la película: congelar el montaje y pasarlo al departamento de sonido para acometer los pasos finales de postproducción. Pero yo no estaba satisfecho del todo. Estábamos fuera de la sala de proyección en 1600 Broadway, cerca de una sala de cine porno, discutiendo. Me parecía que la primera mitad de la película era *demasiado* rápida. No se trataba de que hubiéramos restado personalidad a los protagonistas, o de que hubiéramos comprometido el tema de la película. Pero la primera mitad era sobre todo melodramática. El atraco a un banco, por su propia naturaleza, es un acontecimiento excitante. Al suprimir cuatro minutos y medio me preocupaba que hubiéramos dado un *tempo* melodramático a la película, que podía, por contraste, hacer parecer la segunda mitad del metraje lenta. Y si eso ocurría, el dictado del testamento, la parte más lenta del film, podía hacerse interminable. Una cosa *siempre* se relaciona con otra, nunca es un elemento aislado.

Hablamos casi media hora, de pie allí en la calle, mientras maleantes, buscavidas y clientes del cine porno pasaban a nuestro lado. Al día siguiente volví a la sala de montaje y coloqué en su sitio dos minutos y medio de los cuatro y medio que había suprimido. Nunca sabré si mis temores en lo relativo a la escena del testamento estaban bien fundados. Pero sí sé que ralentizar un poco el ritmo de la película no la perjudicó.

De lo que vengo diciendo podría concluirse que la preplanificación engloba también la fase de edición. Sin embargo, una de las alegrías que puede proporcionarte la sala de montaje es la resolución de una escena que no funcionaba bien. Esto, muy a menudo, comporta abreviar su duración. Otras veces desplazar de un punto a otro el énfasis de la escena puede hacerla más interesante. Como las películas muestran acontecimientos que se desarrollan en un período más largo que su propia duración, tienden a hacer evidente enseguida el punto clave de una escena o de un personaje. En *Daniel*, Daniel busca alguna explicación razonable de los cataclismos que han presidido su existencia: la ejecución de sus padres en Sing Sing y la locura de su hermana. Hay dos escenas en que Daniel visita a su hermana en un hospital psiquiátrico. La segunda, en que da un paseo con su hermana catatónica alrededor de la habitación, no resultaba tan emotiva como yo esperaba. Enseguida me di cuenta de que la escena era correcta. El problema residía en la forma en que se había montado la primera escena: el énfasis recaía sobre *él*. Como resultado, la segunda escena no aportaba nada nuevo sobre él. Parecía redundante. Después de que la primera escena fuera reeditada poniendo el acento en el sufrimiento de *la hermana*, las dos escenas funcionaban mucho mejor. Ella producía mucha lástima en la primera escena, y aún teníamos algo nuevo que descubrir sobre Daniel en la segunda.

Todo esto nos permite sacar a colación un punto importante. Dije antes que no hay decisiones pequeñas cuando se realiza una película. Este comentario viene como anillo al dedo a propósito del montaje. Uno de los milagros que ocurren cuando se monta una película es el hecho de que un cambio en el rollo 2 puede afectar a un pasaje del rollo 10. (Una película de ciento diez minutos consta de once rollos: diez minutos por rollo.) Nunca se debe perder de vista la relación entre corte y corte, y entre rollo y rollo.

Lo habitual, durante el montaje, es que procure ver tres rollos seguidos en cuanto están listos. Veo cómo funcionan sobre la pantalla, y tomo notas. Si son muchas, me pongo inmediatamente a modificar los rollos. Si se trata de cambios pequeños o meramente técnicos, me tomo con calma esa segunda revisión. Procuro que el metraje que veo de corrido sea en lotes semejantes de tres rollos, y no dedico más atención a uno que a otro, a no ser que un lote determinado presente alguna dificultad especial. En esta fase no admito opiniones de fuera. Todavía es pronto.

Como sé que la mayoría de las películas no tienen por qué durar más de dos horas, raramente supero los quince rollos (dos horas y media) en el primer montaje provisional. Las escenas no están montadas con toda precisión, aunque trato de dejarlas lo más ajustadas posible. Si no respeto el *tempo*, me es imposible decir si la escena funciona de modo correcto.

Antiguamente se solía hacer un primer montaje provisional «largo». La razón, una vez más, era el deseo de paz y concordia. Uno de los clichés más repetidos en la industria del cine es: «Sería perfecta si le quitaras diez [o veinte, o treinta] minutos». Como se sabía que un comentario de ese tipo era inevitable, los montadores hacían un primer montaje largo que pasaría por las manos del jefe de departamento, el productor y el jefe del estudio. De esa forma, cada uno podía creerse que había hecho una contribución sensacional a la película sugiriendo la supresión de diez minutos de metraje. Cada vez que el montaje provisional fuera visto por alguien del escalafón, se caerían ocho minutos. Lo cual dejaba todavía un margen de supresión de seis minutos para cuando le tocara el turno al jefe del estudio. ¿Puedes adivinar lo que solía decir? ¡Correcto! El editor quitaba los seis minutos previstos, el metraje alcanzaba una duración razonable, y todo el mundo podía creerse que gracias a su intervención se había salvado la película del desastre.

Nunca he podido entender por qué hay directores que entregan un primer montaje provisional de tres horas. Una cosa así significa, de ordinario, que tendrá que eliminar un metro de película de cada tres, ya que la mayoría de los estudios exigen un metraje de menos de dos horas. La principal razón es económica, ya que los estudios y los exhibidores necesitan cierto número de proyecciones diarias. Y en la mayoría de los casos, debo decirlo, estoy de acuerdo con ellos. Las películas son fascinantes. Pero será mejor que tengas un montón de cosas que decir, si pretendes que sobrepasen las dos horas. En ningún momento se me hizo larga *La lista de Schindler*. ¿Pero qué ocurrió con *Tomates verdes fritos*?

Un primer montaje provisional que va más allá de las tres horas puede dañar seriamente a una película. Desesperados por ahorrar tiempo, comenzaremos a suprimir las pausas de los actores en sus discursos, los planos de seguimiento se reducirán a la mitad, todo lo que no sean los huesos mondos y lirondos del argumento acabará arrojado por la ventana. La duración excesiva del primer montaje conlleva, muy a menudo, la destrucción de la película en la sala de edición.

Hemos acabado el primer montaje provisional. Ahora, antes de proyectar la película entera por primera vez, hago un nuevo repaso. A partir de mis notas de las proyecciones de tres rollos, hago las correcciones oportunas. Mi intención es conservar todos los planos, escenas y líneas de diálogo del primer montaje, aunque empiecen a rondar por mi cabeza algunos elementos de los que podría prescindir. Quiero dar a todo plano su oportunidad de permanecer en su forma ideal. Pero también pretendo, dentro de un orden, que cada escena tenga el menor metraje posible.

Un día debo empezar a mirar a mi alrededor. Tenemos un primer montaje presentable. Toca pasar por el primer test crítico, capaz de destrozar los nervios de cualquiera: la proyección completa de la película. No importa que estemos entusiasmados o deprimidos, en un momento vamos a descubrir si nuestro estado de ánimo está justificado. Cualquier autoengaño del que hayamos sido víctimas, bueno o malo, nos va a conducir a otro posible autoengaño, que también será bueno o malo. ¿Se hace lenta la película hacia la mitad del metraje? ¿Es tan emocionante como pensábamos o es algo fría? ¿Empieza con buen pie? ¿Y el final? Las preguntas (y el pánico, por tanto) son inagotables.

Antes de proyectar la película me concedo un *impasse* de veinticuatro horas. No quiero ver la película cansado o con los biorritmos bajos; y como normalmente veo las películas por la noche, programo la proyección a las ocho u ocho y media. No como ni bebo nada antes. Si el guionista puede, le pido que venga. El productor. El compositor de la banda sonora. Mi mujer. Y un pequeño círculo de «sabios», gente inteligente y trabajadora: cinco o seis amigos íntimos que conocen mi obra y me aprecian. Tendré tiempo de sobra para opiniones objetivas, por no mencionar las hostiles. Es importante que los amigos de ese círculo sepan algo de cine en sus aspectos técnicos. Las opiniones generales son útiles hasta cierto punto. Es mejor oír decir a alguien «¿Te acuerdas de esa parte que dura casi cuarenta minutos, en que él vaga sin rumbo fijo tratando de aclarar su mente? No hace ninguna falta. Si necesitas ese lapso de tiempo para otras cosas, puedes prescindir de ello.». Y por supuesto, puedes emplear ese tiempo en otro pasaje. Y tampoco necesitas ese plano de una mano adelantando un reloj, o el encadenado de un cenicero vacío a otro repleto de colillas. Puedes descubrir una forma original de contar las cosas y prescindir de los pasajes que sean redundantes.

Me gusta sentarme solo en esa primera proyección. Una vez más, en la primera fila. Como la pista de sonido es provisional, el editor se suele sentar detrás, «manejando el cotarro» (manipulando el control del volumen para que se oigan los pasajes más inaudibles, o para que no nos rompan los tímpanos). Algunas veces, si hay largos pasajes sin sonido, ponemos una musica provisional, sacada de una grabación comercial.

Como es mi costumbre, llego temprano. Mi consejo de «sabios» nunca llega tarde. Han cambiado con el paso de los años. Faith y John Hubley solían venir. Y Bob Fosse. Y Robert Alan Arthur. Phyllis Newman viene. Y Herb Gardner. Betty Comden y Adolph Green vienen. Nora Ephron. Ann Roth. Tonny y Gen Walton. Y Piedy, mi mujer. Éstos son los que me acompañan. Les debo toda mi gratitud por su sabios y sinceros consejos a lo largo de tantos años. Ellos han vivido conmigo, también, los malos tragos. Una vez hice una película para David Merrick, *Child's Play*. Entre otros problemas, estaba el de cómo terminarla, de modo que rodamos dos finales distintos. Puse ambos en la primera proyección. Cuando las luces se encendieron, oí cómo Merrick, desde el fondo, decía despectivamente «¿Eso es todo?». Me volví y le dije «Vuelve a preguntarme en ese tono y te daré un guantazo, gilipollas». Salió corriendo de la sala como una exhalación.

Pero también ha habido buenos ratos. Alguna vez uno o dos han dicho las palabras mágicas «No toques ni un fotograma». Tienes que escuchar con mucha atención. Ellos no quieren ser destructivos, pero tu deseo es que te digan la verdad. A menudo nos vamos a cenar juntos. Buena pasta y buen vino. Y formulo todas las preguntas que puedas imaginar, importantes o de poca monta. «¿Cómo te afectó esto?», «¿Está eso claro?», «¿En qué momento te has aburrido más?», «¿Te has emocionado?» Y así, durante un buen rato. Aunque lo cierto es que casi siempre puedo «leer» en sus ojos lo que piensan de la película, en cuanto se enciende la luz una vez concluida la proyección.

Pero la proyección es, sobre todo, para mí. ¿Me ha gustado *a mí*? ¿He dedicado seis, nueve meses, un año, a perseguir algo con sentido? ¿Y he sido lo bastante bueno trabajando para capturarlo en la pantalla?

10. EL SONIDO DE LA MÚSICA
Sonido de sonidos

Si el cliché de que las películas se hacen en la sala de montaje es falso, el otro cliché, «Funcionará mejor cuando le pongamos la música», es cierto. Casi todas las películas mejoran con una buena partitura musical. Para empezar, la música es una manera de tocar la fibra sensible de la gente. La música para el cine ha desarrollado tantos clichés propios a lo largo de los años, que el público puede captar, casi inmediatamente, el tipo de escena que va a ver; la música les cuenta algo, o incluso algunas veces se lo anticipa. Esto último, como norma general, suele ser señal de que estamos ante una mala banda sonora; pero hasta las malas bandas sonoras funcionan.

Cuando la partitura es predecible, cuando duplica con su melodía y arreglos la acción que se ve en la pantalla, lo llamamos «mickey-mousear». Se trata, obviamente, de una referencia a la música del típico *cartoon*, que duplica las trastadas que Jerry le gasta a Tom. Las películas con partituras así, probablemente no sufren un daño irreparable por ello. Pero existe el riesgo, si la música no es el único cliché de la película. Y lo más probable es que esté cargada de ellos.

Lo normal es que la culpa no sea del compositor. Si exceptuamos al guionista, acaso sean los compositores las personas cuyo trabajo sufre más alteraciones al hacer un film. Todo el mundo cree saber algo sobre música, y quiere aportar su modesto dos por ciento a la banda sonora. Si el compositor se presenta con algo demasiado original —es decir, con algo que los productores o la gente del estudio no ha escuchado nunca antes—, puede que la música sea desechada. He conocido a productores que encargan a un editor musical limar fragmentos, arreglos, eliminar determinados segmentos, romper aquí y allá hasta volver la partitura irreconocible. Hoy en día en que es práctica general grabar por separado cada instrumento de la orquesta, se puede, casi, reorquestar todo, retrocediendo a las 32 ó 64 pistas de la grabación original.

El compromiso fatal de muchos compositores es trabajar para el cine. A cambio de una buena paga, escriben música para un medio que nunca les podrá pertenecer. La música, sin duda una de las mayores manifestaciones artísticas, debe someterse a las necesidades de la película. Está en la naturaleza de la realización cinematográfica. Incluso si en determinados pasajes puede cobrar una presencia poderosa, su función principal es de apoyo.

La única banda sonora de película que he escuchado, y que pienso que se sostiene por sí sola como pieza musical, es *Batalla en el hielo* de Prokofiev en *Alexander Nevsky*. Me han contado que Eisenstein y Prokoviev hablaron largo y tendido antes de empezar el rodaje, y que parte de la composición se hizo antes de que las cámaras se pusieran a rodar. Se supone que Eisenstein llegó a editar algunas partes de la secuencia de modo que encajaran bien con la partitura. No tengo ni idea de si esta historia es cierta. Pero incluso cuando hoy escucho la música en una grabación, la secuencia empieza a correr por mi imaginación. A ambas, música y película, les une un lazo indisoluble: una secuencia genial está acompañada de una partitura también genial.

Pienso que ésa puede ser una de las señales inequívocas de una buena partitura para el cine: su inmediata asociación a los elementos visuales de la película, de los que la música es firme soporte. Sin embargo, soy incapaz de recordar algunas de las mejores bandas sonoras que he escuchado en mi vida. Pienso en la soberbia partitura de Howard Shore en *El silencio de los corderos*. Cuando vi la película, no la escuché. Pero podía sentirla en todo momento. A pesar de que mis películas suman un buen número de candidaturas a los Oscar, sólo en una ocasión he tenido una mención para la mejor partitura: la de Richard Rodney Bennett en *Asesinato en el Orient Express*. Y se trata de la única película que he dirigido en que *quería* que la banda sonora brillara con luz propia. Como me imagino que habré dejado claro, soy de la opinión de que, cuanto menos consciente sea el público de que se está intentando conseguir cierto efecto, mejor será la película.

Me he sentado con mi «consejo de sabios» en el restaurante Patsy, y les he preguntado su parecer después de ver el montaje provisional de la película. Después vuelvo a la sala de montaje y comienzo a reeditar de nuevo. Quito algunas líneas de diálogo que no me acaban de convencer. Alguna vez puede que quite una secuencia completa. Otras veces elimino cuatro o cinco, o un rollo entero. (Así la línea argumental se aclara enseguida.) Puede que algo pese en los rollos 4, 5, 6 y 7. Cuarenta minutos en que la historia se hace pesada. Son palabras mayores. Quizá si cambiamos unos pocos elementos, y reconstruimos un poquito… Veamos que pasa si la historia de este personaje arranca antes. Eso ayuda a despertar el interés. Esta interpretación es tan buena que no necesita tanto tiempo en pantalla. Esa interpretación es tan mala que no *debe* tener tanto tiempo en pantalla.

En otras palabras, estamos editando en el sentido más genuino de la palabra. Vamos a mejorar la película, o al menos así lo espero. Cuando hago un segundo y tercer repaso, vuelvo a ver la película en la pantalla. Alguno de los miembros de mi «consejo de sabios» puede estar allí, pero esta vez amplío la audiencia un poco, quizá en diez o doce personas. Pero las escojo con mucho cuidado, porque ver la película en un estado inacabado no es tarea fácil. Es un borrador del film, con garabatos en muchos sitios. Todavía no tiene los efectos ópticos (encadenados, fundidos, efectos especiales). Y escuchar la pista de audio es bastante arduo. Los diálogos no están ecualizados, y en algunos planos no entiendes qué dicen los personajes. Como el diálogo en localizaciones exteriores no ha sido reelaborado (el llamado «looping»), resulta difícil de oír. No hay efectos de sonido. Y por supuesto, la música aún ha de ser orquestada y colocada en su sitio.

Una vez satisfechos con el montaje, programo dos importantes reuniones, una con el compositor, la otra con el editor de efectos de sonido. El compositor asistió a la primera proyección. El editor de efectos de sonido fue a la segunda proyección, y el departamento de efectos sonoros al completo (entre seis y veinte personas según la complejidad de su trabajo) a la tercera. Son un público terrible. Pueden detectar sonidos sólo audibles para un perro, y comenzar a hacer conjeturas sobre el trabajo que les aguarda.

Si el contrato del compositor está ya en vigor durante el rodaje, puede que asista a las proyecciones diarias. Siempre se le invita. Pero tarde o temprano, tenemos que ver el primer montaje y sentarnos a hablar para plantearnos la cuestión crítica: ¿Qué función debe asumir la banda sonora? ¿Cuál puede ser su contribución a la pregunta básica de «cuál es el tema de la película»?

A continuación pasamos a la sala de montaje para lo que se suele llamar una «sesión de punteo». Repasamos la película rollo a rollo. Le transmito al compositor la idea que tengo de los pasajes que necesitan música, y él hace lo propio. De aquí sacamos un borrador preliminar. Ahora lo revisamos con pies de plomo. ¿Tiene espacio suficiente para desarrollar sus ideas musicales con nitidez? Si acontece una transición musical, ¿le damos el tiempo suficiente para evitar brusquedades? Es típico que, en los melodramas, director y compositor establezcan los llamados «golpes de efecto». Se trata de breves y bruscos estallidos orquestales que acompañan, por ejemplo, al momento en que el villano irrumpe por la puerta. Duran unos pocos segundos. Se supone que pretenden asustar al público. Han asumido tal estatus de cliché, que dudo que realmente asusten a alguien. Otras veces la música nos acompaña en un encadenado (la entrada de una nueva escena sobre la anterior), para ayudarnos a entender que hay un cambio de localización o que ha transcurrido el tiempo. Nuevamente la música dura unos veinte segundos. Odio ese tipo de entradas. Me gusta asegurarme de que cada entrada de un tema musical goza del tiempo suficiente para decir y transmitir lo que se supone que tiene que decir y transmitir. Hemos decidido en qué pasajes queremos música que aporte algo a la película. Y cada tema musical debe disfrutar del tiempo suficiente para funcionar. Los efectos melodramáticos cortos y algo sesgados entre escena y escena, lo único que hacen es rellenar el aire con sus sonidos inútiles; y reducen por tanto la efectividad de la música cuando de verdad hace falta usarla.

Tras el borrador preliminar, volvemos otra vez a la película. Ahora somos muy específicos acerca de dónde empieza y acaba la música. Con una precisión de fotogramas. El punto de entrada es particularmente comprometido. Su desplazamiento unos pocos fotogramas o unos pocos metros puede ser la diferencia entre que el tema ayude o no a la película. El proceso lleva dos o tres días. Algunas veces, si el compositor es un buen pianista como Cy Coleman, traemos un pequeño piano a la sala de montaje para que improvise melodías, entradas de temas y cualquier tipo de apoyo general de las escenas.

Ya lo dije antes: no quiero «mickey-mousear». Mi intención es que la banda sonora diga algo que ningún otro elemento de la película dice.

Por ejemplo. En *Veredicto final* apenas se dice nada del pasado de Paul Newman. Hay un momento en que se da a entender que pasó por un divorcio difícil, y que había caído en desgracia en el turbio bufete de abogados de su suegro. Pero no se nos dice nada de su infancia o su juventud. Le dije a Johnny Mandel que quería el eco profundo, sobre el que se ha echado tierra, de una niñez religiosa: escuela parroquial, coro infantil en la iglesia. Seguramente había sido monaguillo. Ya que la película trataba sobre la resurrección de un hombre, tenía que haber sido educado en la fe y haber ocupado una posición desde la que había caído. La película, entonces, podía mostrar cómo recuperaba la fe. La función de la partitura consistió en proporcionar el estado de gracia que había perdido al caer.

El prestamista tuvo la banda sonora más compleja con que he trabajado en toda mi carrera. En la escena de arranque, Sol Nazerman, un refugiado judío de origen alemán, está sentado en el jardín de una casa suburbial, tomando el sol. Su hermana le pide un préstamo para que ella y su familia puedan irse de vacaciones a Europa ese verano. Para Nazerman todo lo que se refiere a Europa es como un pozo negro. «¿Europa?», le responde. «Por lo que alcanzo a recordar, es un sitio apestoso.» La siguiente escena le muestra conduciendo por Nueva York, rumbo a su tienda de empeños en Harlem. Esas dos escenas fueron el esqueleto de la banda sonora. Ya dije antes que *El prestamista* trata de cómo y por qué nos creamos nuestras propias cárceles interiores. Al comienzo de la película, Nazerman está enclaustrado en su frialdad. Ha intentado por todos los medios no sentir ninguna emoción, y lo ha conseguido. La película explica cómo su vida en Harlem echa por tierra la pared de hielo que ha levantado a su alrededor.

El concepto de la partitura era «¡Harlem triunfante!», es decir, que la vida, el dolor y la energía de sus días allí le obligaban a sentir emociones de nuevo. Decidí que necesitaba dos temas musicales: uno que representara a Europa, y el otro a Harlem. El tema de Europa tenía que ser de naturaleza clásica, preciso pero bastante suave, que evocara algo antiguo. El tema de Harlem debía estar dominado, en cambio, por la percusión, con mucho platillo y un aire salvaje, por el sonido de jazz más moderno que pudiera concebirse.

Empecé a buscar compositor. Como primera elección, contacté con John Cage. Tenía entonces un disco titulado *Third Stream*, de música clásica interpretada con ritmos e instrumentación de jazz. Pero no estaba interesado en componer para el cine. Luego me reuní con Gil Evans, el genial compositor y arreglista de jazz moderno, pero le costaba involucrarse en el proyecto. A continuación hablé con John Lewis, del Cuarteto de Jazz Moderno, pero noté, al mostrarle la película, que no le gustaba mucho.

Luego alguien me sugirió a Quincy Jones. Conocía algo de su trabajo en jazz por los discos de la gira de su banda en Norway. Nos citamos y fue amor a primera vista. Su inteligencia y entusiasmo despertaban inspiración. Supe que había estudiado con Nadia Boulanger en París, lo que significaba que su formación clásica era sólida. Me dio otros de sus discos, algunos editados por sellos oscuros. Nunca había hecho música para el cine, pero ese hecho aumentaba mi interés por él. Con frecuencia, por la propia naturaleza de su trabajo, los compositores desarrollan su personal repertorio de clichés musicales, sobre todo cuando han hecho demasiadas películas. Pensé que su falta de experiencia cinematográfica podía ser una ventaja.

Le enseñé la película y le gustó. Empezamos a trabajar. Hablar de música es como hablar de colores: el mismo color puede significar cosas distintas para distintas personas. Pero Quincy y yo descubrimos que, literalmente, hablábamos el mismo lenguaje musical. Desarrollamos una trama musical de una precisión casi matemática. Igual que en la transición vagón de metro a vagón de tren, nos movíamos pasito a pasito del tema de Europa a la irrupción cada vez más frecuente del tema de Harlem. Mediada la película, ambos temas tenía una presencia pareja.

Era una partitura magnífica, y las sesiones de grabación son las más excitantes en que he participado. Como era la primera partitura para el cine de Quincy, la banda que reunió podía rivalizar con la All-Star Jazz Band de Esquire. Dizzy Gillespie, John Faddis (un niño casi por entonces) con la trompeta, Elvin Jones de batería, Jerome Richardson como primer saxo, George Duvivier al bajo… todos iban dejándose caer por el estudio de grabación. Dizzy acababa de volver de Brasil, y para un tema musical sugirió un ritmo que ninguno de nosotros, incluido Quincy, había oído nunca antes. Tuvo que interpretarlo con cloqueos, glugús y gorjeos hasta que los de ritmos pudieron aprenderlo. Quincy parecía disfrutar como un niño.

Lo normal al acabar de grabar un tema musical es parar y volver a pasarlo confrontado con la película. Pero el nivel de inspiración de la banda cuando tocaba era tan alto que pedí a Quincy que no les interrumpiera. Haríamos la confrontación al final de la jornada. A nadie se le ocurrió exigir la obligada pausa de diez minutos una vez transcurrida una hora. Se componía y tocaba todo el rato. Cuando acabamos las cinco sesiones de tres horas, que nos ocuparon dos jornadas, confrontamos la partitura con la película. Era evidente: Quincy había hecho una contribución de primer orden a la película.

Como a menudo ocurre cuando encuentras un espíritu con el que congenias, hicimos otras tres películas juntos. La partitura de Quincy en *Llamada para un muerto* fue otro hito musical. La película se basa en una novela de John Le Carré, y cuenta la historia de un agente de contraespionaje del Foreign Office británico, triste y solitario. Su mujer le engaña todo el rato. En la película tiene un protegido, al que adiestró en el espionaje durante la Segunda Guerra Mundial, que acaba traicionándole en los terrenos profesional y personal (tiene un lío con su esposa).

Los dos mundos que describe la película, el mundo del espionaje y el amor casi masoquista que este hombre siente por su mujer, nos dieron el concepto básico para la partitura. Pero en esta ocasión Quincy creó sólo un tema en vez de dos: una hermosa pero dolorosa canción de amor, interpretada por Astrud Gilberto. A medida que la película avanzaba se convertía, lentamente, en una de las partituras melodramáticas más subyugantes que he tenido ocasión de escuchar. Era una prueba palpable del poder e importancia de los arreglos musicales. El tema persistía, pero su significado dramático se alteraba por completo con nuevos arreglos. La mayoría de los compositores se desentienden de los arreglos. Pero Quincy los hizo personalmente. Y de nuevo su contribución fue fundamental.

185

He mencionado la banda sonora de Richard Rodney Bennett para *Asesinato en el Orient Express*. En nuestro primer encuentro, Richard me preguntó qué sonidos me sugería la película. Le dije que estaba pensando en el estilo de Carmen Cavallaro o Eddie Duchin en los años treinta: una versión buena de verdad del *thé dansant*, con predominio de piano e instrumentos de cuerda. No sólo me proporcionó una partitura de piano sino que él mismo lo tocó en las sesiones de grabación. Richard es un pianista estupendo. Y había captado el estilo de Cavallaro a la perfección. Cuando le escuché en el primer ensayo y advertí el *tempo* de vals del tema del tren, supe que tenía en ciernes una partitura perfecta.

En cierto momento, Richard sugirió poner música tenue a una escena que a mí me parecía que no la necesitaba. En la sesión de grabación, tocó para mí lo que había pensado. Lo grabamos y lo confrontamos con la película. Él tenía razón.

Cuando soy incapaz de encontrar un concepto para la partitura, que añada algo a la película, prescindo de ella. Los estudios odian la sola idea de una película sin música. Les asusta. Pero si la primera obligación de *Tarde de perros* era decir al público que lo que iban a ver sucedió en la realidad, ¿cómo justificar las entradas y salidas musicales? A *La colina* también le quise imprimir un estilo naturalista, así que no usé partitura. En *Network* tenía miedo de que la música interfiriera con el relato. A medida que el film avanzaba, los parlamentos de los personajes crecían. Vi claro en el primer visionado que cualquier música que pusiera trataría de competir con el abundante diálogo. Así que, nuevamente, prescindí de la música.

Serpico no debería haber tenido música, pero le puse unos catorce minutos de banda sonora, como protección personal y de la película. El productor era Dino De Laurentiis. Dino es un productor estupendo de la vieja escuela, muy rodado, que siempre consigue financiar las películas que se propone, por muy peregrino que sea su argumento. Pero su gusto tiende a ser un tanto operístico, incluso para mí. Discutimos largo y tendido. Dino me amenazó con llevarse la película a Italia, donde podía estar seguro de que le pondría partitura igual que se le pone papel pintado a una pared. No tenía entonces la última palabra sobre el montaje de la película, y Dino podía hacer lo que decía.

Por suerte acababa de enterarme por la prensa de que Mikis Theodorakis, el prestigioso compositor griego, acababa de salir de la cárcel. El gobierno de extrema derecha de su país lo había encerrado por sus actividades políticas izquierdistas. Cuando me entrevisté con él en París, apenas llevaba veinticuatro horas en libertad. Le expuse la situación y mi desacuerdo con Dino. Le dije que si tenía que incluir *alguna* partitura, prefería que fuera suya. Tuve la fortuna de que Mikis tenía que volar a Nueva York al día siguiente para hablar con su *manager* de los detalles de una gira de conciertos. Le dije que tendríamos una sala de proyección preparada, para que viera la película en cuanto llegara. Fue directamente del aeropuerto Kennedy a la sala de proyección. Su avión venía con retraso, de modo que la proyección empezó a la una y veinte de la mañana.

Cuando acabó la película me miró y dijo que le gustaba, pero que pensaba que no necesitaba música. Le volví a explicar mi problema. Le hice ver que Dino estaría encantado de tener a un compositor de la talla de Mikis haciendo la banda sonora, de modo que quizá pudiéramos despachar la cosa con una presencia musical mínima, de apenas diez minutos. Con los títulos de crédito del principio y del final podíamos emplear casi cinco minutos de música, con lo que quedaría muy poco para añadir en la película propiamente dicha. También le dije que sería un saludable cambio de aires. Estaba convencido de que tenía que estar hecho polvo después de su larga estancia en prisión. Me decía a mí mismo que estaba actuando de un modo muy inteligente.

Pero Mikis fue aún más inteligente. Se sacó del bolsillo un cassette de audio y me dijo: «Escribí esta cancioncilla hace muchos años. Es una tonada folclórica deliciosa, que podría servir para la película. ¿Crees que podría ganarme 75.000 dólares por ella?». Le dije que estaba seguro de que sí. Su partitura de *Never on Sunday* todavía podía escucharse, interpretada por Muzak. Me dijo que había otro problema. Se iba de gira con su orquesta y no podría volver a ver la película o estar de vuelta para puntualizar, hacer arreglos y dirigir las sesiones de grabación. Le comenté que conocía a un joven y estupendo arreglista llamado Bob James, que estaría muy contento de colaborar con él cuando fuera necesario. Podía repasar la película con Bob, que haría los arreglos y se ocuparía de la grabación. Todo el mundo estaría contento. Dino tendría su prestigioso compositor, yo tendría a lo sumo catorce minutos de música (incluidos los cinco minutos de los títulos de crédito), Bob James haría su primer trabajo en el cine, y Mikis podría irse de gira con un poco más de solvencia que antes de nuestra entrevista.

A *El príncipe de la ciudad* quería imprimirle el sentido trágico que encierra la historia de un hombre que cree poder controlar unas fuerzas que finalmente acaban controlándole a él. Nuevamente escogí a un compositor que no había trabajado antes en el cine: Paul Chihara. Como concepto, Danny Ciello se abordó siempre con un solo instrumento: el saxofón. A medida que avanzaba la película su sonido se quedaba cada vez más aislado, hasta que al final quedaban sólo tres notas del tema original, tocadas al saxo.

Los músicos americanos estaban de huelga, así que me vi obligado a grabar la música en París. Puse al mal tiempo buena cara. Pero al pobre Paul ni siquiera le permitían entrar en el estudio de grabación. Si una noticia de tal hecho hubiera llegado a Nueva York, le habrían expulsado del sindicato ipso facto. Y estaban vigilando, en concreto, los estudios de grabación de París y Londres. Paul estaba asustado. Había luchado mucho para hacer música de cine. Tonny Walton le había recomendado, y a mí me gustaba su partitura de *La tempestad*, escrita para el San Francisco Ballet. Y aquí estaba, en su primera película, acompañándome al estudio de grabación y quedándose en la puerta. Durante el almuerzo podía verle al otro lado de la calle, mirándonos igual que un pobre hambriento ante el escaparate de una pastelería. Todas las noches le entregaba un cassette con el trabajo de ese día. Por suerte, Georges Delerue dirigía la orquesta. Conocía y apreciaba el trabajo clásico de Paul. Ningún compositor tuvo nunca un intérprete más entregado.

Una de las cosas que hace que mi trabajo no agote nunca su interés, es que cada película requiere su propia y específica aproximación. *El príncipe de la ciudad* tenía casi cincuenta minutos de música. Para una película mía, es mucho tiempo. *Larga jornada hacia la noche* también era una película a la que esperaba dar dimensiones de tragedia. El enfoque musical fue el contrario. André Previn escribió una partitura de piano sencilla, ligeramente discordante, que usamos con cuentagotas. Al final de la película Mary Tyrone, muy drogada, deambula por el salón, abre un antiguo mueble, y, embargada por el dolor, con sus dedos afectados por la artrosis, toca torpemente una pieza al piano. Al principio suena como el típico estudio de piano. Pero poco a poco reconocemos la desnuda y sobria pieza de Previn, que ha sonado de modo intermitente a lo largo de la película. No creo que hubiera más de diez minutos de música en esa película, que dura más de tres horas.

Vale la pena mencionar otras dos partituras. Como casi todo en *Daniel*, la banda sonora era fácil en cuanto concepto, pero difícil de ejecutar. Se trata de la única de mis películas en que he usado música que ya existía. Desde el principio supe que quería usar grabaciones de Paul Robeson. Era perfecto para la época en que se desarrolla el film. Era políticamente correcto ya que es justo en un concierto de Robeson en Peekskill, Nueva York, donde uno de los personajes protagonistas sufre una experiencia traumática. ¿Pero qué canciones, y dónde situarlas? A base de ir probando y metiendo la pata, la banda sonora tomó forma. La primera canción «This Little Light of Mine» no se escucha hasta mediada la película. La retomé al final, cuando Daniel, con nuevas ganas de vivir, asiste a una gran manifestación pacifista en Central Park. Sólo que en esta ocasión se interpretaba y cantaba con un estilo más moderno, gracias a los arreglos de Joan Baez. «There's a Man Going Round, Taking Names» funcionaba a las mil maravillas en el funeral de su hermana. La edición tuvo que cambiarse para que encajara con las grabaciones musicales, pues los cambios que nos permitían hacer en las canciones eran muy limitados. Podíamos, por ejemplo, eliminar el coro, pero eso era todo. Usamos otras dos canciones de Robeson, una de ellas la magnífica «Jacob's Ladder».

En el caso de *Distrito 34 corrupción total*, que transcurre en su mayor parte en el Harlem hispano, con su clímax en Puerto Rico, encargué la banda sonora a Rubén Blades. Grabó una canción que él mismo escribió, titulada «The Hit». Encajaba a la perfección con el espíritu y el contenido de la película. Ahí teníamos una película sobre el racismo, consciente e inconsciente, capaz de dominar tantísimo nuestro comportamiento. Rubén volvió a grabar la canción para que su interpretación concordara con la intensidad de la película. Y luego construyó una partitura que se basaba en la melodía de la canción.

El otro componente vital del poderío sonoro de una película son los efectos de sonido. No me refiero a las explosiones y choques automovilísticos de las películas de Stallone o Schwarzenegger. Hablo del uso brillante del sonido, por ejemplo en *Apocalypse Now*: la película, de entre las que he visto, que mejor y más imaginativo uso hace de las posibilidades dramáticas de los efectos sonoros. Le sigue muy de cerca *La lista de Schindler*. Yo nunca me he visto en una película que requiriera efectos de sonido tan elaborados. En parte se debe a que la mayoría de mis películas tienen mucho diálogo, lo que obliga a dejar los efectos sonoros en un segundo plano.

Justo después de mantener una sesión de punteo con mi compositor, tengo una segunda reunión, con el editor de sonido y su equipo. Si es posible, tratamos de dar con un concepto que sirva de referencia a los efectos de sonido. Ignoro cómo se trató el tema en *Apocalypse Now*, pero hay un concepto claro ahí: la creación de una experiencia sonora ultraterrena, que emerge de los sonidos de la batalla. En *El príncipe de la ciudad* lo que hicimos, sencillamente, fue empezar el film con el mayor ruido posible, para irlo disminuyendo a medida que la historia avanzaba. En las escenas de interior en localización siempre hay ruido ambiente que se cuela del exterior. En las primeras escenas del film añadimos ruidos de fuera a las localizaciones de interior: autobuses, frenazos, bocinas... Luego reducimos los sonidos de modo gradual hasta las escenas finales en interior, que apenas tienen ruido exterior.

Algunas veces un sonido puede provocar un sutil efecto dramático. En *Serpico*, cuando Pacino se acerca con sigilo por un rellano al apartamento de un traficante de drogas, con intención de arrestarlo, un perro de un apartamento vecino se pone a ladrar. Si el perro pudo oírle, ¿no lo habrá hecho también el hombre al que busca?

De nuevo repasamos toda la película, rollo a rollo, metro a metro. Gran parte del trabajo es puramente técnico. Usamos micrófonos muy direccionales debido a que muchas de las escenas, interiores y exteriores, se ruedan en localización. Cubren un ángulo de entre siete y quince grados. Se usa este tipo de micrófonos para recoger el menor ruido de fondo posible. Si luego rodamos algo en estudio, usamos los mismos micrófonos: el cambio en la calidad del sonido sería muy drástico si empleáramos los típicos micrófonos de estudio. Lo que proporcionaría trabajo extra más tarde, pues tendríamos que ecualizar las dos clases de micrófonos. Discutimos mucho acerca de si debemos añadir el ruido de unos pasos, o el de alguien sentándose sobre un sofá, o el crujido de una silla cuando alguien se levanta, y así hasta el infinito: son los distintos sonidos que se pierden por el uso de los micrófonos direccionales. Este trabajo debe hacerse en cualquier caso, en previsión de las versiones del film en otros idiomas. El diálogo se doblará, pero seguimos obligados a proporcionar todos los efectos de sonido y la música.

El editor de sonido reparte los rollos entre la gente de su departamento. Este grupo se ocupa de los rollos 1, 2 y 3, aquel otro de los rollos 4, 5 y 6, y así sucesivamente. Cada grupo suele constar de un editor, un ayudante y un aprendiz. Pero el editor de sonido tiene la responsabilidad de supervisar el conjunto. Un trabajo de sonorización medio suele llevar entre seis y ocho semanas. Como es obvio las películas más grandes necesitan más gente y tiempo.

Aun en el caso de que no haya articulado un concepto globalizador de la película, me gusta que los efectos intensifiquen el valor dramático de una escena. En *El prestamista* Sol visita a una mujer a la que siempre ha rechazado. Es el aniversario del día en que él y su familia fueron cargados en vagones de transporte de ganado, rumbo al campo de concentración. Ella vive en un moderno complejo de apartamentos desde el que se ven, a lo lejos, las cocheras del ferrocarril. Desde la localización se podían divisar bien. Metimos sonido de un ferrocarril saliendo de la estación, ruido de motores, de vagones cambiando de vía y golpeando unos con otros. Pasado un tiempo, cuesta diferenciar un sonido de otro. Así que, añadidos a lo largo de toda una escena y con un nivel muy bajo, apenas se distinguen. Pero están ahí. Y estoy convencido de que añaden algo a la escena.

En *La colina* pedí al editor de sonido que dejara una escena en completo silencio. Cuando me la puso, pude escuchar el zumbido de una mosca. «Pensaba que había quedado claro que no quiero que se oiga nada en esta escena», le dije. A lo que repuso, «Sidney, si puedes escuchar el vuelo de una mosca, eso significa que, de verdad, hay un completo silencio». Me dio una buena lección.

El editor de sonido de *Asesinato en el Orient Express* contrató a la «mayor autoridad mundial» en ruidos de trenes. Me trajo sonidos *auténticos*, no sólo del Orient Express sino del Flying Scotsman, del Twentieth Century Limited y de todos los trenes célebres que uno pueda imaginar. Trabajó durante seis *semanas* sólo en el sonido del tren. Su momento más importante es al principio de la película, cuando el tren parte de la estación de Estambul. Teníamos el vapor, la campana, las ruedas, e incluso añadió el click casi inaudible del faro del tren cuando se enciende. Nos juró que todos los efectos eran auténticos. Cuando íbamos a hacer la mezcla (el momento en que se unen *todas* las pistas de sonido), estaba a punto de reventar de satisfacción. Por primera vez escuché el increíble trabajo que había hecho. Pero también escuché la magnífica partitura de Richard Rodney Bennett para la misma escena. Sabía que tendría que inclinarme por una cosa u otra. Juntas no funcionarían. Me volví a Simon. Lo sabía. «Simon», le dije, «es un gran trabajo. Pero, después de todo, lo que hemos escuchado no es más que un tren saliendo de la estación. Y nunca nos paramos a escuchar cómo un tren parte de la estación.». Se fue y ya nunca le volví a ver. Saco esto a colación para que se vea el delicado equilibrio que hay que lograr entre efectos y música. En general, me gusta que ambos cumplan su misión. Hay veces en que una parte apoya a la otra. Otras veces, como la del ejemplo descrito, no.

Los efectos de sonido cuentan con clichés propios, desarrollados a lo largo de los años. ¿Puede haber una escena de noche en el campo sin grillos? ¿O sin un perro que ladra en la distancia? ¿Qué pasa con las escenas urbanas tensas y los ruidos del tráfico? Lento pero seguro, el progreso introduce pequeñas variantes en los clichés. El ring de los teléfonos de una oficina ha sido sustituido por todo tipo de zumbidos. Los ordenadores reemplazan a las máquinas de escribir, los faxes a los teletipos. Las cosas pierden en ruido y colorido. Las alarmas de los coches pueden ser muy útiles, pero son tan molestas en la pantalla como fuera de ella.

Cualquier cosa resulta creativa si la persona que trabaja en ello lo es. La máxima es perfectamente aplicable a algo tan mecánico en apariencia como los efectos de sonido.

11. LA MEZCLA
Lo único aburrido de la realización

En la vida se da un cruel equilibrio entre dolor y placer. Para compensar la suerte de ver todas las mañanas a Sofía Loren, Dios castiga al director con la mezcla.

Durante el proceso de mezcla, se juntan todas las pistas de sonido para conformar la pista de sonido definitiva de la película. Este trabajo podría dejarse en manos de los técnicos de sonido: pero supone correr un riesgo. Por ejemplo, he visto mezcladores que elevan el nivel de audio de una escena o un momento silenciosos, o que lo bajan en una escena o un momento ruidosos. El resultado puede ser que los matices de una interpretación se desvanezcan hasta el aburrimiento. Como he dicho en repetidas ocasiones, una técnico puede ayudar o hacer daño a una película.

La sala de mezclas es, por lo general, bastante grande. Tiene una gran pantalla, asientos cómodos, y quizá una máquina del millón para hacer más llevaderas las largas horas de manipulación de las pistas de sonido. A algunos directores les gusta practicar el tiro con dardos, y otros arrojan monedas contra la pared. Domina la sala una consola que, por su aspecto, recuerda a los cuarteles generales del SAC en Omaha.

194

Con la consola se pueden controlar hasta sesenta y cuatro canales. Cada canal tiene conectada una pista de sonido. Cada canal tiene, también, muchos ecualizadores. Los ecualizadores son pequeños diales con los que se regula la salida tonal de cada canal. Con los ecualizadores se puede reducir o ampliar, en distintos rangos de frecuencias (altas, medias y bajas) la señal de cada pista. Con un equipo adicional, se puede eliminar alguna frecuencia del todo si así se desea. Las pistas se dividen en tres secciones: diálogo, efectos de sonido y música. Lo normal es no colocar las pistas de música de un rollo hasta que no se ha mezclado todo lo demás. Se empieza trabajando el diálogo.

Dependiendo del grado de sofisticación con que se haya grabado el diálogo original, manejamos entre cuatro y doce pistas de diálogo. Si hay dos personajes en una escena rodada en localización en interior, puede que sus pistas sean diferentes. Por ejemplo, la pista del personaje situado junto a la ventana quizá tenga mucho más sonido de ambiente exterior, de tráfico y tal, que la del que se encuentra en el centro de la habitación. Debe reducirse el sonido externo de esa pista, y algunas veces intensificarlo en la del otro actor. Se conoce como «equilibrado» de pistas. En exteriores, estos problemas son más importantes. Puede que la parte de él en una escena se haya rodado a una hora diferente que la de ella. Puede que él tuviera ruido de autobuses, martillos hidráulicos y silbatos en su pista. Y que la pista de ella carezca de todos esos sonidos y tenga, en cambio, palomas, camiones y el ruido sordo del metro. Las dos pistas tienen que ser ecualizadas y equilibradas.

Aun en el caso de que el sonido se grabe en estudio, las pistas pueden ofrecer una calidad muy diferente. Quizá las frases de ella se hayan rodado en la parte del *set* que tiene techo; y las de él en la zona que no tiene. En tal caso las pistas presentan marcadas diferencias y deben ecualizarse en calidad tonal, evitando el ruido no deseado. Esto se hace manipulando unos diminutos diales, con sutiles variaciones de armónicos, en frecuencias altas y bajas.

Si las pistas son irrecuperables o hay alguna palabra que no se entiende bien, se dobla. El actor viene al estudio de grabación, y la escena con su frase es colocada en una cinta sin fin (el llamado «looping»). El actor escucha el sonido original con unos cascos. Entonces dice su frase en la quietud del estudio, procurando una sincronización perfecta con el movimiento de sus labios en la pantalla. Hay un editor que controla el proceso, denominado editor de ADR.

En general, procuro evitar el doblaje. Muchos actores son incapaces de recuperar su interpretación, debido a la parte mecánica del proceso. Aunque hay actores muy brillantes en doblaje, y que incluso pueden mejorar su actuación. Los actores europeos suelen ser especialmente buenos en este campo. En Francia e Italia es bastante usual que rueden sin sonido directo y que doblen más tarde todo el diálogo en un estudio de grabación. No me canso de asombrarme de lo bien que los actores pueden ajustarse a demandas puramente técnicas.

Supongamos que tengo seis pistas de diálogo. Pista A: el diálogo de él. Pista B: el diálogo de ella. Pista C: el doblaje de él. Pista D: el doblaje de ella. Pista E: la voz de una doncella fuera de plano. Pista F: una voz al teléfono. Me siento junto al editor de diálogo, y voy hacia delante y hacia atrás en cierta frase, o incluso en una sola *palabra*, quitando ruido, ecualizando el tono, equilibrando. Es una escena de cuatro minutos. O sea, 120 metros. Nos lleva quizá dos horas ecualizar, algunas veces más. Durante esas dos horas, habremos repasado esos cuatro minutos de película entre siete y veintipico veces, para lograr mayor nitidez y claridad.

Luego pasamos a los efectos de sonido. Los micrófonos de alta direccionalidad son excelentes para grabar diálogo, pero ahora toca reforzar cada crujido de la ropa, cada paso de un individuo. A veces se añade nuevo ruido de pasos porque el original tenía mucho ruido de fondo y, al equilibrar, nos vemos obligados a meter ruido de fondo en las otras pistas, lo que eleva el nivel de ruido de la escena completa. Estos sonidos naturales que se añaden más tarde son conocidos como

Foleys, y el editor que se encarga de ellos es el editor de *Foleys* o ruidista.

Las escenas violentas, ya sean de coches estrellados, batallas o incendios, pueden usar hasta sesenta y cuatro pistas del tablero, e incluso más. El simple choque de un automóvil puede ocupar fácilmente doce pistas de efectos de sonido: rotura de cristales, crujido de metales, doblado de metales, llantas chirriando en el asfalto, neumáticos estallando (dos pistas), impacto (tres pistas, una de ellas preparada para que se oiga un fotograma más tarde, para imitar un posible eco), golpeteo de las puertas abiertas del coche (dos pistas), y un efecto global del choque, que dé cuerpo a todos los sonidos. Este último tendrá un volumen muy bajo, para dar más presencia a los sonidos específicos.

Cada uno de estos efectos ha de ecualizarse, y sus niveles de sonido grabarse al volumen que corresponda. Hoy en día muchos de los efectos se pregraban en CDs digitales, lo que en teoría ahorra tiempo. Pero en cualquier caso hace falta un editor de efectos muy bueno luego, pues una vez metidos los efectos en el CD, dan poco margen a su manipulación. Se puede cambiar sin problemas el momento en que un efecto sucede, pero es más complicado cambiar el efecto en sí. Mi experiencia es que, con cada avance técnico, la mezcla lleva más y más tiempo. En los comienzos de mi carrera, la mezcla completa de un rollo tenía que hacerse de una tacada. Si cometías un error en el metro 290, tenías que volver al principio y comenzar de cero. Solíamos ensayar todo el día para intentar hacer la mezcla a última hora. Pero el hecho es que acabábamos la mezcla en doce o catorce días. Ahora es bastante normal dedicar a la mezcla cuatro semanas.

Cada avance técnico conlleva problemas. Desde que se introdujo el Dolby, el técnico de Dolby tiene que ajustar su equipo perfectamente, o todo el rollo deberá rehacerse. Dolby irrumpió por la grabación musical. Los técnicos encargados de la música comenzaron a usar micrófonos en las sesiones de grabación, cada vez en mayor número, para aumentar el control. ¡He estado en sesiones donde, cada instrumento, dis-

197

ponía de su propio micrófono! En tal caso, casi no hace falta un director de orquesta, ya que la dinámica de la grabación puede ajustarse en la mezcla de pistas (en que se reducen las treinta y dos pistas existentes a cuatro o seis antes de la mezcla final). El técnico puede elevar el volumen de las cuerdas por aquí, hacer un *piccolo* por allá, dar más realce al piano haciendo su sonido más cortante...

El único problema de tener un micrófono con su propia cinta para grabar un sonido, es que terminamos teniendo... ¡dieciséis, treinta y dos, sesenta y cuatro cintas distintas! Al final, puede que uno acabe escuchando un molesto sonido agudo (el llamado «silbido de la cinta»). El silbido está causado por la suma del ruido de los cabezales magnéticos de las grabadoras tocando las cintas. Cuando Koussevitzky estaba grabando a la Sinfónica de Boston, puso cuatro o cinco micrófonos en distintos puntos de la orquesta, y otro más para capturar el sonido de la orquesta al completo. Todos los micrófonos entregaban su señal a una sola cinta. No había problema de silbido. Pero en este caso, manejando entre dieciséis y sesenta y cuatro micrófonos procedentes de todas partes, el silbido era inevitable. El proceso Dolby toma, sencillamente, todas las cintas, y hace una purga tal que el silbido de la cinta global se pierde en un rango de frecuencias altas. En el caso del cine, casi enseguida y debido a los problemas de ecualización entre la música grabada con Dolby y los sonidos registrados sin Dolby, tuvimos que empezar a usar Dolby también con los diálogos, aun en el caso de que sólo utilizáramos dos pistas. A continuación los efectos de sonido también pasaron a grabarse con Dolby. ¡Es como lo del dicho aquél de «la cola que mueve al perro»!

Cuando se añade sonido estéreo, las pistas se multiplican automáticamente por dos. El proceso estéreo divide el diez por ciento del sonido entre los altavoces derecho e izquierdo, y deja el noventa por ciento restante en el central. Esas proporciones son típicas de una escena sencilla de diálogo en interior. Podemos repartir el sonido en un treinta y tres por ciento en cada altavoz, o dejar que domine primero el izquierdo, luego el central y finalmente el derecho, en las escenas más complejas en lo referente a sonido (la diligencia moviéndose de izquierda a derecha; aunque no haya nada que reprochar al sonido de *La diligencia* (1939), en que todo el sonido proviene de un único altavoz colocado en el centro de la pantalla). En *Tarde de perros* procuramos ser rigurosos en la direccionalidad, cuando una muchedumbre se apretujaba al lado izquierdo de la manzana, y otro numeroso grupo en el lado derecho. El sonido de cada grupo provenía siempre de su altavoz.

Hoy en día, claro está, el Dolby se da por supuesto. A él se añade el sonido *surround* o envolvente. Así que tenemos tres altavoces detrás de la pantalla, dos en el lado izquierdo de la sala y otros dos en el lado derecho. Un secreto celosamente guardado en torno a toda esta parafernalia del sonido es que, si quieres escuchar los distintos sonidos perfectamente equilibrados, debes sentarte en el centro de la sala. Si te pones a la izquierda o a la derecha, dominarán los altavoces correspondientes. En una película mal mezclada un portazo puede sonar, para parte del público sentado en una zona de la sala, como un auténtico cañonazo. En algunas salas con mantenimiento casi nulo, he podido escuchar el zumbido de 60 hertzios de los altavoces que, supuestamente, no estaban emitiendo sonido alguno en ese momento. La línea de corriente alterna normal de 110 voltios mueve los electrones a una frecuencia de 60 ciclos.[1] Si hay un transformador próximo a la fuente de alimentación (y todos los altavoces usan transformadores), los ciclos producen un zumbido perfectamente audible. El chisporroteo causado por una cabeza lectora del sonido sucia también se oye. He visto salas donde el sistema que reparte el sonido a los distintos altavoces no funcionaba bien. Hasta el punto de que una jauría de voces llegaba hasta mí desde cualquier punto, excepto desde la boca que supues-

---

[1] Como el lector habrá notado, el autor se refiere a las características de la corriente en EEUU. En España lo habitual son 220 voltios y 50 hertzios. *(N. del T.)*

tamente estaba hablando. ¡Ah, el progreso! Lo que antes suponía alrededor del 5 por ciento del coste de la película «por debajo de la línea», ahora alcanza el 10 por ciento como mínimo. Y este porcentaje no para de subir. Ya veremos lo que sucede con los costes ahora que las mezclas digitales se están generalizando.

Todo esto sucede, en gran medida, porque los estudios no cejan en su empeño de captar al público joven. Y tratan de ofrecerles una calidad de música semejante a la de los CDs que los chicos compran. Un esfuerzo que no merece la pena, en mi opinión. Los jóvenes acuden a ver una película por la experiencia de ver esa película, igual que escuchan un disco por la experiencia de escuchar ese disco.

El único placer que obtengo en el proceso de la mezcla, es en el momento en que se añade la música. De pronto, el tedioso esfuerzo se ve recompensado. Imagínanos sentados en la sala de mezclas, donde hemos pasado la película, metro a metro, al menos setenta y cinco veces, y con frecuencia bastantes más. Todo lo relacionado con la película se ha vuelto terriblemente aburrido. Mi escena favorita en estos momentos podría ser tener a Chester Morris haciendo de Boston Blackie. Paul Newman o Tom Mix, tanto me da en estos momentos (de verdad que no he pretendido hacer un juego de palabras[2]); y el papel de Jane Fonda, bien podía hacerlo ZaSu Pitts. Si los nombres que cito no te suenan de nada, ve a tu tienda de vídeos favorita, y pregunta por los títulos más antiguos.

Pero la música insufla nueva vida a la película. Nuestras sesenta y cuatro pistas originales se han quedado en seis: cuerdas; viento; metal; ritmo (sin percusión); percusión; y piano, celeste, arpa. ¡Pero, por favor, que todo se sostenga! No puedo oír la palabra «¡Culpable!» cuando el presidente del jurado la pronuncia. Trabajamos a tope para aclarar la pa-

---

[2] El autor se refiere al apellido del actor Tom Mix. «Mix» en inglés es mezcla. *(N. del T.)*

labra, ecualizando. El oboe, que tiene tantos armónicos como la voz humana en cierto rango de frecuencias, es el culpable. Intentamos elevar el volumen cuando se dice esa palabra. Suena forzado. Debería mantenerse como el suave susurro que originalmente era. Bajamos los instrumentos de cuerda, pero ahora es la orquesta la que suena rara. Si pudiera bajar únicamente el oboe en el momento en que se dice esa palabra... Y por supuesto, podemos. Regresamos a la grabación original de treinta y dos pistas. Y justo pasados 41 metros y 6 fotogramas, bajamos el oboe 2 dB (decibelios, la unidad en que se mide el volumen de sonido). Probamos la película con la nueva mezcla. Oímos «¡Culpable!» con nitidez. Y el trabajo sólo nos ha llevado unas cuatro horas; o lo que es lo mismo, setenta y dos partidas en la máquina del millón.

12. LA COPIA ESTÁNDAR
Llegó el bebé

Otra vez en la sala oscura. ¿Cuántas horas, cuántos días, he pasado en salas oscuras, mirando esta película? Tengo sentado junto a mí al técnico de graduación. Trabaja para Technicolor. Su trabajo consiste en «graduar» la copia final de la película. Explicaré este proceso más adelante.

Los técnicos de graduación son gente muy ocupada. Éste ha cogido el puente aéreo y ha llegado al aeropuerto Kennedy a las seis y media de la mañana. Nos reunimos en la sala de proyección a las ocho y media. A las cuatro de la tarde estará de regreso hacia Los Ángeles.

Tiene delante su café y un pastelito de arándanos. Nada de pastas vulgares para estos tipos. Ellos son el prototipo del «señor exquisito». En la consola tiene un bloc de notas. Bajo la pantalla hay un contador de metraje. Le sirve para hacer sus notas, rollo a rollo: este plano es demasiado oscuro, aquél demasiado brillante, éste tiene mucho amarillo, ese demasiado rojo, azul, verde; aquí hay demasiado contraste, allí demasiado poco; en este escena la cosa está algo fastidiada, pues el color está equivocado, y también la densidad y/o el contraste; y así sucesivamente. Cada escena, cada plano, cada metro de película, son analizados y revisados con sumo cuidado. Siempre me asombra la memoria fílmica de estos técnicos de graduación. Días e incluso semanas después de estar con uno de ellos, puedo tener una conversación telefónica y mencionar que el primer plano de Dustin delante de un supermercado coreano está aún demasiado azul, y él se acuerda perfectamente del plano y del rollo donde está. Tienen una vista increíble. Pueden descubrir un sutil amarillo que quita toda su gracia fotográfica a una escena. Y cuando me lo comentan, quizá sea la primera vez que caigo en la cuenta. Y ahora que me lo dicen, no puedo quitármelo de la cabeza. *Todo* empieza a parecer amarillo.

El proceso de obtener una copia en color es complicado. Trataré de explicarlo lo mejor posible. El negativo de color contiene, básicamente, los tres colores primarios: rojo (denominado magenta en el laboratorio), azul (llamado cian) y amarillo. Excepto en el caso del proceso conocido como «exposición previa», que se usa rara vez (lo mencioné antes, al hablar de *Llamada para un muerto*), el negativo que recibe el operador de cámara no ha sufrido ninguna manipulación. El laboratorio lo revela siguiendo una serie de fórmulas estándar.

Las variaciones son posibles cuando pasamos al positivado y obtención de la copia estándar.

Una vez en California, el técnico de graduación se sienta delante de un analizador de color llamado «Hazeltine». Se alimenta con el negativo y muestra en un monitor una imagen positivada de la película. Como el color electrónico difiere bastante del color químico, el juicio del técnico es crucial. Añadiendo o sustrayendo amarillo, azul o rojo, puede variar el equilibrio de colores hasta el infinito. Puede también dar brillo u oscurecer la imagen (lo llamamos variar la «densidad»). Yo y/o el director de fotografía le hemos explicado nuestra meta visual. Y cuando piensa que la ha alcanzado con el Hazeltine, graba en el ordenador los datos que controlan la graduación de las luces de positivado. Por ejemplo, puede registrar «Amarillo: 32, Magenta (rojo): 41, Cian (azul): 37. Los datos se transfieren a la máquina de graduación. Estos datos ordenan a la máquina que ilumine un rollo de película sin exponer con luz blanca, que atraviesa tres prismas de colores amarillo, magenta y cian, justo en las proporciones de tiempo y densidad que el técnico de graduación ha registrado: 32, 41, 37. Por eso se le llama técnico de graduación. El material impresionado pasa enseguida a un baño químico, igual que se haría en el caso de la fotografía convencional, y emerge la copia positivada, lo que se suele llamar copia estándar.

Una vez conseguido el equilibrio de colores deseado, se hace un interpositivo de la copia estándar. Y de éste, un internegativo. Toda copia destinada a su proyección en salas comerciales se hace a partir del internegativo. El negativo original va a una cámara acorazada. Su valor es enorme. De hecho, en alguna ocasión, el negativo original es el aval para el préstamo bancario con el que se financia la película.

El positivado en color puede disminuir o aumentar mucho la calidad de la fotografía original. Por ejemplo, ya he descrito lo que pretendíamos en el capítulo del color en *Daniel*. Todo lo que se refiere al pasado de Daniel se hizo con filtros, de modo que las escenas de la niñez con sus padres tuvieran tonos dorados, cálidos y protectores. Las escenas del presente son azules ya que, en esencia, es como si el protagonista yaciera bajo tierra con sus padres. A medida que la película transcurre y Daniel recobra lentamente su vida, su existencia actual se hace más cálida, más viva, lo que se refleja en una calidad fotográfica más natural. El pasado pierde algo de su tonalidad ámbar cuando adquiere perspectiva, al resolver el dolor y las dudas que esos sucesos le evocaban. Al final, los colores de la película presentan una naturalidad total. El presente y el pasado de Daniel son una sola cosa. Ha vuelto a vivir.

La graduación final de la copia debía seguir a toda costa el concepto de la fotografía original. Muchas de las cosas que se hacen con la cámara, pueden ser desbaratadas más tarde en el laboratorio. Si en una escena «azul» (el presente de Daniel) se hubieran colado rojos y amarillos en la copia estándar, el aspecto habría sido demasiado «normal». Lo mismo podía ocurrir con las escenas «doradas» o «ámbar» (el pasado de Daniel) si se cuela el azul. No se trataba sólo de una cuestión de atmósfera. Los flashbacks de la infancia acontecen en distintos momentos del metraje. La fuerte identificación que daba el color permitía al público saber qué etapa de la vida de Daniel estaba contemplando. El técnico de graduación tenía que estar al tanto de qué pretendíamos, o de otro modo habría echado a perder toda la concepción estilística de la película.

La graduación afecta a todo lo que el director artístico, el director de fotografía y yo hayamos hecho para crear el estilo visual. Como en todo el proceso de realización de una película, un técnico se demuestra crucial para el éxito o el fracaso del resultado final. Resulta un placer trabajar con Phil Downey, técnico de Technicolor en California. Le bastan dos minutos de conversación para trasladar mi intención al proceso de graduación de la película. No creo haber necesitado con Phil más de tres intentos para obtener la copia estándar que quería. En el otro extremo, John Schlesinger me contó una vez que necesitó trece copias de *Cowboy de medianoche* hasta que el laboratorio le entregó lo que pedía.

Hay un gran peligro en hacer muchas copias. La copia estándar se hace a partir del negativo original. Y cada vez que se maneja el negativo, existe el riesgo de que se ensucie y se estropee. Los daños son casi imposibles de reparar. Cada vez que hay que tocar el negativo tengo el corazón en un puño. John tuvo que pasarlo fatal.

Cuando Phil acaba una copia en California, me la envía. Yo le llamo después de verla, y le trasmito mis impresiones. Al llegar a la tercera copia, ¡sé que será la definitiva!

¿Cómo podría describir la emoción de ver la copia estándar por primera vez, su belleza, su perfección? Resulta asombroso lo sucia que llega a estar la copia de trabajo que hemos manipulado durante meses, pero ahora está nueva, recién hecha. Los fundidos están en la película, las escenas nocturnas *parecen* realmente de noche: los rojos, los azules, y, cuando la densidad es correcta, ¡los negros! Una de los distintivos de una buena copia es la riqueza de los negros. Todas las películas parecen obras maestras cuando se ve su copia estándar por primera vez.

Queda una última prueba. Cuando acabamos la mezcla, la pista de sonido estaba en una cinta magnética igual que la de tu radiocassette, sólo que un poco más ancha. Lo llamamos, con bastante lógica, sonido magnético. Debe ser transferido a la película, en lo que llamamos sonido óptico, de modo que quede ligado también a la copia estándar. La pista magnética se pasa por un «ojo» eléctrico que transforma los impulsos magnéticos de la cinta en patrones visuales sobre una pista del negativo de película. Luego combinamos el negativo óptico con internegativo visual, de modo tal que la pista de sonido se grabe en la copia estándar. Si la densidad está mal, el sonido puede verse afectado. Entonces devuelvo la copia estándar al estudio de sonido. Tomo el sonido magnético por un canal y la copia estándar, con su sonido óptico, por el otro. Pasamos los dos a la vez, alternando uno y otro, para asegurarnos de que nada de la calidad original del sonido se ha perdido en el camino. Un poquito se pierde siempre, pero deberían ser casi idénticos.

Ya está. Hemos terminado la película. Ha llegado la hora de entregarla al estudio.

13. EL ESTUDIO
¿Tanto esfuerzo para esto?

No soy «anti-estudio». Como dije al comienzo del libro, agradezco que alguien me dé los millones necesarios para hacer una película. Pero en mi caso, y creo que también en el de otros directores, el momento de entregar la película conlleva una enorme tensión. Quizá se deba al hecho de que es el primer paso que da la película en su camino hasta el espectador final. Pero la auténtica razón, me parece, es que, después de meses de rígido control, la película va a pasar a manos de gente sobre la que tengo muy poca influencia.

No sé qué convierte una película en un éxito. Dudo que alguien lo sepa. No son las estrellas. Mi película *Negocios de familia*, protagonizada por Dustin Hoffman, Sean Connery y Matthew Broderick, fue un desastre. Como *Ishtar*, de Hoffman y Warren Beatty. Kevin Costner y Clint Eastwood no hicieron un gran negocio con *Un mundo perfecto*, y en cambio Eastwood se anotó un éxito increíble con *En la línea de fuego*. Las inconsistencias de la taquilla en relación con las estrellas de las películas son incontables. Y mientras tanto los salarios de las estrellas individuales continúan subiendo, hasta el punto de que muchos sueldos podrían financiar una película completa.

La clave tampoco reside en el género. Los *westerns* estaban de capa caída hasta que *Bailando con lobos* se convirtió en un éxito; se hicieron siete más al poco tiempo. Las películas ambientadas en el mundo del béisbol estaban pasadas de moda hasta que llegó *Los Búfalos de Durham*. Luego se hicieron un puñado de ellas. En este momento hay pocas películas policíacas pero eso, también, cambiará.

En los años treinta y cuarenta los estudios controlaban la financiación, la producción, la distribución y la exhibición de películas. Casi todos los estudios eran propietarios de sus propias salas. Organizaban programas dobles, en que se pasaban dos películas. La cartelera cambiaba todas las semanas, lo que significaba que se proyectaban cuatro películas cada ocho días por sala. La Metro, que producía doscientas películas al año, llenaba sus salas usando material propio. No existía forma de contabilizar el éxito financiero de una película concreta, ya que los contables podían distribuir los beneficios de las películas de un programa doble como les viniera en gana. A menos que el paquete *completo* no funcionara, una película podía ser rentable según cómo se hicieran los números. En 1954 el Tribunal Supremo ordenó a los estudios que se desprendieran de sus salas, sobre la base de que tal propiedad les convertía en dueños de un monopolio inaceptable. A finales de los cincuenta, y en todos los sesenta, muchos estudios atravesaron una situación precaria. Hubo un momento en que 20th Century Fox tuvo que cancelar una película que yo iba a dirigir, por falta de dinero. Tenía previsto empezar a rodar en marzo pero *¡Hello, Dolly!*, su gran estreno de la Navidad anterior, había funcionado mal en taquilla. Por eso andaban tan mal de liquidez. La película que se quedó sin hacer fue *The Confessions of Nat Turner*, basada en la novela de Bill Styron.

Muchos estudios combatieron a la televisión con todas sus fuerzas. Pero de modo gradual advirtieron el enorme potencial financiero que les ofrecía. Algunos de los estudios con mayores apuros económicos comenzaron a vender su biblioteca de películas antiguas a las cadenas televisivas. Otras fuentes de ingreso nacieron gracias a la televisión por cable.

En la actualidad, las productoras todavía se las ven y se las desean para no perder dinero, pero se van arreglando. Los derechos subsidiarios proporcionan una gran protección a la inversión: videocassettes, televisión por cable, televisión en abierto, proyección de las películas en vuelos aéreos. Y por supuesto, los derechos internacionales fuera de Estados Unidos y Canadá, que representan el 50 por ciento de los ingresos totales. Y cada país tiene *sus* propios derechos de vídeo, para proporcionar más dinero en el futuro. Además, muchos estudios vuelven a tener intereses propietarios en las salas de cine. Por lo que tengo entendido, poseen menos del 50 por ciento de la propiedad para no violar la sentencia del Tribunal Supremo que les impedía compatibilizar producción y exhibición. A lo dicho hay que sumar el *merchandising* —los juguetes creados alrededor de *Parque Jurásico*, por mencionar sólo un ejemplo—, los parques temáticos construidos a partir de algún gran éxito, y la propiedad, por parte de algunos estudios, de televisiones por cable. Y las páginas de los diarios económicos están llenas de noticias de fusiones entre estudios y televisiones por cable. Todos estos enormes ingresos se basan en las películas que los estudios producen. Un megaéxito puede producir ingresos por valor de miles de millones dólares en concepto de derechos varios. Por eso las grandes estrellas *tienen* un valor. Debido a su potencial, los estudios, muy comprensiblemente, intentan que cada película llegue al mayor público posible. No hay nada malo en eso. Excepto que la mayoría de las veces hay pocas películas que lo consigan. No hay películas lo bastante buenas; o lo bastante malas.

Como en tantos otros aspectos de la vida americana, la investigación sobre los gustos de la audiencia es uno de los factores dominantes en la distribución de películas. Cuando se entrega la película acabada al estudio, lo primero que hacen es organizar una *preview* o proyección con público. Por supuesto, el estudio ya ha visto la película. Algunos ejecutivos te dicen qué les parece, otros opinan con vaguedades. Pero cualquier discusión sobre posibles cambios queda relegada a después de la *preview*.

Casi todas estas proyecciones se hacen con la copia de trabajo y un sonido y música provisionales. Para hacer la copia estándar hay que cortar el negativo de la película. Y aunque en la práctica se puede hacer cualquier cambio que se desee con el negativo cortado, existe en los estudios una especie de bloqueo psicológico, un sentido de lo inevitable, en la decisión de cortar el negativo. Así que este importante test se hace a menudo con una copia sin graduar, arañada y sucia, acompañada de una selección musical procedente de la biblioteca del estudio, y con un sonido poco adecuado. Los estudios se atreven a sostener que no existe mucha diferencia, para el punto de vista del público, si ve una copia como la descrita o la estándar. Un ejecutivo me dijo que una vez había organizado una *preview* con un trozo de película insertado que ponía, con letras blancas sobre fondo negro, *Escena perdida*. Contaba que el público al verlo se echó a reír y continuó disfrutando de la película. Le comenté que esperaba que hubiera prescindido de la escena ya que, obviamente, no era necesaria.

Me siento en una sala muy buena, con cómodos asientos y sonido y proyección de primera. He viajado para estar allí con los ejecutivos la primera vez que ven la película. Muchas veces una *preview* está ya organizada para esa noche o la siguiente. Están presentes el jefe del estudio, alguna vez el jefe de toda la compañía, el vicepresidente a cargo de la producción, su ayudante (a menudo una mujer), el ayudante de la ayudante (nunca le he visto antes), el jefe de distribución, su ayudante, el jefe de publicidad, el jefe de marketing, la persona encargada de preparar el tráiler promocional, los productores y otras dos o tres personas de funciones imposibles de adivinar. Tras un par de chistes forzados, las luces se apagan. Estas proyecciones casi siempre empiezan en punto.

Al acabar la proyección, silencio. El jefe del estudio o el de la compañía dice algunas palabras corteses y alentadoras. A nadie le interesa pelearse en público. La gente de distribución, marketing y publicidad se van a toda velocidad. Comunicarán sus impresiones al jefe del estudio más tarde. El resto de nosotros se reúne en una sala de conferencias. Quizá haya un plato con sándwichs o fruta, y agua mineral. El jefe del estudio habla en primer lugar. Luego las intervenciones van descendiendo la cadena de mando, hasta que da su opinión uno al que no he visto en mi vida. Existe una llamativa unanimidad: todos se unen al punto de vista expresado por el jefe del estudio. *Nunca* he oído un comentario contrario a la «postura oficial» del estudio.

De todos modos, no creo que este proceso de esperar a ver lo que piensa el jefe sea exclusivo de las productoras cinematográficas. Nunca he asistido a una reunión de alto nivel en General Motors, pero apostaría a que las cosas no son muy diferentes.

Pero, en cualquier caso, todavía no hay decisiones definitivas. Todos esperamos a la *preview* de esa noche o la siguiente. Pienso que estas proyecciones pueden ser útiles para determinadas películas. En una comedia o un melodrama, por ejemplo, el público forma parte de la película. Lo que quiero decir es que si la gente no se ríe en una comedia o no sufre en un melodrama, la película tiene un problema. Cambiar la duración de un plano de reacción en una comedia puede marcar la diferencia y hacer que el chiste funcione. Pero en el drama estricto, soy *yo* el que conoce el terreno mejor. Puedo estar equivocado. Quizá soy un tipo arrogante. Pero acudo a trabajar para dar forma a una idea. Y si *yo* me equivoco, necesito a toda la organización de Irving Thalberg para solucionar el problema: escenarios, vestuario, actores, todo lo que necesite para volver a rodar las partes que sean, ya se trate del 5 o del 50 por ciento de la película. Finalmente, hay algunas películas en que *todos* nos equivocamos, desde el momento de la idea inicial, pasando por el guión, hasta su ejecución. Yo me equivoqué, el guionista se equivocó, y primero de todos, el estudio se equivocó al financiar la película. Sencillamente, no hay forma humana de arreglarla.

El chófer de la limusina me recoge, con muchísima antelación, antes de la *preview*. Está prevista a las siete de la tarde, en un suburbio del que nunca he oído hablar. No conozco el tráfico de California, pero todo el mundo me advierte que tenga cuidado. Como nunca apuro, llego a la sala con media hora de antelación.

Al apearme, una cola aguarda. Los espectadores se suelen reclutar casi siempre en centros comerciales. Alguien les pregunta si les gustaría ver una película protagonizada por Don Johnson y Rebecca De Mornay. Se les entrega además una breve sinopsis de la película. Representantes del instituto demoscópico que organiza la proyección revolotean por los alrededores.

En la cola, todos los grupos demográficos están representados, teniendo en cuenta la calificación que, previsiblemente, recibirá la película. El film recibirá casi seguro una «R», por lo cual no hay ningún menor de diecisiete años. Las categorías oficiales designadas son: varones 18-25, mujeres 18-25, varones 26-35, mujeres 26-35, varones 36-50, mujeres 36-50, varones mayores de 50, mujeres mayores de 50. Todo es muy políticamente correcto: unos pocos afroamericanos, algunos latinos, otros asiáticos. Nunca he visto nativos americanos. En *Un lugar en ninguna parte*, el jefe de producción se decantó por toda una audiencia adolescente, porque la estrella era River Phoenix, un ídolo juvenil. No importaba que la historia siguiera la pista a unos radicales de los años sesenta, en fuga permanente por un atentado con bombas. No había ni un solo espectador por debajo de los veinticinco años que supiera siquiera de la existencia de ese tipo de gente. El guión de Naomi Foner era muy complejo, y desarrollaba no sólo la relación del chico con sus padres, sino la relación de estos padres con los suyos. Pero el jefe de producción tenía una estrella adolescente, así que en su inmensa sabiduría organizó una proyección para adolescentes.

La cola avanza por grupos de treinta, controlados por el grupo de sondeo. Habrá entre cuatrocientos cincuenta y quinientos espectadores. Gente con carpetas y lapiceros pulula por todas partes. No estoy muy seguro de lo que hacen. Trabajan para la empresa que hace el sondeo.

He llegado muy pronto, así que tengo tiempo de echar una ojeada al público mientras entra en la sala. No importa su edad: son mis enemigos. Vienen en bermudas y camiseta, y con deportivas. Su peinado parece concebido con la sola intención de dificultar la visión de la película a los que se sienten detrás. Viejecitas procedentes del hogar del jubilado en Sherman Oaks se mezclan con tipos cachas en torno a los cuarenta, cuyas panzas cerveceras sobresalen por encimas de las bermudas. Soy consciente de que estoy tenso. Antes le he pedido al chófer de la limusina que me diera una vuelta por el barrio, para hacerme una idea de por donde me muevo. Las casas tan cuidadas y el césped perfectamente recortado no parecen tener nada que ver con los cretinos que esperan para entrar en la sala.

Paso adentro. El olor a perritos calientes demasiado hechos, patatas fritas rancias y palomitas es aplastante. Los puestos de comida y golosinas son muy vistosos. Los videojuegos colocados por todo el vestíbulo son manejados con entusiasmo por chavales de doce años.

Veo al montador. Vino la noche anterior y pasó la película con el proyeccionista esta mañana. Han comprobado los niveles de sonido y se han asegurado de que los proyectores están en buen estado. Me dice que al proyeccionista le ha gustado la película. Me hace sentir mejor. En un momento como éste, cualquier apoyo es bienvenido.

Veinte minutos antes de la hora prevista para la proyección la sala está repleta. Dos filas al fondo están reservadas para la gente del estudio. En el centro de la sala me han reservado dos sitios, aunque vengo solo. Me gusta sentarme en medio de la sala. Veo mejor la película y capto las reacciones de la audiencia.

Mientras, fuera del recinto, ejecutivos menores del estudio empiezan a llegar. De nuevo sonrisas forzadas. El ritual se ha puesto en marcha. El último en llegar, treinta segundos antes de que empiece la película, es el ejecutivo más representativo de los que asisten a la sesión.

El ruido en la sala es descomunal. El público lleva veinte minutos esperando. Han comido, bebido y pasado por el servicio. Son gente muy sofisticada los que asisten a las *pre-*

views. Suelen venir con frecuencia. Algunos acuden en grupo y se sientan juntos. A menudo tienden a hacer el tonto porque saben que la gente que hizo la película anda por ahí. Disfrutan de su momento de poder. Si la película funciona, se callan. Si no, ¡mucho cuidado!

A las siete en punto más o menos, un tipo joven avanza por el pasillo central hasta plantarse delante de la pantalla. Cortésmente agradece al público su asistencia. Si se va a proyectar una copia de trabajo, les advierte de la película sucia y arañada. A menudo explica que es todavía un «trabajo en progresión». También les dice lo importantes que son los cuestionarios, porque los responsables de la película desean conocer sus reacciones. Esto, como es lógico, les convierte en críticos por un día. Y les encanta. Porque ahora saben que sus reacciones van a afectar a la película definitiva. El tipo acaba con un entusiasta «¡Disfrutad de la película!» y se dirige al pasillo. Las luces se apagan y la película comienza.

Uno de los momentos más importantes de cualquier película es el final. La gente del sondeo está muy ansiosa por tantear al público antes de que salga disparado por donde entró. Por tanto no es raro que treinta segundos antes del final, un grupo de sombras avance hacia el pasillo central, pertrechados con cuestionarios y lapiceros. Se distribuyen por todos los pasillos. El último tema musical —concebido para levantar el ánimo del público— nunca alcanza su final. El proyeccionista ha recibido instrucciones del grupo de sondeo para que empiece a encender las luces cinco segundos antes del final y para que baje el sonido y así nuestro anfitrión pueda gritar desde su sitio en la sala: «Por favor, permanezcan en sus asientos. Les vamos a entregar unos cuestionarios. Les agradeceremos que los rellenen.». Bla, bla, bla, que diría Mamet.

Soy el primero en atravesar el pasillo central hacia el vestíbulo. Los ejecutivos se amontonan en la última fila. Lentamente, el público empieza a salir. Ya han entregado sus cuestionarios. Algunos permanecen aún en sus butacas, tratando de reflejar con diligencia sus impresiones.

Pasados uno diez minutos, sólo quedan unas veinte personas. Es el llamado «grupo foco». Han sido escogidos previamente por los analistas. Como te puedes imaginar, están demográficamente diversificados.

El jefe de los analistas les pide que ocupen las dos primeras filas. Los ejecutivos avanzan hasta la cuarta fila, para oír mejor los comentarios. Y empiezan a hablar.

Una vez más les agradece su colaboración y les pide que digan sus nombres. Luego pregunta a cuántos de ellos les parece la película «excelente», luego «muy buena», luego «buena», «correcta», «mediocre». Responden a cada categoría por alzada de mano. Luego sigue un debate sobre lo que les gustó de la película y cuánto les gustó.

Luego viene la gran pregunta. Dice, «¿Qué es lo que no les gustó de la película?». Algunas veces se produce un silencio embarazoso. Entonces una persona apunta algo, luego habla otra, y en un abrir y cerrar de ojos hay un frenesí que engorda, como si la película fuera un almuerzo que estuviera degustando. Hay desacuerdos, disputas. Las personalidades acusadas dominan la función. La gente que disfrutó de la película no tiene nada que responder a la pregunta, así que permanece en silencio.

Los del estudio absorben cualquier comentario que se haga. Y más tarde, muchas de las conversaciones empiezan con un «Sabes, este tema se planteó con el grupo foco, y siempre me pareció que ahí teníamos un problema». Que sólo una persona lo haya mencionado importa poco. Su opinión se utiliza como si el grupo entero hubiera expresado la misma objeción. Todas las opiniones, no importa lo disparatadas que sean, tienen peso, y las sugerencias sobre posibles mejoras están directamente relacionadas con lo que los ejecutivos han escuchado en la discusión del grupo foco.

Estamos en un restaurante cercano tomando algo. Pero aún falta un detalle que redondee el trabajo de esta noche. Aún no tenemos los «números». Los «números» son los porcentajes del público que han calificado la película de «excelente» o «muy buena». Igual de importante o más es el porcentaje que recomendaría la película a otras personas sin dudarlo. Se considera un indicativo importante de si la película recibirá un impulso gracias al «boca a oreja», ingrediente principal para que sea un éxito comercial. Los «números» pueden determinar la fecha de estreno, el número de salas en que va, y, lo más importante, el presupuesto del capítulo publicitario. La publicidad cuesta una fortuna en prensa y, sobre todo, en televisión. Pasada media hora, un ejecutivo recibe una llamada telefónica y vuelve con los números escritos en una servilleta de papel.

Al día siguiente llega un informe. El detalle es asombroso. Todos los cuestionarios rellenados por el público han sido punteados y analizados. Veamos una lista de los datos que hemos sacado de los cuestionarios. «Excelente», «muy buena», «buena», «correcta», «mediocre»; «la recomendaría seguro», «la recomendaría probablemente», «seguramente no la recomendaría», «no la recomendaría»; actuaciones, personaje a personaje, incluidos los secundarios; el personaje que más gustó y el que menos. Luego, bajo el epígrafe «Elementos»: los escenarios, la historia, la música, el final, la acción, el misterio, el ritmo, el suspense. Luego, la selección de adjetivos con que se puede calificar al film: «entretenido», «personajes interesantes», «diferente/original», «bien interpretada», «demasiado lenta en algunos pasajes». Luego tocan los «Comentarios voluntarios» sobre: el final (nótese la reiteración), confusiones, momentos lentos. Luego (sé que esto parece interminable): las escenas que más gustaron y las que menos. Cada una de estas categorías se subdivide en porcentajes. Varones menores y mayores de 30 años; mujeres menores y mayores de 30 años; blancos y no blancos; negros e hispanos (ya puse antes los nombres «políticamente correctos»). También se añade, como colofón estadístico, los porcentajes de «buena y violenta», «aburrida/torrante», «no es mi tipo de película», «demasiado tonta/estúpida», «confusa», y «demasiado violenta».

A la vista de esta avalancha de cifras estadísticas, las discusiones sobre lo que debería ser afinado, cambiado, abre-

216

viado o rehecho pueden llegar a ser surrealistas. Un productor me preguntó una vez si podía cortar todo lo que había gustado menos, y dejar sólo las escenas que habían gustado más. Algunos de los comentarios de las tarjetas son literalmente obscenos: «Ese tipo parece un maricón», «Me encantaría follármela».

No tengo la menor idea de la correlación que existe entre los «números» y el eventual éxito financiero de una película. Una vez le pregunté a Joe Farrell, cuya empresa, el National Research Group, se encarga de la mayoría de estos tests, si no había hecho una investigación al respecto. Casi todos los estudios acuden a él, hasta el punto de que cientos de películas tienen que hacer cola. Pero no. Me dijo que no existía tal investigación. De hecho, la siguiente declaración encabeza el análisis de las reacciones del público (las palabras son literales): «Siempre debe tenerse en cuenta que los datos derivados de los sondeos sobre la reacción del público no son, necesariamente, una predicción de su éxito en taquilla o de las posibilidades de comercialización de la película, y que no puede aseverarse cómo de amplio puede ser el público potencial. Aunque el sondeo puede proporcionar información del grado de satisfacción alcanzado por un público interesado en verla, no debería usarse como indicador de cuál puede ser la audiencia final, es decir, no puede deducirse el índice, dentro del amplio espectro de espectadores, que "quiere ver" el film (el posible grado de comercialización).» ¿Se puede saber, entonces, para qué diablos puede usarse el sondeo?

Está claro que las películas no son el único producto sujeto al análisis del mercado. Los sondeos han infectado todas las áreas de la vida nacional. Pero me resulta imposible imaginar a Roger Ailes entregando un informe con la coletilla «Sin embargo, no puedo decir cómo votará la gente».

También en la política, donde se pone un cuidado extremo por lo mucho que hay en juego, los errores son constantes. En la campaña de 1989, casi todas las encuestas sobre las primarias de los demócratas se equivocaron. En una de las votaciones de Inglaterra, todo el mundo daba por segura la derrota de los *tories*. En Israel ninguna encuesta fue capaz de predecir la amplitud del triunfo laborista. De hecho se esperaba que la Likud ganara por los pelos. Cuando veo cómo se intentan combinar estas técnicas de sondeo con algo tan efímero como el gusto que las películas despiertan en el público, tengo la impresión de que el mundo se tambalea a mi alrededor.

Puede que a algunas películas les hayan ayudado los cambios acometidos como resultado de estos sondeos. No lo sé, porque Farrell no suelta prenda. A veces, después de hacer los cambios, se convoca una nueva *preview*. Los «números» suben o bajan o se quedan igual. Pero me pregunto cuántas películas se han visto dañadas por esta técnica. ¿Cuántas películas sufrieron los cambios dictados por el sondeo de audiencia para perder cualesquiera cualidades o especificidades de que estuvieran dotadas? Nunca lo sabremos.

Y finalmente, es una forma absurda de trabajar. ¿Por qué esperar a que la película se haya rodado y todo el dinero se haya gastado? ¿Por qué no empezar el sondeo en el guión, escogiendo a un «grupo foco» para que lo lea? ¿Por qué no someter a votación el reparto? ¿O qué la gente acuda al visionado de lo rodado cada día? Después de que se hubieran acostumbrado con cinco o diez películas, estarían en condiciones de decirme cuál es la toma buena. ¿Y el primer montaje provisional? Ah, bueno, algunos estudios *ya* hacen *previews* con él.

He tratado de hacer examen sobre mi actitud personal. Después de todo, la mayoría de los jefes de estudio no son idiotas perdidos. Quizá haya algo que se pueda aprender de estos nuevos métodos. En los últimos años, he hecho *previews* y, consiguientemente, he alterado las siguientes películas: *Power, A la mañana siguiente, Negocios de familia, Una extraña entre nosotros* y *El abogado del diablo*. Nunca había recurrido a *previews* antes excepto en el caso de *Network*. Lo hicimos para ver si funcionaban los momentos cómicos. Estaban todos en su sitio, y aun algunos más. Exceptuados ajustes menores, no tocamos ni un fotograma. Aparte de *Network*, nunca hubo *previews* en ninguna de mis películas con éxito, de crítica y/o público. Tampoco hice *previews* de mis fracasos. Pero nunca he podido resolver los problemas de una película con los cambios señalados en las *previews*. Y en la búsqueda del éxito, he acometido esos cambios después de largas conversaciones con los ejecutivos del estudio, que han analizado concienzudamente los cuestionarios y los resultados del «grupo foco». Lo he intentado. No funcionó. Quizá fue culpa mía. Quizá nada podía salvar a esas películas. No lo sé.

Casi siempre los cambios que se plantean tienen que ver con el final. Cuando una película no funciona tan bien como debiera, casi todo el mundo apunta a cambiar una o dos escenas del final como solución del problema. La razón se encuentra en *Atracción fatal*. Me han contado que, en la película original, Glenn Close se suicidaba. Después de obtener malos resultados en los tests, se rodó un nuevo final en el que Anne Archer mataba a tiros a Glenn Close. Los resultados de un nuevo test mejoraron y la película se convirtió en un gran éxito comercial. Pero la mayoría de las veces cambiar el final no es la solución, porque *la mayoría de las películas no son buenas*. Sin los derechos subsidiarios, casi todas las películas perderían dinero. El éxito comercial no está relacionado con que una película sea buena o mala. Algunas buenas películas tienen éxito. Algunas buenas películas son un fracaso. Algunas malas películas ganan dinero, otras malas películas pierden dinero. El hecho es que *nadie sabe nada*. Si alguien supiera, podría acometer sin miedo su propio proyecto. Y hay dos personas que lo han hecho. Gracias a un increíble talento, Walt Disney sabía. Y, en la actualidad, Steven Spielberg parece que sabe. No digo esto de modo peyorativo. Pienso que Spielberg es un director brillante. *E.T.* es una película formidable y, en mi opinión, *La lista de Schindler* es genial. Pero aunque son las dos únicas personas que, me parece, convierten en éxito casi todo lo que tocan de un modo consistente, es interesante señalar que tampoco Spielberg puede hacer de modo automático lo que quiere (seguramente por eso ha creado su propio estudio) y que Disney atravesó tiempos económicos duros cuando UPA entró en escena con un nuevo estilo de dibujos animados, que le hizo parecer a él un poco pasado de moda. Los éxitos de cortos diferentes como *Gerald McBoing Boing* y *Mr. Magoo* hacían que el estilo de animación Disney pareciera un poco *demodé*. El remedio de Disney fue crear un *show* para televisión que salvó su estudio.

¿De qué estamos hablando realmente? Hablamos de una forma de expresión que ha producido *La pasión de Juana de Arco, Cero en conducta, El padrino I* y *El padrino II, El jeque blanco, Los comulgantes*. Hablamos de *Desengaño* y *Los mejores años de nuestra vida*. Hablamos de *Una partida de campo, Las vacaciones de M. Hulot, La lista de Schindler, Avaricia, El maquinista de la General, Amarcord* y *Ocho y medio, Cantando bajo la lluvia, Dumbo, El ladrón de bicicletas, Las uvas de la ira, Con faldas y a lo loco, Ciudadano Kane* e *Intolerancia. Roma ciudad abierta, Ran, The Public Enemy* y *Casablanca. El halcón maltés, Cuentos de la luna pálida, Rashomon, Fanny y Alexander*. ¿Debo continuar? ¿Cuántas más podrían agregarse a la lista? ¿Podremos reconciliar algún día este arte con la gigantesca maquinaria que trata de hacer dinero a toda costa con toda película, pequeña o grande, que se hace en América hoy? Ojalá lo supiera.

Los conflictos no se detienen aquí. Una vez hice una película titulada *La colina*. Es un buen trabajo. Cuenta la historia de un campo de prisioneros británicos durante la Segunda Guerra Mundial. Son prisioneros algo especiales, que se han aprovechado de su uniforme para vender mercancías en el mercado negro o para cometer otros crímenes. Su prisión está situada en el desierto del Norte de África. Es una película difícil, ardua, que nunca se aleja de los confines del campo excepto en una rápida escena en un café y otra en el dormitorio del comandante. Físicamente fue una de las películas más duras que he hecho. Al acabar estaba agotado.

Bastante después de terminar la película, fui a la oficina del distribuidor para echar una ojeada a los anuncios del estreno. Consistían en una página completa donde se veía a Sean Connery con la boca abierta, como si gritara rabioso.

Encima de su cabeza había un «bocadillo» como los de los cómics, donde se ve lo que está pensando: había allí un dibujo de una bailarina contoneándose. No me preguntes por qué. ¿Estaba enfadado con la bailarina? Pero ahí no acaba todo. En la parte de arriba, con grandes letras blancas, se podía leer: «¡Traga, tío!». No podía creer lo que veían mis ojos. Aun admitiendo que se recurriera a algo que no tenía nada que ver con la película —y eso no tenía nada que ver—, aquello carecía de cualquier sentido. Era una verdadera locura.

Aquella noche, durante la cena, me eché a llorar. Mi esposa me preguntó qué me pasaba. Le dije que, sencillamente, estaba cansado de luchar. Me había peleado por el guión, por el reparto adecuado, con el calor del desierto, con el agotamiento físico, con las normas británicas sobre los extras. Me sentía como Margaret Booth, que se había peleado conmigo en la misma película. Y ahora tenía que pegarme por un anuncio idiota.

Y de eso va, muchas veces, el trabajo de hacer películas: de lucha. No recuerdo el último anuncio bueno que vi de una película. Puede que fuera el de *La caza del Octubre Rojo* hace cinco o seis años. Con seguridad puedo decir que la publicidad de cine es aburrida y banal comparada con la de otros productos; Colgate no la toleraría, y mucho menos IBM o Ford. Los tráilers en las salas, un elemento principalísimo cuando se encargan los sondeos para detectar «lo que el público demanda», están llenos de las mismas tetas, besos y explosiones que la semana pasada. Los pósters para las salas, los preestrenos para televisión y prensa, donde un centenar de personas pululan para tomarse un café y unas pastas con las estrellas y los directores, las entrevistas «detrás del escenario» para las televisiones por cable, todo esto conforma un batiburrillo de tedio que me deja estupefacto, hasta el punto de que mis dientes rechinan. Y el dinero que se gasta en todo esto es para quedarse espantado. Y a propósito, se hacen tests de todos los anuncios de televisión, pósters, anuncios para prensa e incluso del título de la película. Con un público escogido, por supuesto, y subdividido por capas demográficas.

¿Y por qué a pesar de toda esta parafernalia la mayoría de las películas tiene una recaudación discreta? Si toda la publicidad de la película fue chequeada, al menos los resultados del día del estreno deberían ser buenos, antes de que el «boca a oreja» hiciera su trabajo. Pero casi todas las películas tienen un resultado discreto en su primer día.

Además de someterse a las encuestas a la hora de planificar la distribución de una película, algunos ejecutivos han entregado otra área de su responsabilidad. Un estudio que yo me sé no dará luz verde a una película a no ser que Tom Cruise u otra estrella equivalente esté en el reparto. Esto tiene dos efectos inmediatos. Primero, la elevación de los salarios a la estratosfera. Y si las estrellas principales se llevan a casa un salario de diez o doce millones por película, los salarios de los actores secundarios suben de modo proporcional. Dos o tres millones de dólares no es una cifra rara para un actor que antes cobraba 750.000 dólares por film. El coste medio de una película ha llegado a 25 millones, y continúa subiendo. El segundo efecto es que las agencias que representan a las estrellas se encuentran, de modo automático, en una posición de poder. Como resultado, los agentes de las estrellas ofrecen «paquetes». El paquete incluye una coestrella (varón y/o mujer) y el director, todos, naturalmente, representados por la misma agencia. No hay nada nuevo bajo el sol. Hace muchos años, antes de que fuera propietaria de Universal, MCA era la agencia de talentos más poderosa de la industria. Dos de sus clientes eran Marlon Brando y Montgomery Clift. Cuando se trataba de fichar desesperadamente a los dos para *El baile de los malditos*, se dice que MCA forzó la presencia de su cliente Dean Martin para el tercer personaje. Aunque tenía un nombre, no llegaba a la categoría de los otros actores. Pero, o tomas el paquete completo, o no hay trato.

Para ser justos, debo decir que sé de otra compañía que da luz verde a sus proyectos basándose, estrictamente, en consideraciones de guión y presupuesto. Y luego procuran conseguir las mejores estrellas que pueden. En general suelen tener más éxito que los estudios que basan su estrategia en las estrellas. La decisión de buscar estrellas tiene alguna lógica ya que su presencia proporciona un valor añadido a los derechos subsidiarios de los que hablé antes. Pero por otro lado, la incorporación de una estrella a la película eleva el coste de un modo considerable. Y no sólo por lo que se refiere a los salarios. Un actor estupendo y muy conocido con el que he trabajado, y cuyas películas no han tenido demasiado éxito, pidió extras que elevaban el presupuesto en 320.000 dólares; y se le concedieron. Es mucho dinero que no se refleja en la pantalla. La película debe recaudar 1.200.000 dólares adicionales para pagar esa cantidad. Ese beneficio se reparte así: 600.000 dólares van para el estudio y los otros 600.000 a los propietarios de las salas. Las copias y la publicidad son tan caras que pueden alcanzar unos costes semejantes a los de la producción de la película. Así que esos 600.000 dólares que se lleva el estudio hay que rebajarlos a la mitad. Y con eso se paga la limusina, la secretaria, el cocinero, la caravana, y el personal de maquillaje, peluquería y sastrería de esa estrella menor. Con las estrellas importantes los extras se duplican y triplican. Sherry Lansing regaló a la estrella, al director y al productor de *La tapadera* un Mercedes-Benz, por valor de 100.000 dólares cada uno, cuando supo que la película era un gran éxito. La razón que dio era que «habían trabajado de firme». Estoy seguro de que es verdad. Pero en teoría Tom Cruise cobró 12 millones de dólares, y Sydney Pollack 5 ó 6. No tengo datos sobre lo que se llevó el productor, pero da la impresión de que todos tenían un sueldo más que justo por su trabajo. Si yo fuera accionista, estaría furioso de perder la dieciseisava parte de mis dividendos. Menciono esto porque los jefes de estudio llevan un tren de vida que no está nada mal. Su salario está entre 1,5 y 3 millones de dólares anuales más una opción de compra de acciones; y los extras son de primera clase: un jet de la empresa, lujosas *suites* si hace falta usar un hotel, el Concorde para viajar a Europa en caso de que el jet no esté disponible, limusinas y todo lo que suene a *glamour* y que suele mencionarse en las columnas de cotilleo. Si al comienzo de la película la decisión de darle luz verde depende de que alguna estrella importante se comprometa con el proyecto; y si, una vez terminada, todas las decisiones sobre revisión, distribución y publicidad se toman con los datos de los grupos de sondeo, ¿cuál es la responsabilidad de estos ejecutivos? Porque las decisiones más básicas las han tomado otros.

Más aún, por lo que yo sé, ningún jefe de estudio ha muerto en la pobreza. Pero un montón de guionistas, actores y directores, sí. Incluido D.W. Griffith.

A causa de los derechos subsidiarios y de la explotación anticipada de la emisión televisiva de las películas, éstas forman parte de las llamadas autopistas de la información, y son de un gran valor multinacional y corporativo para América. Es uno de los productos de mayor rentabilidad en el extranjero, de modo que tiene un efecto positivo en nuestra balanza de pagos. Forman parte de la estructura económica mundial.

Una esperanza. La necesidad creciente de películas puede ser de gran ayuda para la producción de films independientes y de un tamaño más pequeño aunque aún rentable. Después de un período de vacas flacas, parece que la producción de películas inglesas conoce un *revival. Mi hermosa lavandería, Mi pie izquierdo, En el nombre del padre, Regreso a Howards End, Lo que queda del día, Enrique V* han tenido excelentes resultados en taquilla en relación con sus costes, y además son buenas películas. Miramax, Fine Line, Savoy, Grammercy son nuevas compañías distribuidoras que tratan de encontrar su sitio en el mercado, financiando y adquiriendo derechos de distribución de películas de calidad. Han tenido tanto éxito que en 1993 los estudios importantes se han unido a la caza del dólar de *qualité. Lo que queda del día* era de Columbia; *La lista de Schindler* de Universal; *Philadelphia*, de TriStar; *Seis grados de separación* de la Metro. Universal distribuyó *En el nombre del padre*; Columbia financió y distribuyó *La edad de la inocencia*.

Supongo que estas tendencias deberían elevar mi optimismo. Pero no es así. He visto estos espejismos antes. Cuando tienen un pequeño éxito, las empresas chicas tienden a buscar la expansión. Eso significa que quieren que sus películas lleguen a más salas. Y eso significa que tienen que ir a los grandes estudios o *majors*. Miramax tiene ya un acuerdo con Buena Vista, la distribuidora de Disney. Cuando su tamaño crece, los gastos de distribución también lo hacen. Y llegados a ese punto, ¿quién se va a arriesgar a distribuir *Adiós a mi concubina*? Espero que alguien. La estela de anteriores productoras independientes no es muy halagüeña. Hace unos años DDL (Dino De Laurentiis), Vestron, Lorimar, Corsair, Carolco y Cannon trataron de establecerse por su cuenta como compañías independientes en financiación y/o distribución. Todas han desaparecido o han sido absorbidas por las *majors*.

La necesidad de más películas para alimentar los cada vez más numerosos canales televisivos promete, en teoría, más opciones donde elegir, más producción, más sitio para nuevos talentos. ¿Pero sucederá? No lo creo. La erosión de los grandes canales nacionales —ABC, CBS y NBC— por la aparición de las nuevas empresas de cable no ha mejorado todavía la calidad de la programación de ninguna televisión. A pesar de algunos programas especiales en HBO y Turner Broadcasting, la calidad general de la televisión, ya sea de pago o gratuita, sigue empeorando, como el pie que se hunde en el fango. En cuanto a los canales «culturales», ¿a cuántos ocelotes viste dar de mamar a sus crías la semana pasada?

El logo de la Metro, famoso por su león rugiente, tiene también el lema *Ars Gratia Artis* («El arte gracias al arte»). La ironía de la divisa es hoy doble. Primero, el arte tiene que dar dinero. Y además, debe satisfacer al National Research Group.

Las películas han pasado a ser parte de vital importancia para muchos imperios financieros. Y da la impresión de que esta tendencia irá en aumento. ¿Qué es lo que empuja al *New York Times* a publicar todos los martes la lista de las diez películas más taquilleras de la última semana? Y, ahora, el *Daily News* de Nueva York y el *Post* de Nueva York, se pegan por dar esa información un día antes. ¿Por qué el Festival de Cannes que se celebra en mayo, y que no es otra cosa que una feria de ventas elevada a los altares, da una cobertura mundial de un *party* de cuarto de millón de dólares, presidido por Schwarzenegger o Stallone? ¿Por qué puedo, literalmente, emplear un año entero en ir de festival en festival, empezando en enero en Delhi y terminando en diciembre en La Habana? No es sólo cuestión de recaudación. Las fusiones producidas alrededor de las «autopistas de la información», con Sony y Matsushita comprando software, representan imperios financieros mucho mayores que la recaudación de cien millones de dólares de una película. Pienso que este interés se debe a que las películas son la única forma artística que utiliza *personas* para registrar algo que, literalmente, es más grande que la vida. Los discos no pueden hacerlo, ni los libros, ni ninguna otra forma de expresión artística. Nótese las palabras que empleo: forma de expresión artística.

Porque al final, las películas son arte. Creo que ninguna combinación de las películas más taquilleras tendría la atracción que tiene si no existiera la obra de Marcel Carné, King Vidor, Federico Fellini, Luis Buñuel, Fred Zinnemann, Billy Wilder, Carl Dreyer, Jean-Luc Godard, Robert Altman, David Lean, George Cukor, William Wellman, Preston Sturges, Yasujiro Ozu, Carol Reed, John Huston, Satyajit Ray, Orson Welles, Jean Renoir, Roberto Rossellini, John Ford, William Wyler, Vittorio De Sica, Martin Scorsese, Ingmar Bergman, Akira Kurosawa, Francis Ford Coppola, Elia Kazan, Michelangelo Antonioni, Jean Vigo, Frank Capra, Bernardo Bertolucci, Ernst Lubitsch, Buster Keaton, Steven Spielberg y tantos otros. Son la gente que ha hecho del cine una forma de expresión artística, dirigiendo películas como si trabajaran en un circo de dos pistas. A la vez que *Batman vuelve* recauda cuarenta millones de dólares en su primer fin de semana, *Mi vida como un perro* despierta sonrisas y lágrimas entre las cuatrocientas veinte personas de una pequeña sala de cine.

226

La cantidad de atención que se presta a las películas está directamente relacionada con la existencia de películas de calidad. Son los títulos que tienen la categoría de obras de arte los que despiertan este interés, aunque no estén muy a menudo entre los diez films de mayor recaudación.

Mi trabajo consiste en preocuparme y responder de cada fotograma de película que hago. Sé que en todo el mundo hay gente joven que, con los préstamos de la familia y sus propios ahorros, se compran su primera cámara y hacen sus primeros pinitos con películas estudiantiles, mientras sueñan con el momento de hacerse famosos y ganar una fortuna. De éstos, unos pocos sueñan en descubrir qué *les* importa a ellos, qué quieren decirse a sí mismos y a quien les quiera escuchar. Se preocupan. Y de entre éstos, unos pocos quieren hacer buenas películas.

FILMOGRAFÍA
DE SIDNEY LUMET

Doce hombres sin piedad (*12 Angry Men*, 1957)
Stage Struck (1958)
Esa clase de mujer (*That Kind of Woman*, 1959)
Piel de serpiente (*The Fugitive Kind*, 1960)
Panorama desde el puente (*A View from the Bridge*, 1961)
Larga jornada hacia la noche (*Long Day's Journey Into Night*, 1962)
Punto límite (*Fail-Safe*, 1964)
El prestamista (*The Pawnbroker*, 1965)
La colina (*The Hill*, 1965)
El grupo (*The Group*, 1966)
Llamada para un muerto (*The Deadly Affair*, 1967)
Bye Bye Braverman (1968)
La gaviota (*The Seagull*, 1968)
Una cita (*The Appointment*, 1968)
King: A Film Record... Montgomery to Memphis (1968, codirigido con Joseph L. Mankiewicz)
The Last of the Mobile Hotshots (1970)
Supergolpe en Manhattan (*The Anderson Tapes*, 1971)
Child's Play (1972)

La ofensa (*The Offense*, 1973)
Serpico (1974)
Lovin' Molly (1974)
Asesinato en el Orient Express (*Murder on the Orient Express*, 1974)
Tarde de perros (*Dog Day Afternoon*, 1975)
Network, un mundo implacable (*Network*, 1976)
Equus (1977)
El mago (*The Wiz*, 1978)
Dime lo que quieres (*Just Tell Me What You Want*, 1980)
El príncipe de la ciudad (*Prince of the City*, 1981)
Deathtrap (1982)
Veredicto final (*The Vedict*, 1982)
Daniel (1983)
Buscando a Greta (*Garbo Talks*, 1984)
Power (1985)
A la mañana siguiente (*The Morning After*, 1986)
Un lugar en ninguna parte (*Running on Empty*, 1988)
Negocios de familia (*Family Business*, 1989)
Distrito 34, corrupción total (*Q & A*, 1990)
Una extraña entre nosotros (*A Stranger Among Us*, 1992)
El abogado del diablo (*Guilty as Sin*, 1993)
La noche cae sobre Manhattan (*Night Falls on Manhattan*, 1997)
Estado crítico (*Critical Care*, 1997)
Gloria (1999)

ESTE LIBRO, PUBLICADO POR
EDICIONES RIALP, S. A.,
MANUEL URIBE, 13-15, 28033 MADRID,
SE TERMINÓ DE IMPRIMIR EN
ESTILO ESTUGRAF, S. L.,
CIEMPOZUELOS (MADRID),
EL DÍA 29 DE ENERO DE 2025.